후회하기 싫으면 그렇게 살지 말고

그렇게 살 거면 후회하지 마라

월 200 벌던 가난한 직장인이 장사를 시작으로 인생을 초월한 방법

후회하기
싫으면
그렇게 살지 말고

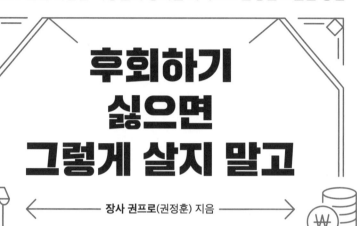

장사 권프로(권정훈) 지음

그렇게 살 거면
후회하지
마라

mindset

안 되는 이유보다
해야 하는 이유만 생각하라

　누가 봐도 하면 안 되는 장사는 누가 판단하는 것일까? 정답은 '자기 자신'이다. 스스로 판단해서 지금 내가 장사를 해도 되는지, 하면 안 되는지 깊게 고민해야 한다. 그러지 않으면 자신감만 믿고 시작하게 되고, 초반부터 삐걱거리는 경험을 하게 된다. 누군가 "사업은 자신감과 실행력만 있으면 된다."고 했다. 큰일 날 소리다. 개인적으로 오프라인 장사에 있어서는 실행력이 한참 뒤떨어져 있어도 좋다고 생각한다. 왜냐하면 섣불리 실행으로 옮겼다가는 그만큼 떠안는 리스크가 크기 때문이다. 더욱이 90% 이상이 생계형 창업이니 더욱 신중해야 한다.

나 역시 깊게 성찰하지 못하고 장사를 시작했다. 장사를 전혀 몰랐지만, 자신감 하나로 밀어붙여 빚을 내면서 창업했다. 결국 벼랑 끝에 몰렸다. 그나마 세일즈 무대에서 뛰어본 경험이 있어서 약간의 유리한 점이 있다고 생각했지만, 순식간에 무너진 걸 보면 생계형 창업에는 기존 경험이 그리 큰 도움이 되지 않는 걸 알 수 있다. 또 세무, 노무, 법무 등 사무적인 부분부터 실질적인 영업 노하우, 서비스, 직원 관리, 위생 등 신경 써야 할 게 한두 가지가 아니다. 게다가 전문 분야가 아니다 보니 모르는 것 투성이다. 코딱지만 한 가게라고 우습게 여겼다가는 분명 큰코다친다. 실제로도 많은 사장님이 체계적이지 않은 운영을 하다가, 나중에는 나 몰라라 한다. 그러면 그때부터 매장은 내리막길로 가는 것이다.

나의 경우는 지방 상권이라 그나마 바닥권리금, 즉 상가 위치에 따른 권리금이 없었다. 보통 처음부터 각종 권리금을 비롯한 여러 부수적인 비용 등으로 덤터기를 쓰고 시작하는데, 지금도 그런 분들을 보면 답답함에 한숨이 난다. 내가 첫 장사를 시작할 때도 조금만 더 알았더라면, 600만 원을 아낄 수 있었다. 왜냐하면 기존 임차인의 매장 시설권리금으로 600만 원을 지급했는데, 거기에서 얻은 건 중고 에어컨 한 대가 전부였기 때문이다. 그 외 모든 비품은 중고 업체에 팔아넘길 수밖에 없는 상태였다. 만일 지금의 나라면 절대로 그렇게 장사를 시작하지 않았을 것이다. 조금 더 여유롭게 기다리거나, 다른 상권과 비교해 시설권리금이 없는, 깨끗한 곳을 선택했을 것이다. 이는 유튜브를 하면서 많은 상담과 코칭, 컨설팅을 하며 깨달은 것이기도 한

데, 의외로 많은 사람이 불필요한 금액을 투자하면서 장사를 시작한다. 실제로 프랜차이즈 아이스크림 가게 창업을 준비했던 어느 20대 청년도, 섣부른 판단으로 사업을 시작하기도 전에 큰 지출을 했다. 본사와 단 몇 번의 통화만으로 가게 자리를 알아보고, 2,300만 원에 계약을 한 것이다. 나중에 알아보니 바닥권리금이 아예 없거나, 몇백만 원으로도 충분히 들어갈 수 있는 자리였다. 그래서 급하게 나를 찾아왔지만, 법적으로도 해결할 수 없는 상태였고, 이미 엎질러진 물이라 담을 수가 없었다. 또 다른 한 분은 잘 모르는 프랜차이즈를 선택해 창업했는데, 바로 맞은편에 간판만 다르고 메뉴와 레시피, 식재료가 동일한 매장이 들어와 고생한 적이 있다. 본사에서 비공식적으로 전수 창업을 시켜준 것이다. 그의 사정이 딱해 약간의 보상이라도 받을 수 있도록 도움을 줬는데, 그 뒤에 또다시 연락이 와 찾아갔더니, 이 번에는 기존 매장을 5,000만 원의 권리금을 주고 계약 직전인 상태였다. 몇 가지를 짚어주며 지불한 권리금에 매장을 인수하면 손해라고 짧게 조언하고 헤어졌는데, 아찔한 순간이었다.

만일 내가 장사를 처음 시작할 때, 나처럼 누군가가 조언해주는 사람이 있었다면 어땠을까? 아마도 나는 그때 장사를 시작하지 않았을 것이다. 왜냐하면 내가 장사를 시작했을 때는 누가 봐도 창업을 하면 안 되는 시기였다. 당연히 승산도 없었다. 백수로 남고 싶지 않아서 아무런 계산 없이 시작했기 때문이다. 이 말이 논란이 될지는 모르겠지만, 오프라인 장사는 무언가 급박한 사람이 저지르는 일종의 도피성 창업 비중이 높다. 말로는 "내 일을 하고 싶다."고 하지만, 나 자신을 포장하기 위한 말이 아닌지 생각해봐야 한다. 나 역시 직장 생활을 하다가 퇴사라는 결말을 맞이한 후, 창업을 선택했다. 도피였던 것이다. 정년퇴임을 했지만 충분한 노후 자금이 마련되지 않아 프랜차이즈의 문을 두드리는 많은 사람이 이와 비슷한 경우다. 아마 이런 이야기는 귀에 딱지가 앉을 만큼 많이 들었을 것이다. 창업에 대해 조언하는 사람들이 수없이 강조하는 소리이기 때문이다. 그런데 흥미로운 점은 모두가 그것이 내 상황이 될 것이라고 생각하지 않는다는 것이다. 또 막상 그 상황에 놓이게 되면 조언도 들리지 않는다.

도피성 창업의 가장 큰 문제점은 시선에 있다. 대부분 남들 보기에 번듯하게 차려놓고 장사하고 싶은 마음이 커서, 작은 가게는 하고 싶지 않다. 일부 프랜차이즈 관계자는 이런 심리를 노린다. 나도 프랜차이즈 브랜드에서 창업 상담을 요청해 참여할 때가 있는데, 있어 보이는 장사를 하고 싶은 사람들의 심리적 트리거를 이용하는 경우를 많이 봤다. 화려한 인테리어가 모객 전략의 목적인 것은 맞지만, 한편으로는 점주의 마음을 사로잡기 위한 숨어 있는 영업의 기술이 되기도 한다. 어쭙잖은 동네 작은 식당 사장이 될 바에는 한눈에 봐도 그럴싸해 보이고, 품격 있게 장사하고 싶은 사람들의 심리를 건드리는 것이다. 가장 대표적인 것이 카페. 지금은 1+1, 즉 직영점 1개를 1년 동안 운영해야 가맹사업 운영이 가능한 법이 생겨 브랜드 난립이 주춤한 상태지만, 불과 몇 년 사이에 수백 개의 카페 브랜드가 생겨났다. 그에 더해 무자비한 영업으로 도피하고 싶은 사람들을 유혹했고, 창업시켰다. 그리고 알다시피 결과는 그리 좋지 못했다.

시작해서는 안 되는 창업을 하게 되면, 어느 순간부터는 삐걱거릴 수밖에 없다. 그것이 돈 때문일 수도 있고, 운영 역량이 부족해 멘탈이 흔들려서일 수도 있다. 나는 극심한 스트레스와 우울증 그리고 낮은 매출로 인한 자존감 저하 등 복합적인 문제가 연거푸 다가왔다. 빚은 그대로 남아있고, 매일 12시간씩 일하는데 벌어들이는 돈은 없으니 폐업을 결단하지 않으면 안 되는 상황까지 발생했다. 그때는 힘들었지만 지금에 와서는 당시의 상황이 오히려 나에게는 소중한 시기가 됐다. 폐업을 결심하고, 모든 마음의 정리까지 했었다. 대부분은 그렇게 포기한다. 나와 동시에 장사를 시작한 브랜드 입사 동기들도 장사를 접었고 말이다. 모두가 도피성 창업을 한 값을 톡톡히 치른 것이다. 그런데 나는 우연히 읽은 책 속 글귀가 나를 일으켜 세웠고, 현재의 나로 성장시켰다.

> "안 되는 이유보다 할 수 있는 이유를 생각하라."

다나카 도시유키의 『나는 13평 대박집 사장이다』에서 만난 나를 살린 문장이다. 장사에 대한 의욕이 없어 "얼굴이 썩어 보인다."는 친구들의 놀림에도 무반응이었던 내가 책을 통해 변한 것이다. 그래서 글을 쓰기 시작했다. 내가 어떻게 변화했는지, 그 변화로 무엇을 이루었는지 하나도 빠트리지 않고 기록했다. 부디 나의 스토리를 보고 장사로 힘든 순간과 마주한 많은 분이 힘을 얻었으면 한다. 이런 나의 바람이 이 책을 선택한 당신의 마음속까지 전달되기를 바란다.

차례

2장

전국을 무대로 선택한 장사꾼

3장

새로운 장사 세계와의 만남

불안한 미래를 걷어차다

·

평범한 30대 백수, 장사꾼이 되다

·

월 1,000만 원을 벌고 세상을 배우다

·

다시, 처음으로 돌아가다

·

경험을 팔아 월 6,000만 원을 벌다

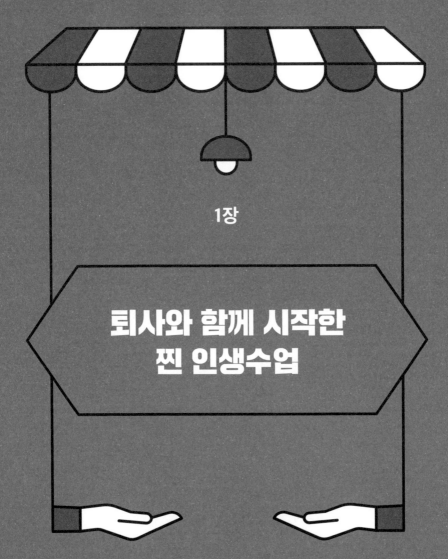

1장

퇴사와 함께 시작한
찐 인생수업

1

불안한 미래를
걷어차다

내가 마지막으로 받은 월급은 고작 210만 원이었다. 직장 생활 10년 이상의 결과물이다. 이러한 이유로 나는 늘 '내 사업을 하고 싶다.'는 마음이 간절했다. 쥐꼬리만 한 월급을 받으며, 누구나 해봤음 직한 생각을 한 것이다. 그런데도 특별한 재주가 없어 몇 차례 이직만 했을 뿐, 꿈을 행동으로 옮기지 못했다. 회사를 옮길 때는 모두 그럴만한 이유가 있었다. 불만족스러운 급여, 상사와의 갈등, 예기치 않은 상황 등. 그렇다고 틈만 나면 퇴사를 한 건 아니다. 회사에 나를 맞추며, 꾸역꾸역 다닌 기억이 지금도 생생하다. 갖은 부당 행위를 당하면서도 그만두지 못했던 건 생계를 위해서였고, 가슴 깊은 곳에 '나 따위를 받아줄 회사가 있을까?' 하는 낮은 자존감이 자리 잡고 있었다. 나 스스로 나의 몸값을 하찮게 여긴 것이다.

그랬던 내가 퇴사를 하고 백수가 될 수 없어 장사를 시작했다. 내세울 만한 기술도, 이력도 없어 선택한 것이 장사였다. 그런데 놀랍게도 무언가를 판매하는 법을 배운 뒤로 나의 가치가 점점 올라가는 것이 느껴졌다. 회사 다닐 때보다 수입이 10배 이상으로 뛴 것이다. 월 6,000만 원이라는 소득을 낸 후에는 말로 설명할 수 없는 짜릿함을 느꼈다. 더불어 이제 어딘가에 소속되어 사원이 되는 일은 없을 것 같다는 느낌이 들었다. 물론 이 말에는, 직장인을 깎아내리려는 의도는 없다. 나 역시 직장 생활하면서 많은 것을 배웠다. 그리고 그 배움이 있었던 덕분에 지금의 내가 있을 수 있다고 믿는다. 이는 변하지 않는 진실이다.

사실, 나는 내게 '장사꾼'의 기질이 있는지 몰랐다. 인구 15만 명이라는 경북의 작은 도시 김천에서 전문대를 졸업한 나에게는 취업문이 턱없이 높았다. 환경적인 요인도 있지만, 내 탓이 크다고 생각한다. 결국 취업에 대한 눈높이가 높을 수 없었고, 졸업 후 별다른 능력 없이 일할 수 있는 곳으로 취업했다. 그리고 나는 현장에서 많은 것을 배웠다. 업무 스킬뿐만 아니라, 사람을 대하는 법, 효과적인 세일즈 비법 등 하나하나 열거할 수 없을 만큼 몸과 마음으로 배운 것이 수도 없이 많다. 다만, 늘 불안했다. 근무했던 모든 회사에서 '내 소득이 얼마만큼 오를 수 있을까?', '이 회사가 나에게 비전을 줄 수 있을까?' 하는 의문이 계속해서 생긴 것이다. 그리고 그 의문은 끝내 210만 원이라는 월급을 받으면서 나를 결단하게 했다. 상사에게 칭찬을 들을 정도로 열심히 일한 대가였기에, 더 비참한 현실이었다. 연봉 상승이 예정되어 있었고, 촉망받는 직원으로 커리어를 쌓을 기회가 열려 있었지만, 210만 원이라는 월급은 나에게 아주 큰 의미를 부여했다. 당시 진지하게 만나는 사람이 있어 결혼 준비도 해야 하고, 신혼집도 장만해야 하는데, 그 월급으로는 도무지 답이 나오지 않았다. 게다가 물려받을 재산이나 유산이 있는 것도 아니었다. 스스로 길을 찾는 수밖에 없었다. 이로써 나는 한 해 평균 100만 명이 한다는 대한민국 창업 시장에 뛰어들었다. 지금 와서 돌이켜보면 '지금의 나라면 그렇게 시작하지 않았을 텐데……'라는 생각이 들 만큼 무모하게 전진해 조금은 돌아온 듯하지만, 그때의 나로서는 최선의 선택을 했다.

나의 상황이 이러했던지라 주변 지인들이 대기업에 취업하고도 불만을 표출하고, 심지어 이직하거나 퇴사하는 모습에 의아했다. 개중에는 나보다 연봉이 두 배나 높은 사람도 있었다. 이유는 본인이 원했던 삶이 아니어서라고 했다. 이에 나는 '만일 나였다면 열심히 일해서 연봉도 올리고, 승진도 할 텐데……'라며 그들에게 문제가 있다고 판단했다. 임원까지 오르면 보람도 느끼고, 순탄한 직장 생활이 보장될 거라고 철석같이 믿었다. 하지만 이제는 그들의 하소연에 공감한다. 대기업이라고 해서 내가 다닌 직장과 별반 다를 게 없음을 뒤늦게 깨달았다. 나의 직장은 미래를 담보해주는 곳이 아니었다. 나의 상사들도 하루가 멀다고 퇴사했으며, 정년퇴임까지 순탄하게 회사 생활을 하는 경우를 보지 못했다. 당연히 믿고 따를 수 있는 선임도 없었다.

또 상사들의 줄퇴사를 바라보면서 본인을 위해 회사에 다닌 것이 아니라는 것도 알 수 있었다. 그보다 다소 절망적인 것은 회사 입장에서 제시하는 월급과 비전이 적정 수준에서 더는 오르지 않는다는 부분이었다.

　가끔 내게 질문한다. '혹시라도 월급을 더 많이 받았다면 다른 선택을 했을까?', 또는 '확실한 비전이 보였다면 직장 생활을 계속했을까?'라고. 그런데 언제나 내 답은 "아니다."이다. 꾸준하게 밀려오는 불안정한 미래에 대한 걱정으로, 60세 넘도록 직장 생활하기가 쉽지 않았을 것이다. 이것이 비단 내게만 해당하는 문제는 아니라고 생각한다. 그래서 다들 퇴사를 결심하고, 자기의 길을 찾는 것이 아닐까.

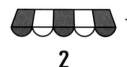

2

평범한 30대 백수,
장사꾼이 되다

　　　　　내가 장사를 시작하게 된 데는 아내의 영
향이 크다. 지금도 고마운 것이 아내는 퇴사 후 백수가 된 나를 믿고
결혼해주었다. 월급 210만 원에서 저축할 수 있는 금액이 한정적이
라, 모아둔 돈도 고작 2,000만 원에 지나지 않았다. 당연히 집을 장만
할 형편이 아니었다. 그래서 중도금 무이자의 지역주택조합아파트를
신청하고, 급한 대로 원룸에서 신혼 생활을 시작했다. 지금 생각해보
면 당장 내일을 알 수 없는 아찔한 시기였음에도 불구하고, 아내는 무
슨 자신감이었는지 나를 무한 응원해줬다. 아내의 진심이 듬뿍 담긴
"당신은 뭘 해도 잘할 거야."라는 한마디는 나의 에너지원이 됐고, 정
말 그런 사람이 된 듯한 착각까지 불러일으켰다. 물론 당시에 아내가

운영한 교습소로 생활비를 충당할 수 있었던 덕분에 가능하지 않았을까 싶다. 이유야 어떠했든 무엇 하나 내세울 것도 없고, 더욱이 백수인 남자친구를 배우자로 받아들인 아내에 대한 마음의 빚은 이번 생을 마감할 때까지 계속될 것이다. 그만큼 아내는 배우자이기 전에 내일생일대의 은인이다.

아내는 나에게 극적인 변화를 할 수 있는 발판도 제공해 주었다. 늘 나의 일을 해보고 싶었지만, 행동으로 옮기지 못한 나였다. 그런 나를 잘 알고 있는 아내는 나의 퇴사를 위기가 아닌 기회로 받아들이고, 내가 장사를 할 수 있도록 기꺼이 도왔다. 긍정적이고 적극적인 아내의 기지가 발휘된 순간이었다. 게다가 아내는 내가 창업하고도 교습소를 운영하면서 가게 일을 아무런 대가 없이 도왔다. 교습소를 마친 후, 가게로 출근해 새벽 4시까지 일손을 거들었다. 참 나쁜 남편이라는 생각이 절로 들지만, 손님을 응대하는 스킬이 남다른 아내가 없었다면 어땠을지 상상도 하기 싫다. 그만큼 아내는 내가 장사를 하는 데 있어서도 없어서는 안 될 존재였다.

장사를 시작하기 직전 시절로 잠시 거슬러 올라가면, 나는 신혼여행을 다녀온 후, 농업회사의 세일즈 파트로 취직했다. 3년을 최선을 다해 근무했더니, 다른 회사에서 스카웃 제안이 들어왔다. 좋은 조건인 듯해 선뜻 이직했지만, 얼마 지나지 않아 그리 만족할 만한 조건이 아님을 알게 됐다. 연봉이 조금 올랐을 뿐, 내가 감당해야 할 업무는 상상 그 이상이었다. 꼼꼼히 검토하지 않은 내 불찰이었기에 그 누구도 원망할 수 없었다. 끝내 나는 퇴사를 감행했고, 그런 내게 아내는 장사를 해보라고 권했다. 그 말을 듣는 순간, 내 속에 뜨거운 무언가가 꿈틀거림을 느꼈다. 그런데 결심을 한 시점부터 이런저런 문제들이 불거졌다. 나는 장사 경험이 없었고, 창업자금도 없었다. 설상가상으로 원룸을 벗어나기 위해 신청해둔 지역주택조합아파트 입주가 차일피일 미뤄지며, 목돈도 묶였다. 하는 수없이 공공임대아파트를 신청해, 주택담보 대출과 주류 대출의 힘을 빌려 창업했다. 단지 젊음과 '장사가 직장 생활보다 나을 거야.'라는 근거 없는 믿음이 만들어낸 결과물이었다.

장사 경험이 없었던 나는 프랜차이즈에 입점하기로 하고, 여러 가맹점을 돌아다니며, 장사가 잘되는 곳을 점검했다. 그렇게 선택한 곳이 모 프랜차이즈의 꼬치&퓨전요리 선술집이었다. 요리라고는 라면 끓이는 게 전부였던 나는 주방 경력 30년 차, 주부 9단 어머니에게 도움을 청했다. 그것이 나의 첫 장사였다.

프랜차이즈로 시작한 덕분에 시작은 순탄했다. 단 21일 만에 인테리어가 마무리됐고, 어머니와 함께 본사 교육을 받고 내려와 곧바로 장사를 시작할 수 있었다. 그리고 내 일을 한다는 기대감, 그리고 '사장'이라는 타이틀이 가슴을 벅차게 했다. 빚내서 장사를 시작했지만, 다 내 것으로 느껴졌다. 빚이 많았던 이유는, 앞서 언급했듯 주택담보 대출, 주류 대출에 이어 자동차 구매에 따른 대출도 더해졌던 것이다. 이전까지는 회사에서 차량을 지원해줘서 자가용을 구매할 필요가 없었지만, 창업하면서 기동력을 위해서는 필수조건이 되어버렸다. 그야 말로 빚더미에 올라앉은 무늬만 그럴듯한 사장이었다.

내가 이렇게 여과 없이 이야기하는 이유는, 내가 장사를 시작하며 처음으로 걸었던 일련의 과정은 결코 따라 해서는 안 된다는 사실을 알려주기 위함이다. 특히 내가 장사에 무지한 사람이었다는 점을 잊지 말길 바란다. 이어지는 스토리를 통해 알게 되겠지만, 나는 일반적인 창업자들이 놓치는 부분을 그대로 놓치면서 상권을 선택하고, 브랜드의 구체적 수익률과 비전 등을 제대로 확인하지 않은 채, 본사와 계약했다. 부디 이 책을 선택한 당신만큼은 나의 실수를 따라오지 않길 간절히 바란다.

3

월 1,000만 원을 벌고
세상을 배우다

창업 후 첫 달 순수익이 1,000만 원을 돌파했다. 흔히 하는 표현으로 눈이 돌아갔다. 그날까지 월급 210만 원을 넘겨본 적이 없었으니 당연했다. 여기저기 이 사실을 알리고 싶었다. 우선 아내에게 자랑하고, 친한 지인에게도 소식을 전했다. 모두 한마음으로 축하해주니 축제 분위기였다. '만일 구름 위를 걷는다면 이런 기분이 아닐까?'라고 생각했다. 휘파람도 절로 나왔다. 이렇게만 돈을 번다면 금방이라도 빌딩을 살 수 있을 것만 같았다. 자연스레 손님에게도 친절해졌고, 가능한 한 많이 퍼주려고 했다. 얼마가 남든 상관없었다. 매장 좌석이 꽉 차지 않은 날이 없어서 계산할 여유가 없었다는 쪽이 더 맞겠다. 그렇게 내 생애 가장 행복한 한 달이 쏜살같이 지나갔다. 앞으로 어떤 일이 벌어질지 전혀 예상하지 못한 채.

　오후 4시에 매장으로 출근해 새벽 6시에 퇴근하는 스케줄을 한 달간 이어갔다. 그야말로 강행군이었다. 결국 '기쁨 호르몬'(?)으로 버티던 나의 건강에 적신호가 왔다. 아내도 교습소 운영을 하면서 가게 일손을 도왔으므로 늘 피곤을 달고 살았다. 당연한 결과였다. 출·퇴근 시간을 조정했지만, 한 달 이상을 내일이 없는 것처럼 열정적으로 달렸던지라 이내 한계를 느꼈다. 문제는 그뿐만 아니었다. 두 달째 수입을 확인하고 실망감을 감출 수 없었다. 첫 달 수익에 비해 200만 원이나 떨어진 것이다. 그때를 기점으로 매출이 점차 줄어갔다. 매일 만석으로 앉을 자리가 없었던 매장은, 빈자리가 군데군데 보였다. 손님들의 불평도 늘어났다. 주방을 담당하는 어머니와의 다툼도 잦아졌다. 다름 아니라 플레이팅을 본사 레시피에 따르지 않고, 어머니 방식대로 했기 때문이다. 그도 그럴 것이 어머니는 휴게소 주방에서 오래 근무해, 그곳 방식이 익숙했다. 그 상태로 날마다 최저 매출을 기록했다.

　줄어든 매출로 모든 것이 엉망이 됐다. 한 달 전, 싱글벙글 웃고 다니던 나는 온데간데없었다. 마음도 옹졸해졌다. 기쁜 마음으로 나누었던 서비스도 부질없다고 느껴져, 요리의 양을 50g씩 줄여 순수익을 높이기로 했다. 그런데도 큰 변화가 없었다. 그 화살은 아르바이트생들에게 돌아갔다. 응대가 미흡해 손님들이 오지 않고, 오더라도 불평불만을 늘어놓는 것만 같았다. 생각이 여기까지 미치자 아르바이트생들을 다그치고, 급기야 아내에게까지 화를 냈다. 악순환의 연속이었다. 어떤 때는 순수익이 달랑 50만 원이었다. 하루 12시간씩 한 달을 꼬박 일한 대가가 50만 원이라니, 믿을 수 없었다. 아니, 모든 걸 포기하고 싶었다. '나는 지금까지 무얼 한 것일까?'라는 자괴감도 들고, 당장 갚아야 할 대출금 걱정에 눈앞이 캄캄했다.

나의 문제점은 무엇이었을까? 바로 '오픈빨'에 제대로 속았음을 뒤늦게 알아차렸다는 것이다. 더군다나 나는 초보 중의 초보 사장이었다. 매장 위치도 1,500세대의 작은 아파트 단지였는데, 첫 달과 같은 매출이 꾸준히 유지되리라 철석같이 믿었다. 은연중에 매일 만석으로 만들겠다는 욕심도 있었다. 오픈하면서 이벤트 회사에 의뢰해 행사 도우미를 동원하고, 행사 차량도 활용해 홍보했다. 게다가 지인들에게도 모조리 연락해 방문을 유도했다. 덕분에 몇 달간 지인이 찾아와 매출을 올려줬지만, 정작 중요한 손님맞이를 제대로 하지 못했다. 그것은 동네의 잠재고객을 떨어뜨리는, 아주 치명적인 실수와도 같았다. 또 매일 넘쳐나는 손님으로 어머니는 플레이팅을 손에 익힐 사이도 없었다. 그저 요리를 빠르게 내보내는 데 집중했다. 이제 와서 생각해보면 나는 즐거웠지만, 어머니는 밀려드는 주문에 죽을 맛이었을 것이다. 높은 매출이라는 늪에 빠져, 나의 잘못을 인지하지 못하는 상황을 나 스스로 연출한 셈이다.

사실, 오픈빨은 권리금 장사가 가능했던 20년 전에나 통한 방법이다. 어느 정도 장사가 잘되는 걸 보여준 다음 절정에 다다랐을 때 높은 권리금을 받고 파는, 일명 '권리금 프로'들에게 어울리는 장사법이라는 뜻이다. 그러므로 오픈 초반에는 매출 올리는 데 집중하는 것이 아니라, 단골손님을 만드는 방법을 익혀야 한다. 그래야 오랫동안 지치지 않고 장사를 할 수 있다. 왜냐하면 사람인지라 수익이 떨어지면, 의욕이 떨어질 수밖에 없기 때문이다. 물론, 매장 인테리어를 하면서 오픈을 알리는 현수막을 설치해, 오가는 사람들에게 기대감을 안겨줌으로써, 방문을 유도하는 작업은 반드시 이뤄져야 한다. 하나의 팁을 주자면, 이때 날짜는 '7월 중 오픈'과 같이 대략적으로 명시하는 것이 좋다. 대부분의 일이 그렇듯, 인테리어도 예상치 못한 일로 당겨지기도 하고 지연되기도 해서다.

다시 정리하자면, 초기에 손님을 많이 끌어들이면, 손님 입장에서 만족도가 떨어질 수밖에 없다. 지나가던 사람도 화려한 화환과 눈길을 끄는 행사 도우미, 동네방네 돌아다니며 떠드는 행사 차량에 호기심을 갖고 방문하게 된다. 그로써 매출은 자동으로 오르지만, 가게 입장에서는 일회성 손님과 꾸준히 찾게 될 고객을 구분하지 못하게 된다. 거기에 지인까지 합세하면, 인사하러 다니기 바쁘다. 그에 더해 혹시라도 지인이 술을 권하면 거절하기 어려워 한잔하게 되는 상황도 발생한다. 그 모습이 다른 고객에게도 좋게 보일까? 사소한 문제라 치부할 수 있지만, 이런 작은 것이 모여, 매출에 타격을 준다. 이러한 이유로 가오픈 기간을 충분히 가지길 바란다. 또 그 시간에 부족한 부분이 무엇인지 충분히 검토했으면 한다. 곧장 본격적인 영업에 돌입하면 단기간에 매출을 올릴 수 있겠지만, 그만큼 한계를 빨리 느끼게 된다. 또 한계를 느끼는 순간, 의욕이 떨어지고, 떨어지는 의욕만큼 음식과 서비스 퀄리티도 떨어진다. 한마디로 어느 것 하나 제대로 된 게 없어진다. 지금까지 언급한 상황 모두가 나의 이야기다. 그렇게 나는 창업 1년도 채 되지 않아 폐업의 갈림길에 섰다.

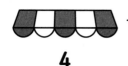

4

다시,
처음으로 돌아가다

　　　　　　　　　나는 매출이 떨어지면서 굉장한 스트레스를 받았다. 그리고 하염없이 휴대폰만 바라봤다. 한눈에 봐도 의욕은 눈곱만큼도 없었다. 만일 백종원 대표가 그 모습을 봤다면 눈물 쏙 빠질 만큼 혼쭐났을 테다. 결국 아르바이트생도 한 명만 남기고 모조리 내보내고, 어머니와도 작별했다. 내가 필요하다고 손 내밀어놓고, 매출이 오르지 않는다는 이유로 내친 것이나 마찬가지였다. 이보다 더 못난 아들이 있을까. 더욱이 어머니는 건강상 문제로 그만둔 휴게소 주방보다 더 힘든 일을 아들을 위해 두말없이 함께해주었는데 말이다.

매출이 급격히 떨어지고 나서는 늘 술로 하루를 마무리했다. 자신감과 함께 식욕도 떨어져, 냉장고에 가득 찬 술 한 병을 꺼내 늦은 저녁을 때웠다. 근무 중에도 생맥주를 따라 마시고, 피우지 않던 담배도 전자담배를 구매해 피웠다. 평생 첫 달처럼 1,000만 원씩 꼬박꼬박 벌게 되리라 믿은 나 자신이 한심했다. 단 한 순간도 하루아침에 무너지리라고 생각하지 못했던 탓에 충격은 더 컸다.

내가 한 잘못은 크게 3가지였다. 첫째, 오픈빨인 걸 모르고 기고만장했다는 것이다. 앞서도 언급했지만, 오픈빨은 동네 상권에서 치명적인 단점을 갖고 있다. 그 사실을 알면서도 높은 매출에 흠뻑 취해 호되게 당했다. 둘째, 여유 자금이 없었다. 그로 인해 매출이 조금만 떨어져도 불안했다. 수입이 있어도 워낙 많은 대출을 받았던지라, 이자를 갚고, 생활비로 충당하는 것만으로도 벅찼다. 상황이 이러하니 직원과 아르바이트생을 유지할 수 있는 마음의 여유가 있을 리 없었다. 오로지 인건비를 줄여 나의 수익을 올리는 데에만 급급했다. 당연히 서비스의 질은 떨어졌고, 손님의 불만이 늘어났다. 셋째, 아무런 준비 없이 가족 경영을 선택했다. 내가 중심이긴 했지만, 어머니와 아내도 운영에 관여하면서 서로 부딪칠 수밖에 없었다. 가족이었기에 각자에 대한 기대도 높았고, 상처 주는 말의 강도도 높았다. 일터에서 생긴 트러블은 집에서도 이어졌다. 급기야 아내는 더는 매장 일에 관여하지 않겠다고 선전포고했고, 실제로 모든 것에서 손을 놨다. 우수한 매니저가 갑자기 빠진 것이나 마찬가지였다. 어머니도 나와 함께 하면서 받은 스트레스가 이만저만한 게 아니었던 듯하다. 모두 나로

부터 비롯된 잘못이었지만, 당시에는 전혀 몰랐다. 이 3가지 문제점은 시간이 지나면 지날수록 돌이킬 수 없게 된다. 그러므로 처음 시작할 때부터 제대로 인지하고, 실행으로 옮겨야 한다. 나는 이미 3가지 오류를 최대치로 범했고, 돌이킬 수 없는 상황까지 몰고 갔다. 아마 수많은 사장님이 나와 같은 경험이 있을 것이다. 아니, 현재 겪고 있으면서도 문제를 느끼지 못하고 있을 수도 있다.

솔직히 고백하면, 나는 당시에 모든 것을 포기하고 싶었다. '폐업'이라는 단어가 나를 대출금과 나를 옥죄어오는 것으로부터 구해줄 것만 같았다. 반면, 고작 1년으로 나의 능력치에 한계를 지어버리는 것 같아 망설여졌다. 이 같은 수많은 생각이 뒤엉켜, 여러 사람을 만나며 조언을 구했다. 그런데 그들에게도 딱히 방법이 없었다. 결국은 내가 해결해야 하는 일임을 알아차렸을 때, 마음의 전환을 일으킨 메시지를 발견했다. '처음으로 돌아가라.'가 그것이었다. 그 한 문장이 작은 불씨가 되어, 다시 처음으로 돌아가 제대로 장사를 해봐야겠다는 결심을 하게 만들었다. 책을 읽으면서 자주 접한 단순한 구절이었지만, 눈물이 왈칵 쏟아질 정도로 나의 마음을 요동치게 했다. 그래서 나는 마음이 움직이는 대로 해보기로 한다.

그렇게 굳은 마음을 먹고 병원에 입원했다. 어깨 수술을 피할 수 없는 상황이 되어, 보름 동안 병원 신세를 져야 했기 때문이다. 나는 좋은 기회라 생각하고, 그 기간 동안 백종원의 『장사 이야기』, 김유진의 『장사는 전략이다』 등 장사와 관련한 책을 꽤 많이 읽었다. 그리고 그 시간을 통해 나는 '장사는 마라톤'임을 깨달았다. 그와 더불어 장사에도 전략과 디테일한 기술이 필요함을 느끼고, 퇴원 후 바로 실행으로 옮겼다. 결과는 성공적이었다. 책에서 알려준 방식대로 실전에 적용했더니, 심각했던 가게 사정이 점차 나아짐을 직접 체험하게 된 것이다. 폐업 직전까지 내몰려서 빚쟁이로 전락할 뻔한 순간에, 그 탈출구를 책에서 찾았다고도 할 수 있다.

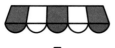

5

경험을 팔아
월 6,000만 원을 벌다

폐업 직전의 가게가 월 6,000만 원을 벌었다고 하면 믿을 사람이 몇이나 있을까? 당연 의아해할 것이고, 그게 진실이라면 방법을 알고 싶을 것이다. 결론부터 말하면, 6,000만 원이라는 수익은 가게에서 발생한 수입이 아니다. 장사를 시작하기 전 나는 월급 300만 원 받는 것이 작은 목표 중 하나였다. 그러나 그 꿈은 쉽게 이뤄지지 않았다. 대부분의 직장이 최저시급에서 조금 더 챙겨줄 뿐이고, 지방 전문대를 나온 나에게 월급 300만 원을 주는 회사는 어디에도 없었다. 지방이라는 한계 때문이라는 생각에 수도권 쪽도 무수히 알아봤지만 상황은 비슷했다. 문제는 나에게 있었다. 그 돈을 받기 위해서는 내가 회사를 위해 내야 하는 수익이 1,000만 원 이상은 돼야 했다. 회사를 운영하려면 월급을 제외한 소득이 있어야 하니 당연한 이치였다. 그런데 나는 그런 능력과 스킬을 가지고 있지 않았다.

그래서 선택한 것이 장사였다. 그리고 월 1,000만 원도 달성해보는 기쁨도 맛봤다. 비록 얼마 가지 못해 현실 앞에 무너져 내렸지만 말이다. 그래도 그 경험을 통해 얻은 것이 있으니, 내게 판매하는 능력이 있다는 사실이다. 한마디로 장사꾼 기질이 있었다. 하지만 장사는 직장처럼 안정적이지 않다는 최대 단점이 있었다. 월 50만 원이라는 순수익에 경악했던 때도 있었으니, 현장은 하루하루 피 마르는 전쟁과도 같았다. 이 같은 장사 시장에서 오로지 매장 매출로 6,000만 원을 달성했다면, 이렇게 책을 쓰거나, 유튜브를 하고, 강의를 하는 등 다양한 활동을 펼치지는 못했을 것이다. 더군다나 나처럼 작은 동네 장사로 월 6,000만 원을 번다는 것은 기적과도 같은 일이다. 6,000만 원이라는 순수익을 내려면, 2억 원 이상의 매출을 내야 하는데, 단순하게 생각해도 어려운 일이다. 그렇다면 월 6,000만 원 수익의 비밀은 무엇일까? 바로 나의 장사 경험을 판매함으로써 일어난 수익이다. 이 전액을 얼마 전 아내가 운영하는 학원을 확장 이전하면서 진행한 인테리어 비용에 투자했다. 예전 같으면 꿈도 못 꿀 일이다.

나의 장사 경험은 아주 평범하지만, 이 평범함을 공유한 것은 특별했다. 그저 퇴사 후 대출받아 창업한 스토리를 콘텐츠로 만들어 유튜브에 올렸고, 장사하면서 느낀 감정, 나의 노력, 함께 알고 싶은 정보를 공유한 게 전부다. 그런데 사람들은 그런 나를 좋아해 줬고, 여러 곳에서 강연 요청이 들어왔다. 그뿐만 아니다. 콘텐츠 협업과 동시에 출판 제의, 온라인 코스 런칭, 개인 및 기업 컨설팅 등 다양한 수익 파이프라인이 만들어졌다. 심지어는 일하지 않아도 돈이 들어오는 구조도 만들 수 있었다.

자영업 시장은 파편으로 아주 세분화 되어 있다. 그래서 정보도 제각각이다. 밥집도, 술집도 수천 종류에 달한다. 음식이 아니더라도 '장사'라는 카테고리는 무궁무진한 포괄적인 개념이 들어 있다. 그래서일까. 장사로 비유되지 않는 게 없다. 그것이 나의 콘텐츠였다. 세부적인 타깃에서 점점 넓혀갔음에도, 사람들은 내가 제공하는 정보를 좋아했다. 심지어 장사를 하지 않는 사람들도 나의 콘텐츠를 신선하게 받아들이고 나의 팬을 자처했다.

장사를 종합예술이라고 하는 이유는 시작할 때부터 준비할 게 많기 때문이다. 상권, 입지, 아이템, 인테리어, 메뉴, 서비스 등 혼자서 시작하기가 여간 힘든 게 아니다. 그러다 보니 다들 얼렁뚱땅 준비하기도 한다. 높은 폐업률의 가장 큰 원인은 경쟁 포화겠지만, '준비 없는 시작'도 한몫한다. 내가 그랬던 것처럼 말이다. 최소 6개월은 워밍업해야 그나마 꼼꼼히 살피면서 시작할 수 있는데, 그렇지 못하는 게 현실이다. 그래서 자영업 선배들이 본인의 노하우를 많이 알려줬으면 한다. 내가 직접 활동하며 느꼈듯, 각 분야에서 자기만의 노하우를 가진 사람이 참 많다. 나도 늘 그들에게 배우면서 콘텐츠를 만들고, 강의와 코칭을 하면서, 도움이 되려고 노력한다. 아쉬운 건, 자기만의 노하우를 사람들에게 어떻게 전달하면 좋을지 모른다는 것이다. 왜냐하면 몸 안에 내재돼 있는 노하우는, 경험으로 쌓인 스킬이라서 아웃풋하기가 쉽지 않기 때문이다. 하지만 콘텐츠의 힘은 위대하다 못해 경이로울 정도다. 특히 현재는 더 그럴 수밖에 없다. 대한민국 모든 사람이 스마트폰을 사용하고 있고, 일상을 스마트폰을 이용해 공유하고 있어서다. 거기에 조금씩만 아웃풋을 해도 나의 존재를 쉽게 알릴 수 있다.

나의 최종 목표는 실력 있는 자영업 코치들을 발굴하는 것이다. 노하우가 있지만 콘텐츠화하지 못하는 분, 노하우가 없다고 생각하는 사람들의 노하우를 찾아주는 일을 하고 싶다. 그리고 장사가 지긋지긋해서 더는 못하겠다는 마음이 드는 사람에게 '코치'라는 새로운 직업을 갖게 해주는 게, 나의 다음 목표이자 현재 준비 중인 프로젝트다.

장사가 가면 갈수록 어려워지는 게 사실이다. 높은 인건비, 하루가 다르게 올라가는 원재료비, 코로나 시국에 맞물린 오프라인 매장의 쇠퇴. 그럼에도 불구하고 창업률은 좀처럼 줄어들 기미를 보이지 않는다. 다시 말해, 이 시장은 무한한 가능성이 있다. 이로써 전국적으로 해당 정보와 노하우를 원하는 사람도 늘어나고 있다. 어려워지는 환경에서 창업자는 늘어나고, 그들이 원하는 정보를 줄 수만 있다면 또 다른 소득을 올릴 수 있는 하나의 시장이 형성된다. 나는 장사로 먹고 살만큼의 돈을 벌었지만, 경험으로는 그 수십 배, 수백 배를 벌었다.

나의 이런 과정과 노하우를 많은 사람에게 알리고 싶은 게 내 꿈이다.
그리고 반드시 해낼 것이다. 시장이 원하는, 좋은 영향을 미칠 수 있
는 사람이 세상에는 너무나도 많아 가능하리라 믿는다.

나는 왕따를 당하며
자살을 꿈꿨다

눈물이 뚝뚝 흘렀다. 술 취한 나의 모습이 모니터에 비치자 시청자
들의 위로하는 글이 올라오기 시작했다.

권프로 님, 울지 마세요.
권프로 님, 이제 모두 지난 일이잖아요.
⋮
⋮

가끔 술에 취하면 대화할 상대가 필요하다. 그럴 때면 나는 유튜브
를 적극적으로 활용한다. 혼술하지 않고, 실시간 라이브 방송을 통해
독자들과 소통하며 대화를 나누는 것이다. 또 마음껏 떠들 수 있어서,
아주 좋은 술친구가 되어주기도 한다. 보통 라이브 방송은 구독자들의
고민을 해결해주거나, 정보 전달을 목표로 진행하는데, 이날은 위로받

고 싶은 마음에 방송을 켰다. 그런 마음일 때는 지극히 감성적으로 된다는 단점을 잊은 채. 더욱이 나는 육성으로, 구독자들은 채팅창을 통해 텍스트로 하고 싶은 말을 전달하므로, 깊은 홀로 빠지는 느낌이 들기도 한다.

내가 눈물을 보인 이유는, 과거 따돌림당했던 시절을 이야기하다 울컥 한 것이다. 평소 나의 이야기를 잘 들어주는 구독자 앞이어서일까. 창피하지도, 방송을 빨리 꺼야겠다는 생각이 들지도 않았다. 그보다 솔직한 나의 모습을 보여줄 수 있음에 라이브의 묘미를 느꼈다. 또, 그런 나를 비난하지 않고 위로해주는 사람들뿐이라, 그 공간에 더 머물고 싶었다.

나는 국민학교 마지막 졸업 세대다. 1984년생부터는 '국민학교'가 아닌 '초등학교'를 사용한다. 내가 왕따를 당한 건 국민학교 4학년부터 6학년 졸업할 때까지, 꼬박 3년이라는 시간 동안이었다. 시골의 아주 작은 학교였는데, 전교생이 채 100명도 되지 않았다. 학년마다 한 반이 전부였고, 당시 우리반에는 14명이었으니 정말 작은 학교였다. 그런데 왜 난 그런 작은 곳에서 왕따를 당했을까? 특히 나는 남자아이들 사이에서 왕따를 당했다. 보통 왕따를 당하면 괴롭힘을 당한다고 생각하는데, 그렇지는 않았다. 그저 서로 이야기만 하지 않았을 뿐이다. '이게 왕따라고 할 수 있나?' 싶을 만큼 특징적인 것이 없었다. 중요한 것은 심리적 고통이 상당했다. 3년 내내 자살을 생각했을 정도니 말이다. 모르긴 몰라도 정서적인 문제도 있었을 것이다.

보통의 사람이 자살을 떠올리는 순간이 몇 번이나 있을까. 너무 괴로운 나머지 '여기서 벗어나고 싶다.' 또는 '죽고 싶다.'라고 잠시 떠올릴 수는 있지만, 오랜 시간 진지하게 '자살해야겠다.'라는 마음을 먹는 사람이 과연 몇이나 될까. 그런데 이제 막 10대에 접어든 아이의 머릿속에 온통 자살 생각뿐이었으니, 확실히 남다른 케이스인 건 맞다. 나는 10~15분의 짧은 등굣길에서 수많은 고민을 했다. '오늘 학교에 가지 말고 산이나 오를까?', '산에 올라가서 확 떨어져 버릴까?'와 같은 생각들을 하면서 말이다. 지금 이렇게 글을 쓰고 있는 걸 보면 다행히 산위에서 떨어지진 않았지만, 너무나 진지했던 그때 그 순간의 기억이 아직도 생생하다. 나는 그렇게 3년 동안 남자아이들과 말 한마디 섞지 못하고, 국민학교를 졸업했다. 지금 생각해도 마음이 참 아픈데, 졸업앨범에는 중간에서 혼자만 양쪽 친구의 손을 잡지 않고 졸업 노래를 부르고 있는 모습이 담겨있다. 지금은 그 앨범이 어디에 있는지 모르지만, 한 번씩 정리하다 발견하면 눈물이 난다.

당시의 3년은 그리 짧지 않았다. 하지만 지나고 나니 짧아 보인다. 그리고 과감하게 무언가를 시도하지 않았던 게 후회되기도 한다. 왕따를 주도한 친구에게 당당하게 1:1 결투를 신청한다거나, 친구들에게 물어보고 내가 잘못한 게 있다면 사과한다거나, 선생님을 비롯한 어른들에게 고민을 털어놓는다거나, 그 외에도 할 수 있는 일이 있었을 것이다. 하지만 나는 아무것도 하지 않았다. 어렴풋하게 어른들에게 진지하게 털어놓았지만, 큰 도움이 안 됐던 것 같기는 하다.

올해 내 나이 40살. 26년 전의 기억은 절대로 추억으로 남길 수 없는 아픔이 분명하다. 그래도 100% 좋을 수도, 100% 나쁠 수도 없듯 그 경험을 통해 배운 것도 있다. 길고 길었던 3년이지만, 지나고 나면 아주 짧은 순간이라는 것이다. 내 인생에 점 하나 찍을 만큼의 아주 짧은 순간. 그리고 오히려 그 점으로 인해서 지금의 올바른 내 자아가 형성되었다는 자기 위안도 가끔은 해본다. 혼자만의 시간을 가지면서 성숙해진 기억이 또렷하게 남아있기 때문이다. 인간관계에서도 많은 사람을 사귀어야 한다는 생각이 없는 것도 그때의 왕따 사건 영향인 듯도 하다. 나는 지금도 친구가 그리 많지 않다. 일부러 사귀려고 하지도 않고, 관계를 위한 관리를 하지 않는다. 요즘 말로 '자만추(자연스러운 만남 추구)'를 지향하는 바이다. 자만추가 이성을 사귈 때 쓰는 신조어이지만, 인간관계에서도 통용되는 것 같다. 한마디로 일부러 가식적인 인맥을 만드는 행위는 하지 않는다.

왕따 시절은 분명히 최악이었다. 그래도 돌이켜보면 인생을 배운 하나의 점과도 같은 기분이다. 그렇다고 다시 왕따 시절을 겪고 싶지는 않다. 차라리 군대를 한 번 더 갔다 오는 게 낫겠다 싶을 정도다. 그만큼 고통스러웠다는 뜻이다. 재미있는 것은 자살을 생각했지만 '자살할 마음도 먹었는데, 내 인생에서 못할 게 뭐냐?'는 긍정적인 다짐을 하게 만들었다는 사실이다. 그것이 여러 우여곡절 끝에 장사로 이어졌고, 새로운 도전을 하는 데 있어서 두려움을 없애 주었다. 이미 지난 일이고 이렇게 잘 극복했으니, 이제는 아픔으로 간직하기보다 내 인생의 밑거름이 되어준 찰나로 마음에 담으려 한다.

누구나 인생의 아픈 순간은 있기 마련이다. 그러나 아픔으로만 받아들이기보다 그 시절 덕분에 내가 성장한다고 생각하면, 오히려 나를 지탱해주는 힘이 될 것이라고 확신한다. 내가 그랬고, 그보다 더 최악의 순간이 앞으로는 없을 것이라는 믿음이 있어서다.

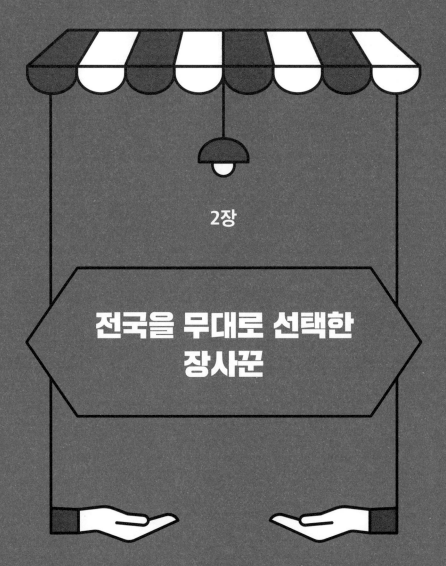

2장

전국을 무대로 선택한
장사꾼

1

책에서
솔루션을 낚다

　　　　　　　　우리 집에는 600여 권의 책이 있다. 절반
이상이 장사와 마케팅 그리고 심리 관련 서적이다. 그중 나를 살린 한
권을 뽑으라면 단연 다나카 도시유키의 『나는 13평 대박집 사장이다』
이다. 내가 폐업 직전에 읽은 책으로 나를 절망에서 일으켜준 책이다.
거기서 본 한 문장, "안 되는 이유보다 할 수 있는 이유를 생각하라."
가 지금의 나를 있게 했다. 지금 생각해보면 '피식' 웃음이 나는 말이
다. 장사가 안될 때 전문가라고 하는 사람이 TV에 나와 "매장을 점
검해보세요. 아마 문제가 많을 겁니다. 그게 다 사장님 탓이에요."라
고 했다. 어이가 없었다. 바로 TV를 끄고 욕을 한 사발 했다. '장사는
해보고 지껄이는 건가?'라는 마음으로. 그리고 한참 후, 그를 직접 만

날 기회가 있었는데 속으로 사과했다. '사실 예전에 대표님이 하는 이야기를 듣고 욕을 했습니다. 마음속으로나마 사과드립니다.'라고. 장사가 안되니 열등감도 높아지고, 조금만 건드려도 폭발할 지경이었던 나였다. 그것을 깨부수게 해준 사람이 다나카 도시유키다.

> 일을 하다가 어떤 문제가 발생했을 때 남의 탓을 하거나 환경 탓을 하고 있는 동안은 절대로 성장하기 어렵습니다. 당연한 이야기로 들릴지 모르겠지만 이 '당연한 일'이 되지 않는 사람이 의외로 많습니다.
> — 다나카 도시유키, 『나는 13평 대박집 사장이다』 중에서

딱 나였다. 남 탓을 했고, 환경이 거지 같다고 생각했기 때문이다. 책임을 회피하면서 도망가기 위해 준비하고 있었던 것이다. 책에서는 이걸 '자기책임론'이라고 칭하는데, 모든 게 내 잘못이기 때문에 누군가에게 화를 내거나 탓을 하면 안 된다고 조언한다. 그 조언에 깨달음을 얻은 나는 조금씩 마인드의 변화가 일어나면서, 매장에도 변화가 일어났다. 실제로 1시간 더 일찍 출근하고, 1시간 더 늦게 퇴근했으며, 매달 이벤트를 열었다. 현수막도 주기적으로 교체하고, 관리하지 않던 손님도 관리했다. 메뉴를 하나하나 시식하면서 레시피를 바꿨으며, 신메뉴도 만들었다. 지역 카페 모임마다 가입해 활동했고, 익숙하지 않은 SNS도 시작했다. 그뿐만 아니었다. 네이버의 공식 교육을 들으면서 마케팅을 배웠고, 고객 심리 관련 책부터 장사 관련 책을 일주일에 한 권씩 무조건 읽어 대부분 적용했다. 결과는 어땠을까. 놀랍게도 매출이 6개월간 꾸준히 상승했고, 오지 않던 지인도 하나둘 방

문했다. 또 친구는 회사 회식을 우리 매장에서 여러 번 했으며, 매번 저렴한 안주만 시키던 손님은 접대가 마음에 든다며, 고가의 술을 주문했다. 놀라지 않을 수 없었다. 돈이 없는 손님, 바쁠 때 자리만 차지하는 손님인 줄 알았는데, 16만 원짜리 술을 주문하는 걸 보고 말이다. 모두가 내 탓이었고, 나 스스로 매장을 망치게 했음을 뒤늦게 깨달았다.

그 이후로 나는 메모광이 됐다. 악필이라서 대부분의 메모는 스마트폰에 했다. 시시때때로 키워드만 나열하는 키워드 일기를 쓰고, 떠오르는 아이디어는 그때마다 TO DO LIST에 메모한 다음, 바로바로 실행에 옮기는 걸 즐겼다. 이런 메모의 활용은 나의 뇌를 믿지 않는 것에서 시작했다. 책을 읽으면서 좋은 아이디어가 떠올라도 되돌아서면 까먹기 일쑤였다. 나만 그런 줄 알았는데, 뇌 관련 책을 읽어보니 당연한 현상이었다. 책에서는 사람의 뇌는 어려운 걸 기억하기 싫어하는 습성이 있기 때문이라고 했다. 아무리 노력해도 기억하기 어렵게 설계돼 있다는 것이다. 그래서 그 뒤로는 메모하기 시작했다. 가령, 책을 읽으면서 기억해두고 싶은 부분은 밑줄을 그은 다음 책 귀퉁이를 접어둔다. 그리고 스마트폰에 그 내용을 메모하고, 종종 들여다본다. 이러한 행동은 책을 읽었을 때의 기억을 떠오르게 하면서, '실행에 옮기자.' 하는 마음이 절로 들게 한다. 그 이전에는 책을 읽어도 한 번 읽는 데서 그쳤다. 그래서 책을 읽어도 얻는 것이 많지 않았다. 하지만 메모하고부터는 아이디어가 내 것이 됐다. 휘발된 아이디어도 많지만, 얻은 아이디어가 훨씬 많은 것은 분명하다. 실행으로 옮긴 덕분이다. 그렇게 6개월간 500개가 넘는 메모를 했다. 지금은 1,000개가 훌쩍 넘는다. 실천한 메모까지 더하면 3,000개가 넘을 듯하다.

인간은 망각의 동물이라는 말을 들어봤을 것이다. 그만큼 기억력이 좋지 않지만, 많은 사람이 스스로 똑똑한 존재라고 여긴다. 인간의 좋지 않은 기억력은 과학적으로도 증명되어 있다. 설명을 덧붙이자면 인간의 기억력은 작업-단기-장기 단계로 이루어져 있는데, 작업 단계에서는 순간적인 기억만 하게 된다. 즉, 책을 읽지만 모든 내용을 기억하지 못하는 것과 같다. 이러한 이유로 나는 독서를 권하는 사람들의 말을 이해하지 못했다. '책을 읽어도 남는 게 없는데, 시간 낭비 아닌가?' 하면서 말이다. 그런데 반복해서 읽고, 메모하며 기억의 단기·장기 단계로 넘어가면 상황은 달라진다. 내가 다나카 도시유키의 말을 또렷이 기억하는 것처럼 의식 속에 각인된다. 또 그것은 인생 글귀가 되고, 삶의 모토가 되기도 한다. 나에게는 장사의 가이드라인이 됐고 말이다.

장사가 되지 않을 때의 나는 열등감이 심했고, 누군가가 장사에 대해 이야기하면 "니가 장사를 알아?"라는 말을 서슴없이 했다. 정장을 입고 매장을 방문해 컨설팅하는 '전문가'들을 보고 '꼴값 떨고 있네.' 하면서 말이다. 그런데 변화를 주면 바뀐다는 것을 알고 나서는 그들의 말이 하나도 틀리지 않다는 걸 깨닫고, 그들이 존경스러워졌다. 이제는 지금의 내 모습을 보고 내가 그랬던 것처럼 나에게 비난의 말을 하는 사람들이 있다. 얼마 전에도 코로나19로 힘들어진 자영업자들의 회생을 돕기 위한 취지로 MTN의 머니투데이에서 〈자영업 기사회생 프로젝트 R〉을 촬영했는데, 해당 방송을 보고, 거기에 출연한 나에게 오래전 나와 같은 반응을 보이는 사람이 있었다. "저 사람은 말로 장사 다 하네."라고 비꼬는 것이었다. 예전의 내가 투영되어서 참으로 안타까웠다. 하지만 무어라 조언해 줄 수 없었다. 스스로 깨닫지 않으면 갈등으로 번질 수 있기 때문이다.

나는 책을 통해 스스로 깨닫고 폐업의 위기를 넘길 수 있었다. 물론, 다시 어려운 상황과 마주한 때도 있었지만, 그때마다 책을 보고 해결 방안을 찾았다. 예전에는 "책에 무슨 솔루션이 있다는 거야? 다 거짓말 아냐?"라고 했던 나였다. 그런데 직접 읽어보고 실행으로 옮겨보니 아니었다. 명확히 나에게 딱 들어맞는 솔루션이 있는 건 아니지만, '아이디어'를 떠오르게 하는 것은 확실하다. 내가 600여 권의 책을 구매해 보관하고 있는 이유도 바로 그 때문이다. 힘들 때마다 책을 읽고, 실행에 옮기고, 다시 또 읽기를 반복했다. 그리고 도움을 청하는 사람에게 나의 경험을 이야기해주고, 그대로 실행에 옮길 수 있게 코칭해주었다. 온라인에도 글을 쓰기 시작했다. 덕분에 여러 커뮤니티에서 인기도 누려봤다. 모두 책을 통해 가능했던 일이다. 간접 경험하고, 직접 실행하면서 쌓을 수 있는 내 자산이 계속 만들어진 셈이다.

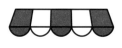

2

언제까지
동네 장사를 할 것인가?

바닥까지 추락했다가 다시 정상 궤도로 돌아와서일까. 아니면 책을 통해 성장한 것일까. 나는 다른 일도 해보고 싶어졌다. 장사도 재미있었지만, 책을 통해 바라보는 세상이 너무 넓어 다른 꿈이 자꾸만 생겨난 것이다. 불가능할 거라고 생각했던 일들이 책을 통해 배우고, 실현되니 '이건 내 인생 최고의 기회야.'라는 생각을 자주 하게 됐다. 뭐든지 책으로 배우면 된다고 생각했다. '인생의 공략집'을 찾은 기분이었다. 왜 '책 속에 답이 있다.'는 진리를 이제야 알게 된 것일까. 스타크래프트를 처음 시작할 때도 국가대표급 플레이어이자 세계적인 랭커였던 신주영 프로게이머의 공략집을 봤었고, 창세기전을 할 때도 게임 전문 월간지 〈PC챔프〉에서 준 아이템

비교 분석 부록을 보고 마지막 라운드까지 갈 수 있었는데, 왜 내 인생에 적용하지 못했을까. 후회됐다. '진즉에 알았더라면 왕따도 당하지 않았을 텐데……' 하는 생각도 하면서, 책에서 보고 배운대로 '장사가 아닌 다른 일로 더 벌어야겠다.'는 다짐을 했다. 그도 그럴 것이 갈수록 인건비는 올라가고, 물가 역시 치솟을 대로 치솟아서 메뉴값을 올릴 수밖에 없었고, 브랜드의 인기도 서서히 식어가는 느낌을 받았기 때문이다.

유튜브도 책을 통해 알게 됐다. 대도서관의 『유튜브의 신(神)』을 시작으로, 외국 번역 출간본까지 읽고 '한번 해볼까?' 하면서 무작정 시작했다. 사실 '장사 권프로' 채널이 처음은 아니다. 앞서 두 번 정도 실패했고, 완전히 포기도 했었다. 그런데 보름 만에 '처음으로 돌아가라.'라는 메시지에 또 한 번 내 심장이 동요되면서, 다시 시작하게 된 게 장사 이야기였다. 두 번째 실패했을 때는 책을 통해 배우지 못했다. 그저 혼자서 끄적이기만 했을 뿐이다. 영상 하나를 촬영하고 편집해서 올리는 데에만 온종일 걸렸다. 조회 수는 며칠이 지나도 3에서 변화가 없었다. 결국 유튜브는 내가 할 수 없는 영역이라고 판단했다. 하지만, 포기할 수 없다라는 생각으로 보름 만에 다시 도전해, 책을 통해 배운 것으로 영상을 만들었다. 튜토리얼 식으로 배울 수 있는 책이었던 김메주의 『유튜브 영상 만들기』가 많은 도움이 됐다. 지금도 색이 노랗게 바랜 상태로 우리 집 책꽂이에 꽂혀 있다.

첫 장사 관련 유튜브 영상을 찍고 올렸던 기억이 아직도 생생하다.

카메라 밖을 벗어난 머리, 어눌한 말투, 심하게 요동치는 눈동자. 게다가 패션테러리스트가 따로 없는 복장. 지금 보면 어느 하나 마음에 드는 게 없다. 하지만 그때는 꽤 뿌듯했다. 영상 하나만 올렸는데도 왠지 모를 자신감이 샘솟았다. 아내에게 계속 자랑하고, 다음 영상은 뭘 찍을까 고민하며 사람들의 반응을 기다렸다.

유튜브도 장사의 한 맥락에 속하는 걸 나중에 알았는데, 반응이 있으면 동기부여가 되어 더 열심히 하게 된다는 공통점이 있었다. 장사의 경우, 메뉴판을 바꾸거나 신메뉴를 출시했을 때 손님의 반응이 좋으면 나의 행동도 바뀐다. 예를 들어 새로운 메뉴로 해물떡볶이를 출시했을 때, 많이 팔고 싶은 마음이 생겼다. 이에 해물떡볶이 사진을 근사하게 찍어서 가장 비싼 안주 바로 아래에 부착했더니, 책에서 말한 대로 많이 팔렸다. 잘 나가지 않던 쥐포 안주도 새로 인쇄해 테이블 옆에 붙였더니, 쥐포 안주 매출이 200%나 상승했다. 그렇게 긍정적인 반응이 보이니 절로 신이 나고 재미있었다. 유튜브도 마찬가지였다. 내가 영상을 올리면 댓글이 하나둘씩 달리는 게 즐거웠고, 다음에는 어떤 이야기를 해야 할지 고민하는 그 순간이 삶의 활력이 됐다. 그렇다고 유튜브로 그리는 큰 꿈이 있었던 것은 아니었다. 그저 장사로 지친 내 마음을 달래는 하나의 취미생활에 불과했다.

당시 유튜브에 장사 이야기를 하는 사람은 많지 않았다. 지금도 마찬가지다. 그만큼 자영업 카테고리는 블루오션이다. 3년 정도 유튜브를 운영하면서 초창기의 기억나는 채널을 읊어 보면 '자영업의 모든 것', '맥형 TV', '창플 TV', '논현동 장사꾼', '30대 자영업자', '콩콩튜브', '연쇄창업범 리치머', '식당썰전', '족발스토리' 등이다. 그런데 현재 몇몇 채널은 업로드가 되고 있지 않거나 없어졌다. 모두 성격이 다른 채널들이지만, 좋은 정보를 다룬 만큼 사람들의 관심을 많이 받은 것은 분명하다. 최근 들어서 생겨난 가장 핫한 채널은 '장사의 신', '휴먼스토리', '탐구생활' 등이다. 우리나라 자영업자만 해도 500만 명이 넘으니, 그만큼 수요도 많고, 발전 가능성이 무궁무진하다. 내가 장사를 시작하는 분들에게 유튜브를 꼭 해보라고 권하는 이유도 여기에 있다. 나의 경우만 해도 유튜브를 하다 보니 여기저기서 연락이 참 많이 왔다. 구독자가 1,000명도 되지 않았는데, 만나자고 요청하는 사람이 많아졌다. 곰곰이 이유를 생각해보니, 영상에 비치는 내 모습에 '무언가 배울 게 있지 않을까?'라고 생각하는 듯했다. 즉, 내가 그들에게 권위가 느껴졌다는 의미다. 누구나, 아무나 유튜브를 할 수 있지만, 실제로 해야만 그 권위가 생김을 피부로 느꼈다. 그 계기로 나는 사람들을 도와주기 시작했다. 댓글과 이메일, 전화 통화. 심지어는 3~4시간씩 걸리는 거리도 마다하지 않고 찾아갔다. 그리고 코칭을 해주거나 솔루션을 제공하고, 경우에 따라서는 손님을 직접 받으면서 접객하는 모습까지 보여줬다. 장사를 하면서 이 같은 활동을 병행하는 것은 불가능에 가까웠다. 하지만 나는 사람들이 좋아하는 모습을 보는 그 자체가 좋았다. 또 그 과정에서 이런 결심을 하게 됐다. '좀 더 넓은 세상에 나의 좋은 영향력을 미쳐보자.' 그렇게 나는 새로운 세상으로 발을 딛게 된다.

3

왜 자영업자 몸값은
형편없을까?

일반적으로 성인 육체의 지방분으로 7개의 비누를 만들 수 있고, 골격과 치아를 구성하는 인(Phosphorus)으로 성냥개비 머리 2,200개를 제조할 수 있다. 또 마그네슘만을 추출해서 얻을 수 있는 건 설사약 한 봉지 수준으로 아주 형편없다.

연평균 10억의 소득세를 냈다는 '세이노'라는 닉네임을 가진 기업가가 쓴 글의 한 부분이다. 이 내용은 단순히 인간의 육체를 원소까지 분해해서, 그나마 현대사회에 쓸 만한 것으로 바꾸었을 때 매겨지는 가치를 나열한 것이다. 정말 볼품없다. 값어치가 아예 없다고 봐도 무방할 정도이다. 물론, 현실적으로는 말도 안 되는 이야기이다.

대구의 어느 작은 이자카야에 컨설팅을 하러 간 적이 있다. 나날이 줄어드는 매출에 대한 고민이 컸는데, 약 4년가량 운영 중인 매장은 아무런 문제가 없어 보였다. 위치도 좋고, 맛도 있었으며, 사장님도 친절했다. 꼼꼼히 점검하다가 문제점이 밝혀졌다. 바로 매장 오픈 당시에 머무른 상태로, 몸값이 전혀 오르지 않은 것이다.

대부분의 자영업자는 경기 흐름에 굉장히 민감하다. 경기가 좋으면 장사가 잘되고, 좋지 않으면 장사가 안된다고 생각하기 때문이다. 날씨에도 민감하다. 맑은 날보다 천둥번개가 치고, 비가 많이 오는 날처럼 궂은 날씨가 손님들이 매장을 찾는 것을 방해한다고 생각하기 때문이다. 연중행사에도 예민하다. 설, 추석 전에는 명절을 보내야 해서, 여름휴가 시즌 또는 연휴가 많이 있는 달에는 여행을 가야 해서 사람들이 지갑을 열지 않는다고 생각한다. 요일도 마찬가지다. 월요일은 어제가 일요일이었으니 돈을 쓰지 않고, 화요일은 일주일의 초반이니 외식하지 않고, 수요일~일요일도 제각각의 이유를 대며 판단한다. "설마 이렇게까지 생각한다고?"라고 할 수도 있지만, 식당을 운영하는 수많은 사장님이 대는 핑계는 각양각색이다.

이자카야를 운영하는 사장님은 1년 차였을 때와 4년 차인 지금과 자기 모습이 별반 다를 게 없다고 했다. 아니, 전혀 변화가 없다고 했다. 이에 나는 작은 것이라도 좋으니 이야기해보라고 했고, 설문지 작성도 해봤지만, 요즘 표현대로 1도 없었다. 그저 단순히 경기가 좋아지기만을, 경쟁 매장이 문을 닫기만을, 식자재값이 내리기만을, 인근에 공사 중인 아파트가 하루빨리 완공되어서 사람들이 입주하기만을 바라며, 지금까지 버텨왔을 뿐이었다. 한마디로 본인 노력 없이 외부 요인이 나아지기만을 기다렸다. 이것이 잘못됐다는 말은 아니다. 실제로 외부 요인만으로도 장사가 잘되는 곳이 있다. 단지 외부 요인에만 기대는 모습은 안타깝기 그지 없다. 이자카야 사장님이 노력하지 않았던 것은 아니다. 그저 지속하지 못했을 뿐이다. 메뉴 개발, 온라인 마케팅 등 시도는 해봤지만 꾸준하지 못했다. 또 이곳 이자카야의 매출이 떨어진 결정적인 이유는 맞은편에 생긴 경쟁 매장 때문이었는데, 해당 매장 사장님은 그들을 뛰어넘을 엄두가 나지 않았다고 했다.

사정은 이랬다. 내게 상담을 의뢰한 이자카야는 약 5천~1만 세대 이상의 아파트 단지에 자리 잡아, 한동안 총 3개의 이자카야 중 매출 1위를 유지했다. 그러다가 시간이 흐르면서 2등이 되고 3등이 됐는데, 6개월 전 새로운 이자카야가 들어오면서 사태는 더 심각해졌다. 대충 들어도 경쟁 이자카야는 이기기 힘든 상대임이 분명했다. 한 곳은 SNS 상에서도 유명해서 예약하지 않으면 식사할 수 없을 만큼 손님들이 몰려들었고, 한 곳은 지역 커뮤니티 두 군데와 협력해 관공서 사내 게시판에도 등록돼 있을 뿐만 아니라, 관공서 관계자들이 방문하면 매번 새로운 서비스를 제공했다. 나머지 한 곳은 고객 데이터베이스를 정리해 일주일 또는 월 단위로 마케팅을 진행했다. 재미있는 것은 내가 상담한 사장님도 고객으로 등록되어 있어서 매주 메시지를 받고 있었다는 사실이다. 그런 상황이 사장님을 더 힘들게 했다. 게다가 나름대로 벤치마킹하기 위해 경쟁 매장을 방문해보고, 문제 분석도 해보려고 했지만 그럴 때마다 자신감도 자존감도 떨어졌다고 했다.

많은 사람이 연말이 되면 다음 해에는 이번 해보다 나은 생활을 하길 바란다. 직장인은 연봉이 올랐으면 하고, 자영업자는 매출이 늘었으면 한다. 하지만 그런 바람을 현실로 만들기 위해 어떤 노력을 했느냐고 물으면, 대답하지 못하는 경우가 많다. 그저 직장인은 '내년이면 3년 차니까 대리는 될 수 있겠지?', '올해 회사 수익이 높았으니 보너스를 받을 수 있겠지?'라는 생각을 하고, 자영업자는 '옆에 큰 병원이 오픈하니 손님이 많아지겠지?', '옆 가게가 문 좀 닫아서 매출 좀 오르면 좋겠는데…….'라는 허황된 꿈을 꾸거나, 가능성 낮은 시나리오를 쓴다. 중요한 것은 매출을 높이려면 내가 하는 행동 하나하나가 의미 있어야 한다. 매번 똑같은 방식을 고집하면서, 매출이 늘어나길 바라는 것은 욕심이다. 또 운이 따랐다고 하더라도 일시적이다. 반면 본인 노력으로 부가가치를 창출해서 매출이 오르면, 그만큼 내 몸값도 올라간다. 그것이 선순환 구조를 갖추면 성장은 무조건 따라온다.

장사를 10년 했다고 해서 몸값이 올라가는 게 아니다. 경력으로 권위를 세울 수는 있지만, 알맹이가 없다면 허울뿐이다. 그런데 1~2년 차에도 눈에 띄는 성과를 내는 사람이 있다. 이들 특징은 똑같은 것만 반복하지 않는다는 것이다. 약간의 변화로 작은 성공을 맛보면서, 자기만의 꿈을 실현한다. 나는 오래전 준정부기관에서 주최하는 모임에 참석한 적이 있다. 폐업한 자영업자들을 대상으로 정부에서 재기할 수 있도록 도와주는 프로그램이었는데, 약 100여 명이 모였다. 여기서 실시한 설문조사 중 한 질문에 대한 결과가 충격적이었다. '1년에 책을 몇 권 읽느냐?'는 질문에 '3권'으로 답변한 사람이 80% 이상으로 압도적이었기 때문이다. 익명으로 진행한 설문조사였으므로 솔직하게 답변했을 테고, 표본 오차가 심한 100여 명의 결과임을 감안해도 그 정도일 줄은 몰랐다.

자영업을 하면 직장 생활할 때보다는 조금이라도 돈을 많이 벌어야 한다. 다들 그러한 목표로 안정적인 회사를 그만두고, 사업을 시작하지 않는가. 그런데 회사 다닐 때처럼 시키는 것만 해서는 그런 성과를 낼 수 없다. 만약 월 200만 원을 번다면, 적어도 20만 원은 자기 계발에 투자할 줄 알아야 한다. 그 10%가 쌓이고 쌓여서 100%, 200%, 1,000%가 되어 돌아오는 것이다. 당시 설문조사를 담당한 강사도 똑같은 이야기를 했다. 책 한 권에 투자하는 돈을 아까워하면 뒤처진다고 말이다. 하지만 나는 그 강사가 핵심을 잘못 짚었다고 생각한다. 사람들이 책 한 권에 투자하는 돈이 아까워서 읽지 않는 것이 아니라, 책 읽을 시간이 없고, 책 읽는 습관이 되지 않아 읽지 않는 것이기 때문이다. 그래서 책 읽는 시간을 어떻게 만드는지, 어떻게 책 읽는 습관을 만들 수 있는지를 알려줬어야 하는데, 그러지 않았다. 또 자기 계발에 있어서 책만큼 가성비 좋은 도구는 없다는 말을 보탰으면 어땠을까? 책을 읽어야 할 명분이 생겨 관심을 보였을 것이다. 여기서 한마디 더 보태자면, 이런저런 핑계로 책을 멀리한다면 그만큼 성장과 멀어지는 길로 가고 있는 것이라고 알려주고 싶다. 그리고 결국에는 더 큰 비용을 지출할 수밖에 없을 것이다. 자영업자의 몸값은 스스로 높이는 것이다. 혹시라도 매출이 자꾸만 줄어들고, 본인이 생각해도 소극적으로 변해간다면, 현실을 점검해볼 필요가 있다. 주변 매장은 계속 변화하고 발전하는데, 혼자만 제자리걸음하고 있다면 경쟁에서 뒤처지는 건 시간문제다.

얼마 전 스스로 몸값을 올려, 부가적인 수익을 창출하고 있는 자영업자들을 소개하는 자리가 있었다. 대다수가 2년 차였음에도 10년 차를 능가하는 '가르치는 능력'이 있었다. 안주 하나 제대로 만드는 능력으로 '파는 법'을 배워 '가르침'으로써, 한 번에 5명만 모아도 500만 원의 부가 수익을 내는 실력자들이었다. 프로 세계에서는 메뉴 하나당 평균 300만 원~1,000만 원까지 거래가 된다는 점을 고려하면 다소 저렴하지만, 이제 외식업 2년 차인 그들 입장에서는 만족할 만한 결과다.

처음 언급했던 것처럼 우리 몸을 원자까지 분해해서 비누로, 성냥개비로, 설사약으로 파는 일은 없을 것이다. 다만, 매장의 매출을 올리지 못하면 다른 방법으로도 부가가치를 창출해야 한다. 귀찮을 수 있지만 뒤처지지 않으려면 움직여야 한다. 또 그것을 통해 얻는 성과로 더 큰 것을 깨달았으면 한다. 좋아하는 것만 하고 살면 행복하겠지만, 형편없는 몸값이 되지 않으려면 생업에 투자하는 노력을 실행으로 옮기길 바란다.

4

전국 5,000만 명을 대상으로 장사하다

내가 전국을 상대로 무자본 장사를 시작하게 된 건 자연스러운 일이었다. 생각해보라. 인구 15만 명의 작은 도시, 그것도 1,500세대만을 대상으로 장사를 하는 것과, 전국 5,000만 명을 대상으로 장사를 하는 것. 확실히 가능성 있는 건 후자 쪽이었다. 모든 유튜브 관련 책에는 "세계를 대상으로 나를 알려 보세요."라는 내용이 나온다. 이에 나는 세계에 나를 알리기로 하고, 조금씩 카테고리를 확장해 나갔다.

처음에는 내가 주점을 운영하니 주점에 대해 이야기했다. 술의 종류, 안주, 진상 고객 등. 하지만 그것은 장사의 일부밖에 되지 않는다는 판단에, 장사 관련 노하우를 공유하기 시작했다. 여기서 아주 중요한 포인트가 있다. 노하우라고 해서 무언가 대단하고 특별한 걸 이야기 하는 게 아니라는 것이다. 이를테면 '음식에서 머리카락이 나왔을 때 대처법', '한 번 온 손님을 두 번 오게 하는 전략', '매출을 올리기 위한 3가지 방법' 등. 아주 소소하지만 그 어디에서도 잘 다루지 않는 것을 나만의 방식으로 전달했다. 이게 바로 무자본으로 전국을 상대로 장사하는 개념이다. 세계를 상대로 한다고 했는데, 실제 미국, 일본, 캐나다에서 연락이 오기도 했다. 한국 교민들, 그리고 한국어를 알아듣는 외국인들에게까지 연락이 왔다. 그리고 그들은 장사를 하면서 어떻게 매일 콘텐츠를 만들 수 있냐고 의아해했다. 또 자본금은 어디서 났느냐는 물음도 있었다.

일단 온라인을 기반으로 한 정보 전달은 크게 돈이 들어가지 않는다. 그리고 내가 장사하면서 매일 콘텐츠를 생산하는 비결은, 초창기에는 여러 우여곡절이 있었지만, 6개월이 지난 시점부터 생긴 루틴 덕분이다. 물론, 새벽까지 일해야 하는 특성상 아침이 다 되어서야 잘 수 있다는 패턴의 반복은 있었다. 살이 빠지고 힘이 들었다는 얘기다. 다만, 억지로 이 패턴을 반복하지는 않았다. 모든 게 재미있어서 이어갈 수 있었다. 사람들의 반응이 신기했고, 내가 아는 지식이 다른 사람에게 조금이라도 도움이 된다는 사실을 깨달았을 때는 신이 났다. 그래서 '이것도 정보가 될까?'라고 생각했던 모든 것을 끄집어내어 콘텐츠로 제작하고 공유했다. 무자본 창업의 표본이라는 걸 체험하는 순간이었다.

사실, 구글에서 들어오는 애드센스 광고 수입은 그리 많지 않았다. 수익 창출 자격 획득 후, 처음으로 입금된 금액이 3만 원가량이었다. 하지만 그 금액 이상의 것을 내 몸과 마음이 느끼다 보니, 수입은 개의치 않게 됐다. 그랬더니 자연스럽게 광고 수입도 많아졌다. 최고로 많은 달은 1,300만 원이 넘었다. 조회 수가 잘 나오는, 한마디로 유튜브 리즈 시절에 맛본 달콤함이었다. 그것이 화근이 되기도 했다. 조회 수에 집착하게 된 것이다. 조회 수가 많이 나오면 돈이 된다는 생각에 자극적인 소재만 찾아다니고, 장사도 뒷전이었다. 지금에 와서야 느끼지만 정보를 공유하는, 그것도 장사를 주제로 하는 채널은 조회 수가 그리 폭발적으로 늘어날 수가 없다. 그렇기 때문에 욕심이 났고 다른 주제까지 건드렸다. 장사와 비교하자면 소갈비 전문점에서 장사가 잘 안된다고, 손님이 원한다는 이유로 돼지갈비를 파는 형국이 된 것이다. 그렇게 유튜브 리즈 시절이 순식간에 지나갔고, 본연의 나로 돌아왔다. 마침 같이 일하던 아르바이트생이 가게를 운영해보고 싶다고 해 나의 매장을 양도하고, '전국을 상대로 제대로 장사해보자.'는 마음으로 본격적으로 유튜브에 몰입했다. 이미 전국을 다니면서 많은 사람을 만나 코칭과 컨설팅을 하면서 쌓은 노하우가 수두룩했다. 문제는 유튜브를 통해 정보를 전달하기만 하면 되는데, 막상 현장의 영상을 담자니 편집 실력이 턱없이 부족했다. 오랜 고민 끝에 화려한 편집보다는 전달력으로 승부하기로 하고, 발성, 눈빛, 정보의 핵심, 동기부여 이 4가지를 중점적으로 연습해 지금의 내가 됐다.

　유튜브를 하다 보면 여러 곳에서 다양한 제안이 들어온다. 강의부터 시작해 온라인 클래스 런칭, 개인 코칭과 컨설팅, 광고 제작 및 출연 등 하루에도 10통 이상의 메일을 받는다. 그 가운데 가장 큰 기억으로 남은 것이 매일경제 창업박람회 강연이다. 유튜브를 시작한 후, 첫 섭외 메일을 받고 무척 설렌 기억이 난다. 회사 다니면서 PT 또는 입사할 때 면접 PT를 한 게 전부인 내게 많은 사람 앞에서 강연해달라고 하니 당황스럽기도 했다. 주최 측에서는 "유튜브에서 한 이야기를 무대 위에서 해주시면 됩니다."라고 했지만, 경험이 없던 나는 걱정이 이만저만한 게 아니었다. 강연료도 1시간에 60만 원으로 파격적이었다. 그때 시급이 1만 원이 되지 않았던 때이니, 최저 시급보다 60배나 더 높은 금액에 '이게 말이 돼?'라고 생각했다. 아무리 장사를 열심히 해도 1시간에 60만 원을 버는 건 불가능에 가깝다. 아니, 하루에 60만 원의 순수익을 올리는 건, 말도 안 되는 이야기이다. 흥미로운 사실은, 지금은 이런 강연 제안이 들어와도 시간이 맞지 않으면 못한다는 것이다. 그것보다 훨씬 더 높은 단가의 일을 하고 있고, 시간이 돈이 되는 직업을 가진 덕분이다. 내가 생각해도 참으로 건방지고 재수 없는 이야기이지만 있는 그대로를 말한 것이다.

소득에도 '가성비'가 있음을 그때 처음 깨달았다. 소득 올리는 방법으로는 어떠한 유형의 것을 판매해 등가교환 하는 방식밖에 없다고 생각한 나였다. 그런데 여러 책을 통해 소득은 가치 교환이라는 걸 깨달았다. 그리고 그것을 직접 실행으로 옮김으로써 나에게 직접적으로 다가왔다. 비로소 다른 세상에 눈을 뜬 것이다. 특히 지금 내가 하고 있는 비즈니스를 하면서 '가치'에 대해 진지하게 생각하는 계기가 됐다. 그로 인해 장사에서의 가치도 강조하지만, 무형의 서비스를 판매하는 직업에서 그 가치가 더 중요하다고 말할 힘이 생겼다. 왜냐하면 값으로 매길 수 없는 가치도 분명히 존재하기 때문이다. 즉, 내가 정하는 게 곧 가격이 되고, 그 금액을 지불할 능력이 있는 사람을 만나면, 장사라는 개념이 성립된다. 이 같은 장사를 동네를 넘어선 전국을 무대로 하는 것이 지금의 내 직업이고, 다른 사람에게 이러한 장사의 숨은 가치를 심어주는 게 내 역할이다.

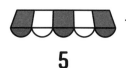

5

가치를 더하는
마라토너가 되다

　　　　　　　　　　　　다른 사람을 도와주며 가장 크게 느낀 건,
많은 사람이 '알지만 하지 않는다.'는 것이었다. 특히 자영업, 즉 장사
하는 사람은 더더욱 그러했다. 그런데 나는 충분히 이해한다. 왜냐하
면 실제 겪어봤기 때문이다. 문제점이 있어서 매출이 떨어지고 폐업
하게 되는데, 그 문제점을 찾으려고 하지도 않고, 설령 찾고 인지했다
고 하더라도 많은 사람이 고치려고 하지 않는다. 실행의 의지에 앞서
이미 멘탈이 무너져 무언가를 하고자 하는 마음이 전혀 들지 않기 때
문이다. 나의 경우만 봐도 장사로 월 1,000만 원을 벌었지만, 월 50만
원으로 고꾸라졌을 때, '그래, 다시 열심히 해서 1,000만 원을 만들어
보자!'라는 생각은 전혀 들지 않았다. 그저 '장사하기 싫다.'라는 마음

만 가득했다. 청소도 게을리했고, 가게 문도 늦게 열었으며, 마감 시간이 되지 않았음에도 서둘러 문을 닫았다. 그리곤 장기간 갖은 핑계를 대며 쉬는 날을 끼워 넣었다. 그뿐만 아니다. 눈으로 봐도 싱싱하지 않은 채소를 사용하고, 귀찮다는 이유로 레시피를 어기면서 음식을 만들었다. 늘 예쁘게 열을 맞췄던 술 냉장고도 대충 정리했으며, 손님에게 인사와 미소는커녕 '오면 오는 거고 말면 마는 거지.'라는 심정으로 대했다. 장사의 기본과 반대로 가고 있는 내 모습을 알았지만, 그런 나에게 혼을 내는 사람은 없었다. 내가 사장이고, 내가 책임자였기 때문이다.

여러 매장을 방문하며 많은 사장님을 만나는데, 그들 머릿속에는 '장사=돈'이라는 인식이 크다. 돈을 벌기 위해 장사를 시작한 건 맞지만, 결코 그게 다여서는 안 된다. 나도 이 전철을 겪어 봤기 때문에 매번 '이러면 안 되는데……'라는 마음이 들어 안타깝다. 하지만 이해시키기 쉽지 않다. 그런 가운데 한 가지 분명한 점은 누가 봐도 손님의 지갑을 열려는 꾀를 부린다면, 장사로 성공할 가능성이 현저히 떨어진다는 것이다. 그나마 손님이 알아차리지 못한다면 다행이지만, 똑똑한 손님을 상대로 어리석은 장사를 하는 모습을 볼 때마다 걱정하지 않을 수 없다.

손님은 우리에게 최고의 가치인 돈을 지불한다. 그런데 그 돈은 쉽게 번 것이 아니다. 누군가는 온종일 땀 흘리며 번 돈일 수도 있고, 누군가는 몇 날 며칠 모아 마련한 돈일 수 있다. 그런 돈을 우리는 "내가 만든 음식을 줄 테니 내놓으시오."라고 하고 있다. 이게 과연 제대로 된 제안일까. 부자들이 말하는 돈은 늘 똑같다. "돈을 쫓지 말고, 돈이 오게 하라." 나도 처음에는 무슨 말인지 몰랐다. 이제야 절반가량 이해한 수준이다. 그리고 이걸 이해하는 순간 동네 사장의 틀을 벗어나게 된다. '우리 동네 손님들의 지갑을 어떻게 하면 열 수 있을까?'만 생각한다면, 90년대 장사를 하는 것이다. 이제는 '가치를 어떻게 전달할까?'를 생각해야 한다. 좀 더 진화한 장사를 해야 똑똑한 손님들을 우리의 팬으로 만들 수 있다는 뜻이다.

나는 상담 한 번에 100만 원의 돈을 받는다. 누군가에게는 큰돈일 수 있다. 하지만 그만큼의 가치를 받은 사람은 다음에 또 똑같은 상담을 원하기도 한다. 만족했다는 뜻이다. 상담에는 원가가 없다. 하지만 음식 장사에는 원가가 있다. 그래서 원가율을 따지라고 조언하고 있지만, 그보다 더 중요한 게 바로 '손님이 생각하는 가치'이다. 그 가치를 심기 위해 더 많은 노력을 해야 하고, 더 많은 공부를 해야 한다. 가치를 충족시킨다면, 원가율이 낮아도 사람들은 구매한다. 단순한 등가교환으로는 장사를 잘할 수 없는 게 지금의 트렌드이다.

나는 장사가 죽도록 되지 않는 여름날, 매장 밖을 쓸면서 오가는 차량에 인사했다. 어느 책에서 보고 따라 한 것으로, 효과가 있었는지 없었는지는 기억이 나지 않는다. 다만 느낀 게 있다. 하는 것과 하지 않는 것에는 커다란 차이가 있다는 것이다. '매출도 오르지 않았는데 무슨 효과?'라고 할지 모르겠다. 하지만 내 행동이 바뀌기 시작한 걸 느꼈다. 조금 더 능동적으로 활기가 생겼고, 목소리에 힘이 생겼으며, 손님들에게는 더 상냥하게 다가갔다. 내 행동의 변화를 이끌어내는 과정이 된 셈이다. 실제 우리 몸의 호르몬은 상황에 따라 성질이 달라진다. 예를 들면 신나게 5분 정도 웃고 호르몬을 검사할 때와, 슬픈 생각을 한 다음 호르몬을 검사할 때의 차이는 크다. 전자의 경우에 더 많은 엔돌핀이 생겨 온몸에 긍정적인 영향을 미친다. 장사도 마찬가지이다. 매출이 나오지 않아서 아무것도 하기 싫고, 의욕이 바닥일지라도 일부러라도 미친 듯이 무언가를 해야 한다. 인사를 하고, 평소에는 신경을 쓰지 못했던 곳을 한 번 닦고 나면 호르몬 분비가 시작된다. 그럼 그날 하루는 장사를 망치더라도 기분이 한결 좋아진다.

내가 사장님들을 코칭할 때 가장 첫 번째로 하는 건 '들어주기'이다. 수많은 사장님이 하고 싶었던 이야기를 1시간이고, 2시간이고 나에게 털어놓는다. 오죽하면 상담을 원하는 걸까. 나에게 잔소리를 듣고 싶어서 상담을 신청한 건 결코 아닐 것이다. 그렇기에 잔소리만 해서는 안 된다. 나는 선생님이 아니라 코치이기 때문이다. 그간 고생했던 이야기를 한없이 말하고 난 후, 정작 고민이 무엇인지 물어보면 얘기하지 못한다. 대화하는 과정에서 고민과 문제점이 이미 다 드러났기 때문이다. 하나하나 조목조목 짚어주고 방법을 알려주면, 그제야 깨닫는다. 성찰이 부족했음을 말이다. 그리고 동기부여가 이제껏 되어있지 않았음을 크게 느낀다. 이렇듯 코칭은 대화 속에서 스스로 해답을 찾고 동기부여가 되게 하는 것이다. 즉, 가치를 느끼게 하는 것으로, 만일 가치를 주지 못하면 돈을 벌지 못하고, 돈 먼저 벌려고 하면 가치는 어디에도 없을 수밖에 없다. 특히나 무형의 것을 판매하는 입장에서는 더더욱 가치를 만들 줄 알아야 한다. 그만큼 사람의 심리도 잘 파악해야 한다. 코치랍시고 "이렇게 하세요. 저렇게 하세요." 하면 절대 제대로 된 코칭이 될 수 없다. 컨설턴트라고 해서 "이렇게 해서 저렇게 하면 해결됩니다."라고 하는 건 누구나 할 수 있다. 상대방이 처한 환경 분석을 철저히 한 후, 그에 맞는 방법을 제시하고 함께 풀어나가야 가치를 심어줄 수 있다. 손님을 직접 상대하는 장사도 매한가지다. '왜 이 음식을 남겼을까?', '왜 재주문이 일어나지 않을까?', '왜 우리 매장을 힐끗거리기만 하고 들어오지 않을까?' 물음의 연속이다. 한마디로 어떻게 하면 내가 원하는 대로 손님들이 따라와 줄까를 늘 생각해야 한다. 사람의 마음을 산다는 건 아무런 대가를 바라지 않고 행동하면 얻을 수 있지만, 조금이라도 대가를 바라는 순간 문제가 되어버리고 만다. 말 그대로 등가교환으로써 '사려고' 하기 때문이다.

돈을 쫓지 말고 오게 하라는 부자들의 말을 실현시키려면, 조급하게 생각하지 말고 더 멀리 보고 장사해야 한다. 이 말에 "누구나 할 수 있는 말이네." 할 수 있다. 하지만 실제 성공한 많은 자영업자 중 노력파가 99%이며, 운으로 성공한 사람은 1%에 불과하다. 운이 좋은 케이스는 장사에서 그리 롱런하지 못한다. 짧게, 순간적인 스피드로 결과를 내는 단거리 선수이기 때문이다. 반면 노력파는 천천히 길게 달릴 수 있는 마라토너로 10년을 거뜬히 이겨낸다. 그들은 장사에서 가장 중요한 본인이 줄 수 있는 '가치'를 늘 지킨다.

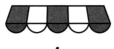

6

장사 마인드를 지켜주는 아이템 3

'장사 마인드'는 너무 중요하다. 문제점을 알고 고쳐야 하지만, 실행으로 옮기기가 쉽지 않다. 그래서 지금부터는 내가 장사하면서, 그리고 많은 의뢰인을 코치하면서 적용했던 마인드 세팅 아이템 3가지를 소개한다. 사람마다 보는 관점이 다를 수 있으므로 모두에게 좋은 아이템이 되리라는 생각은 하지 않는다. 다만, 적어도 내가 느낀 인사이트를 발판 삼아 통찰을 통해 마인드 성립이 됐으면 한다. 분명히 그럴 수 있고, 또 그래야만 하니 꼭 적용해봤으면 한다.

첫 번째 아이템은 '책'이다. 우리나라 문맹률은 OECD 국가 중에서 하위권이다. 엄밀히 말하자면 문해력이 떨어진다. 즉, 책을 읽어도 무엇을 의미하는지 이해하지 못한다. 매우 큰 문제이자, 개인으로서는 무지막지한 손해이다. 왜냐하면 답안지를 줘도, 그대로 옮기지 못해 틀리는 문제가 생겨날 수 있기 때문이다. 앞에서 언급했던 '자영업 재기 지원 프로그램'에 대한 이야기를 한 번 더 하려 한다. 폐업한 사장님 100여 명을 모아놓고 재기할 수 있도록 도움을 주는 캠프로, 거기 참여한 대부분의 사장님이 지원금을 받기 위한 목적이 있을 뿐, 프로그램 자체에는 큰 관심이 없었는데, 나는 거기서 조금은 충격적인 상황과 마주했다. 주최 측에서 실시한 설문조사에서 1년 독서량과 관련한 항목이 있었는데, 많은 사람이 3권으로 체크한 것이다. 나는 내 눈을 의심했지만, 결과는 달라지지 않았다.

　장사 분야의 도서는 실용서가 많다. 특히 마케팅이나 레시피, 매장 운영 관련 도서에는 실용서 천지이다. 해답을 알려주는 책이 많다는 의미다. 그런데 그런 해답을 보지 않고 장사를 하는 사람이 많다는 것은 아이러니하다. 물론 나도 장사 시작 후, 수개월이 지나 장사 관련 책을 보기 시작했다. 그리고 책 속에서 장사의 솔루션을 찾았다. 그런데 내가 만나는 많은 자영업자가 '책은 책일 뿐'이라는 생각을 하고 있다. 참으로 안타깝지 않을 수 없다. 실용서가 재미없다면 방향을 설정해주는 책이라도, 혹은 지금 읽고 있는 이 책처럼 마인드를 확립시켜주는 책이라도 읽으면 큰 도움이 된다. 겪어보지 않았기 때문에 멀리하는 건 이해하지만, 반드시 변화해야 할 부분이다.

나의 경우, 김성오의 『육일약국 갑시다』를 읽고, 그대로 실행함으로써 실제로 매출이 껑충 뛰었다. 궁금하면 이 책을 꼭 읽어보길 바란다. 콘텐츠로도 여러 번 제작했지만, 정작 책을 사보는 이들은 드문 듯하다. 책의 핵심은 딱 한 가지다. '고객을 영업사원으로 만들어라.' 즉, '손님이 또 다른 손님을 데리고 오게 하라.'는 것이다. 그런데 다들 이 간단한 원리를 너무도 모른다. 나 역시 그러했고, 그래서 실패의 끝자락까지 갔다 왔다. 너무나 기본적인 것이라서, 간과하는 것일까. 아니다. 단숨에 손님을 많이 끌어모으려는 '욕심'이 우리 마음속에 늘 존재하기 때문이다. 경험상 그런 욕심은 아무런 쓸모가 없었다. 그리고 실제 현장에서 만나는 사장님들의 마음속에는 이런 욕심이 조금씩은 있었다. 인간이기에 당연한 심리일 수 있겠지만 『육일약국 갑시다』를 보고 나면, 그런 욕심이 잘못된 결과를 초래한다는 걸 알 수 있다. 내게는 큰 충격을 준 책이기도 하고, 도움도 많이 받은 책 중의 한 권이니 1독을 권하는 바이다.

YES24는 카테고리가 굉장히 세부적이다. 경제경영 카테고리에서 경영 분야로 들어가면, 창업장사 카테고리가 있다. 거기에 분류된 책만 유심히 보더라도, 내 장사에 큰 도움이 된다. 나는 책의 중요함을 알고 나서부터는 일주일에 한 번씩 해당 카테고리를 늘 체크한다. 그리고 새로운 책이 나오면 목차를 보고 구입을 결정한다. 한 달 책 구매량만 해도 50만 원이 훌쩍 넘어간다. 그 많은 책을 어떻게 다 보느냐고 물을 수 있지만, 솔직하게 답하면 다 보지 않는다. 원하는 파트만 보고 꽂아 놓기도 하고, 술술 읽히는 건 완독한다. 그러니 부담감을 내려놓고 책을 읽으면 좋겠다. 장사를 하는 입장이라면 시간이 그리 여유롭지 않다는 걸 알기 때문에, 내가 원하는 파트만 골라 읽어도 충분히 독서의 장점을 살릴 수 있다. 욕심 같아서는 이 파트를 꼭 읽었으면 하는데, 당신의 운에 맡긴다.

두 번째 아이템은 '성향(feat. 아내)'이다. 지극히 개인적인 부분이라 벤치마킹하기가 어려울 수 있다. 하지만 아내, 남편 이외에도 타인, 즉 주변 사람을 보면 내가 말하고자 하는 성향을 가진 지인이 있을 수 있다. 그런 사람에게 꼭 배우면 좋은 것이니, 편협하게만 보지 않았으면 한다.

아내는 수학 학원을 운영한다. 12년째 아주 승승장구하고 있다. 내가 장사를 시작하기 전부터, 그리고 코치로 활동하는 지금까지도 운영하고 있다. 조금씩 확장해서 지금은 100여 명의 학생을 가르치고 있다. 뜬금없이 아내 이야기를 꺼낸 건, 그녀의 성향을 말하기 위해서다. 애덤 그랜트가 『기브 앤 테이크(GIVE and TAKE)』에서 말한 기버, 매처, 테이커 성향 중, 그녀는 기버에 속한다. 즉, 주는 걸 좋아하는 성향이다. 기버는 누군가에게 무언가를 바라고 주지 않는다. 그저 주는 것을 좋아하는 사람이고, 줌으로써 행복을 느끼는 일종의 '천사'의 이미지다. 그렇다고 내 아내가 천사라는 건 아니다. 나는 장사를 시작하기 전, 그리고 시작 후에도 계속 매처였다. 매처는 주는 만큼 받아야 하는 사람이다. 내가 10을 줬으면 상대방도 언젠가는 나에게 10을 줘야 한다고 생각한다. 장사를 하다 보니 테이커도 많았다. 그저 받기만을 원하는 사람, 빼앗아 가려고 하는 사람이 많았다는 뜻이다. 그래서 더욱더 철저히 나는 매처 스타일을 지향했다. 아니 나의 성격이 되어 버렸다. 그런데 지금은 나 역시 온전한 기버로 바뀌어있다. 단순히 주는 것에 행복을 느끼고, 무언가를 바라면서 주지 않는다.

어머니는 내가 태어나기도 전부터 장사를 여러 번 했는데, 기버 성향이 강해 죄다 망했다. 떡 장사를 할 때는 지나가는 할아버지, 할머니가 안쓰러워 보여서 떡을 나눠줘서 망했고, 떡볶이 장사를 할 때는 농땡이들에게 외상을 주고, 졸업할 때까지 외상값을 받지 못해 망했다. 이 외에도 몇 번의 장사를 했지만, 결국은 퍼주다가 폐업했다. 이처럼 어머니는 주는 것을 아까워하지 않는, 전형적인 기버 성향이다. 하지만 테이커에게 휘둘리는 기버로 늘 손해를 입었다. 테이커는 기버의 천적이다. 받기만 원하기 때문에 돌려줄 줄 모른다. 본인의 이익만 생각하는 그런 성향이라는 뜻이다. 반대로 아내는 기버이지만 테이커에게 휘둘리는 기버는 아니다. 철저히 주는 것에 행복을 느끼지만, 테이커는 골라냈다. 설령 테이커임을 뒤늦게 알게 되면, 두 번 다시 그 사람에게는 기버 성향을 드러내지 않았다. 실제 내가 매처였음에도 불구하고 지금의 아내와 결혼할 수 있었던 건, 아내가 먼저 모든 걸 준 덕분에 가능하지 않았나 하는 생각이다. 데이트 비용, 선물, 사랑, 배려, 이해, 관심 등 모든 것을 말이다.

아내가 하는 일을 보면 월 5,000만 원은 거뜬히 벌어야 한다고 생각하는 나이다. 이유는 받는 것에 10배의 가치를 심어주고 있어서다.

아내는 수강료 20만 원을 받으면 200만 원어치를 가르쳐준다. 농담이 아니라 옆에서 지켜보는 내가 생각하기에 그렇다. 내가 기버적인 성향으로 바뀌게 된 케이스도 순전히 아내 덕분이다. 먼저 받아야만 베풀 줄 알았던 내가 먼저 주는 것에 인색하지 않고, 먼저 줘야만 모든 일이 잘 풀린다는 걸, 같이 생활하는 옆 사람에게 배운 것이다. 이건 성향의 문제라서 노력해서 되는 건 아니다. 그래서 내 본연의 마음속에는 여전히 '받는 만큼 돌려줘야지.'라는 생각이 있다. 다만, 의도적으로라도 먼저 주기 위해 노력하는 입장이다. 지금껏 일이 잘 풀린 경우를 보면 그게 맞기도 하다.

장사할 때, 소주 한 병을 무료로 주는 걸 아까워했다. '돈 받으면 4,000원인데…….'라는 생각에. 양파를 조금 더 넣어주는 걸 싫어했다. '요즘 양팟값이 얼마나 올랐는데…….'라며, 많이 줬다고 하고 똑같이 주기를 반복했다. 치즈 좀 더 달라고 하면 "치즈 추가 2,000원입니다!"라고 딱 잘라 말했다. 그러면 손님은 "그럼, 괜찮아요." 하고 더 이상 오지 않았다. '돈 주고 추가하는 게 당연하지.'라고 생각할 수도 있다. 내가 그렇게 생각했기 때문이다. "그렇게 퍼주면 안 남아요!"라고 할 수 있다. 내가 그랬기 때문이다. 하지만 다르게 생각해봐야 한다. 손님의 마음을 사는 방법은 다양하지만, 그럴 '기회'는 자주 있지 않다. 즉, 손님의 마음을 살 기회를 손님이 먼저 주는데, 내가 그걸 거부한 꼴이 되어버린 것이다. 그 사실을 아내를 보고 깨달았고, 개선해 나가기 시작했다. 딱 하나의 마음가짐만 달리했다. '저 손님 반드시 한 번 더 오게 한다.' 이런 마음이 들면 소주 한 병 그냥 줄 수 있다. 양파도 훨씬 더 많이 줄 수 있다. 치즈 추가 2,000원이라고 써 붙여 놨지만 "오늘만 서비스!"라고 미소 지으면서 한 번은 기분 좋게 서비스로 줄 수 있다. 그리고 그 손님이 다시 오면 나에게는 5배 이상의 소득이 추가로 생긴다.

아내는 누군가에게 커피를 잘 사다 주는 습관이 있다. 나는 커피 한 잔으로 마음을 산다고 착각했지만, 아내는 온전히 '커피를 좋아하는 사람이니까.'가 다였다. 깊숙이 기버임을 알 수 있다. 하루는 커피 두 잔을 테이크아웃 해 캐리어에 담고 나오는 순간, 매장 앞에서 그 커피를 몽땅 다 쏟아 버렸다. 순전히 아내의 잘못이었다. 캐리어가 약하기도 했지만, 잘 들지 못한 아내의 탓이 분명했다. 재미있는 건, 그 광경을 본 카페 사장님의 대처였다. 바로 수습해주고는 새로 커피를 만들어서 재빨리 아내의 손에 쥐여주었다. "캐리어를 더 탄탄한 걸로 바꿔야겠어요. 놀라셨죠? 죄송합니다."라면서. 10년이 지난 일이다. 그리고 그 카페는 확장 이전을 해 여전히 운영하고 있고, 우리 부부는 지금도 그곳을 이용하고 있다. 10년 전 그 기억은 아직도 머릿속에 있으며, SNS로 해당 카페의 피드를 볼 때마다 '이번 주말에는 꼭 가야지.' 하는 생각을 한다. 기버는 기버를 끌어당기고, 그렇게 장사의 원리를 깨우치면 오래 갈 수밖에 없다.

세 번째 아이템은 'SNS'다. 나는 블로그와 인스타그램 활동을 안 한 지 오래됐다. 오로지 유튜브만 하고 있을 뿐이다. 네이버 카페 '똑똑한 사장들의 모임'을 운영하고 있지만, 블로그와 인스타그램을 다시 하려니 엄두가 나지 않는다. 다만, 언젠가는 다시 시작해야 한다는 걸 안다. 그리고 다시 시작할 것이다.

장사하는 사람들에게 SNS는 다양한 기회를 제공한다. 손님이 우리 가게를 인지할 기회, 손님이 우리 가게를 방문할 기회, 손님과 소통 할 수 있는 기회 등. 보통은 이 정도로 함축할 수 있다. 하지만 내가 말하는 다양한 기회에는 '가르침'도 포함된다.

나는 게임을 참 좋아했다. 스타크래프트부터 시작해 리니지, 디아블로 등 각종 게임을 섭렵했다. 스타크래프트를 할 때는 유즈맵으로 인공지능 대전 맵을 만들어 싸이월드에 올렸다. 그 맵을 다음 카페에 누군가가 퍼다 나르면서 내가 만든 맵이 유명세를 탔다. 모뎀으로 멀티플레이를 하던 시절이라, 집에서 온라인 통신 없이도 인공지능 컴퓨터와 겨룰 수 있는 획기적인 맵이었다. 당시 나는 게임 실력이 떨어져 맵 만드는 게 재미있었고, 그렇게 나의 작품(?)은 TV에도 나오게 된다. 쌈장으로 유명했던 이기석과 난길드 아오조라라는 닉네임의 프로게이머가 내가 만든 맵을 소개한 것이다. 내가 직접 출연하지는 못했지만, 소정의 고료도 받았다. 아마 고등학교 때였던 걸로 기억한다. 리니지라는 게임을 할 때는 운영하는 블로그에 리니지 관련 정보를 차곡차곡 올렸다. 일기 형식의 스토리부터 시작해, 어떻게 하면 더 빨리 돈을 모을 수 있는지, 어떻게 하면 빨리 레벨 업을 할 수 있는지에 대해서 말이다. 그런데 그 내용을 당시 게임 웹사이트로서 제일 유명했던 플레이포럼에서 옮겨갔고, 나는 기자단에 채용됐다. 그때가 대학교 1학년이었는데, 군대를 다녀오니 '인포마스터'라는 지금의 '크몽'과 유사한 재능 거래 사이트에서 내 블로그의 글을 무단으로 복사해 팔고 있는 사람이 있었다. 게임 정보 관련 내용이었는데, 게임 잡지 부록으로 제공하는 게임들의 공략 정리였다. 그 일을 계기로 내가 정리한 내용이 돈이 된다는 사실을 알게 됐고, 인포마스터에서 용돈벌이를 했다. 나아가 대학생들에게 리포트를 제공하는 플랫폼인 '해피캠퍼스'에서는 글쓰기를 주제로 수정을 도와주는 작업을 통해 돈을 벌었다. 꽤 짭짤했고 당시 부업으로는 이만한 게 없었다.

모든 일은 SNS 하나로 시작됐다. 내가 지금 하는 일 역시도 SNS로부터 비롯됐다. 유튜브는 SNS가 아니지 않나 할 수 있다. 하지만 나에게는 SNS로 분류된다. 전 세계에 나의 메시지를 전달할 수 있다면, SNS라고 보는 것이다. 사람들은 고수들만이 무언가를 가르칠 수 있다고 생각한다. 하지만 그건 지나친 편견이다. 내가 대학생이던 시절에 포토샵을 1개월 배웠을 당시, 교수님의 부탁을 받아 10만 원짜리 판매 페이지를 만들어준 적 있다. 지금 생각하면 형편없는 실력이었지만 당시 교수님은 꽤 만족해했다. 이유는 본인이 포토샵을 잘할 줄 몰랐고, 주변에서 당장에 판매 페이지를 만들어 줄 사람을 구하지 못했기 때문이다. 위에 나열했던 SNS로 시작한 날갯짓이 끝내는 무언가를 성취하는 데 도움이 됐다. 지금의 유튜브가 나를 브랜딩하고, 누군가에게 도움을 줄 수 있는 사람으로 포지셔닝했듯이, SNS는 그만큼 강력하다. 내 주위에는 이렇게 SNS로 가르침을 주는 사람이 많다. 실력이 뛰어나서 하기도 하지만, 그렇지 않은 경우가 훨씬 더 많다.

또 다들 가르치면서 스스로 배운다고 말한다. 나는 지금이라도 당장 비즈니스 코스를 만들 수 있다. 다양한 분야에서 여러 경험을 한 덕분에 어떤 주제든지 그것을 바탕으로 다른 사람에게 알려줄 수 있다. 내가 고수라서 가능한 게 아니라 '마인드'가 달라서라고 생각한다.

자영업 시장에는 이런 교육자가 필요하다. 4년 정도 코치 생활을 하면서 느낀 건, 누구든 이런 일이 가능하다는 것이다. 장사 1년 차인 사람은 이제 막 장사를 준비하거나, 시작한 이들을 가르칠 수 있다. 가령, 코다리를 2년 정도 만든 사람은 코다리 레시피를 누군가에게 가르칠 수 있다. 셀프 인테리어를 한 번 해본 사람은 처음 셀프 인테리어로 장사를 시작하는 사람을 가르칠 수 있다. 여기서 가장 중요한 게 바로 SNS다. SNS로 나의 일이 중계되지 않으면, 사람들은 알 수가 없다. 우리가 하는 장사처럼 가게를 열어 놓고 "장사 잘하는 방법 알려드립니다."라고 하면, 구매할 사람이 아무도 없다. 그래서 SNS의 중요성을 이리도 강조하는 것이다. 유튜브는 영상이라는 장벽이 있기 때문에 쉽지 않다. 하지만 블로그나 인스타그램은 장벽이 낮다. 특히 인스타그램은 내가 하는 일을 중계하기만 하면, DM이 무수히 많이 온다. 스스로 퍼스널 브랜딩을 할 수 있다는 이야기다.

장사는 알려야 손님이 온다. 매장을 오픈하고 내부적으로 탄탄하게 준비가 됐다면, 이제는 미친 듯이 알리는 것만 남았다. 하지만 '짧은 시간 안에' 알리려는 마음 때문에 SNS를 잘 운영하지 못한다. 단기간에, 한 달 만에, 두 달 만에 파급력이 있길 원하는 마음 때문에 이도 저도 되지 않는다. 그리고는 결국 포기한다.

SNS는 노력한 만큼 결과물을 주는 아주 정직한 친구다. 나의 매장과 나를 알리려면, 꾸준히 하루하루 계단을 오르듯 실천해야 한다. 그래야 차곡차곡 팬이 생기고, 손님이 생긴다. 중요한 건, 이렇게 생긴 팬과 손님은 일회성으로 끝나지 않는다. 이미 연결되어 있기 때문이다. 한 번, 두 번, 심지어는 열 번도 더 구매한다. 우리가 장사를 하면서 SNS를 등한시하면 안 되는 이유다.

나는 미움 받는
관심사병이었다

    나의 군 생활은 그야말로 파란만장했다. 누구나 다들 자기의 군 생활을 이야기할 때는 조금씩 살을 더 붙여서, 마치 전쟁터에라도 다녀온 듯 무용담을 늘어놓는다. 하지만 난 정반대다. 처음부터 최악의 군 생활을 했기 때문이다. 590기 공군으로 입대했던 나는 무슨 생각이었는지, 집에서 가장 멀리 떨어진 곳으로 지원했다. 지금도 그런지 모르겠지만, 공군은 자대 배치할 때, 성적에 따라서 지역에 대한 우선권이 주어진다. 경북 김천이 본가였던 나는 집과는 가장 멀리 떨어져서 군 생활을 해야 한다는 생각에 강원도 춘천으로 지원했다. 바로 가는 기차도 없었고, 버스도 없었다. 5시간의 기나긴 교통편인 줄 뻔히 알았지만, 집과 멀리 떨어져야 군 생활을 제대로 할 수 있다는 생각에 사로잡혀 있었다. 황당한 건, 당시 교제하는 여자친구가 있었음에도 불구하고 이런 선택을 했다는 거다.

각설하고 훈련소와 기술학교까지는 다소 힘들었지만, 할만 했다. 고향 친구 4명이 동반 입대를 했던 터라, 어려움을 나눌 수 있는 친구도 많았다. 스스로 '새로운 환경에 빠르게 적응하는 성격인가?' 하고 뿌듯해하기도 했다. 문제는 자대 배치를 받으면서부터 시작됐다. 아주 큰 문제가 나를 기다리고 있었다. 자대 배치를 받고 보니 말만 공군이지 육군과 다를 바 없었다. 아니, 일반적인 육군이 생활하는 그런 곳이 아니었다. 공군이라고 하면, 보통 비행장을 떠올리는데, 내가 배치받은 곳은 방공포라는 산꼭대기에 위치해 있었다. '적응할 거야.'라고 생각했지만, 생활환경은 둘째치더라도 사람이 문제였다. 나의 맞선임은 나보다 훨씬 높은 기수로, 거의 20기가 차이 났다. 상병 말호봉이 될 때까지 막내를 하고 있을 정도로 후임이 들어오지 않았던 것이다. 그런데 그 맞선임은 매사에 나에게 불만족스러운 심기를 드러냈고, 나는 그런 선임이 못마땅했다. 물론, 군대이기 때문에 이등병이 무조건 참아야하지만, 왠지 모르게 그러기가 싫었다. 그동안의 막내 생활에 대한 한풀이를 나에게 하는 것처럼 느껴졌기 때문이다(여러 사건이 있었지만 차마 말하진 못하겠다). 결국은 맞선임에게 반항하고, 심지어는 맞붙는 사태가 벌어졌다. 이 사건은 간부들의 귀에도 들어갔고, 나는 관심사병으로 분류돼 많은 이의 따뜻한(?) 관심을 받게 됐다.

흔히 군 생활에 적응하지 못하거나, 사회에서도 부적응을 겪은 친구들이 관심사병 딱지를 받는다는데, 나는 그런 부류가 아니었다. 오히려 "문제아 성격이 드러난다."는 간부들끼리의 알 수 없는 대화를 엿듣고는 '내가 진짜 문제아일까?'라는 생각까지 했다. 한마디로 태도가 불량스러워서, 군 생활을 제대로 이어 나가지 못한다고 판단한 것 같았다. 원래 관심사병이 되면 따뜻한 시선으로, 적응을 잘할 수 있게 도와줘야 하는 게 본래의 취지이다. 그런데 군대는 그렇지 않았다. 오히려 그 반대였다. 따가운 시선과 차디찬 분위기만이 있었다. 즉, 관심사병이 되는 건 '쟤는 우리에게 도움이 되지 않는 놈이야.'라는 꼬리표를 다는 것과 같았다. 암울했고 집으로 도망가고 싶었다. 탈영과 자살까지 생각한 건 아니었지만, 다른 부대로 옮겨가고 싶은 마음이 굴뚝같았다. 그래도 어쩌겠는가. 현실적으로 힘든 일이란 걸. 그저 열심히, 그 누구보다도 앞장서서 일을 찾아 하고 목소리도 크게, 청소도 열심히, 시키지 않은 일도 해가면서 관심사병의 딱지를 떼기까지 6개월의 시간이 걸렸다. 내 인생에서 가장 열심히 산 6개월이 아니었나 싶다.

그렇게 따가운 시선을 받으면서 어렵사리 관심사병의 딱지를 떼고, 슬슬 군 생활에 꽃이 피려나 하는 그때, 나는 또 한 번 미움 받을 수밖에 없는 일을 저지르고 만다. 아니, 내가 저질렀다기보다는 하늘이 도와주지 않았다. 부서 사무실 이사를 하는 도중에 발을 삔 것이다. 6개월 동안 열심히 살았던 게 말짱 도루묵이 된 것 같았다. 병원에 가게 되면 나에 대한 맞선임의 미움이 더 커질 거라고 생각해, 미루고 미루다가 일이 더 커졌다. 견딜 수 없는 통증에 군 병원에 갔더니 발목뼈가 으스러져 있었고, 일부는 다시 붙으려 한다고 했다. 불가피하게 깁스를 하고, 1년가량 포대 아래에 위치한 대대본부에서 '열외'인 상태로 군 생활을 하게 된다. 맞선임은 다시 막내로 돌아가야 했기 때문에 내가 더 싫어졌을 것이다. 지금 생각하면 미안하기도 하고, 또 안쓰럽기도 하다. 그렇게 나의 군 생활은 꼬일 대로 꼬였다. 깁스를 풀고 본대에 복귀하니, 전 포대원의 시선이 차디찼다. 군 생활을 편하게 하려고 일부러 다쳤다는 소문까지 나 있었다. 아마 맞선임이 그동안 내 욕을 신나게 하지 않았을까 싶다. 거기다가 내 밑으로 들어온 후임은 나를 고참으로 여기지 않았다. 선임인 나를 오히려 가르쳐야 했기 때문이다. 국민학교 때의 아픔이 순간 머릿속에 스쳐 지나가면서 '상황이 왜 이렇게까지 됐을까?'를 곱씹고 또 곱씹었다. 하지만 해결의 실마리는 전혀 보이지 않았다. '군대에서조차 나는 왕따를 당하는 건가?'라는 생각이 물밀듯이 밀려왔다.

국민학교 때를 떠올리며, 최악은 늘 그때뿐이라는 걸 나는 알고 있었다. 그래서 이 순간이 지나가기만을 기다리려고 했다. 계급도 상병이었고, 밑에 후임들이 있었기 때문에 굳이 무언가를 나서서 하지 않아도 됐다. '시간이 흐르면 전역할 텐데⋯⋯.'라는 생각도 들었다. 하지만 한편으로는 또다시 같은 과정을 겪기 싫었다. 그저 시간이 흐르기만을 기다리고 싶지는 않았다. 그래서 나 스스로 바꾸는 걸 택했다. 몇몇 사례를 들려주자면, 전술 훈련을 나가야 하는데, 나는 전술 텐트를 칠 줄 몰랐다. 그래서 주말을 이용해 PX에서 맛있는 걸 잔뜩 사 들고 가 타 부서 후임들에게 텐트 치는 방법을 배웠다. 또 이미 상병이어서 내무반 청소를 하지 않아도 됐지만, 내무실 막내에게 청소하는 법을 배워 매일 막내들과 청소를 같이 했다. 그뿐만 아니다. 유선 정비병이었던 당시, 상병이 될 때까지 유선 정비를 제대로 할 줄 몰라 후임에게 물어보고 배웠다. 무척이나 창피했고, 계급에 대한 권위가 있어야 하는 집단에서는 할 수 있는 행동이 아니었지만, 돌이켜보면 너무나 잘한 일이었다. 서서히 후임들, 부대원들 그리고 간부들까지 나를 보는 시선이 달라진 덕분이다. 그렇게 꼬이고 꼬였던 나의 군 생활은 국민학교 때의 경험을 기반으로 해결해나갈 수 있었다. 만약 내가 왕따의 시절을 겪지 않았다면, 자의든 타의든 꼬여버린 군 생활을 제대로 이겨낼 수 없었을 것이다.

세상을 살다보면 자의가 아닌 타의로 상황이 나빠지는 경우가 많다. 국민학교 때의 왕따 시절도 그러했고, 군 생활에서 병원 신세를 져야 하는 상황 역시 자의가 아닌 타의였다. 그로 인해 상황은 계속 나빠졌고 말이다. 한 번은 그냥 시간이 흘러가기만 기다렸고, 그렇게 문제가 해결된 줄 알았다. 만약 두 번째마저도 그 순간이 지나가기만을 기다렸다면 어떻게 됐을까. 아마 상황은 더 악화됐을 것이다. 경험에서 배우는 것도 없었을 것이다. 인생에서 가장 아픈 기억 한 가지를 꼽으라면 국민학교 시절의 왕따 시절이 분명하다. 군 생활도 쉽게 한 건 아니었지만, 문제점을 해결하기 위해 행동했고, 경험을 통해 배운 인생 스킬을 사용한 덕분에, 아픈 기억이라는 생각보다는 좋은 기억으로 자리하고 있다. 인간관계에 지칠 대로 지쳐봤던 나의 자아가 스스로 해결해보려고 나를 능동적으로 이끌었다고 믿는다.

상위 10%로 만들어주는 장사 시스템

·

장사의 90%는 멘탈이다

·

딱 1년만 버티는 힘을 키워라

·

100만 원으로 뭐든지 팔아봐라

·

습관이 가게를 망하게 한다

·

망하지 않는 장사에 필요한 5가지

·

새로운 장사의 맛을 알다

·

무엇이든 도움을 받고 시작해라

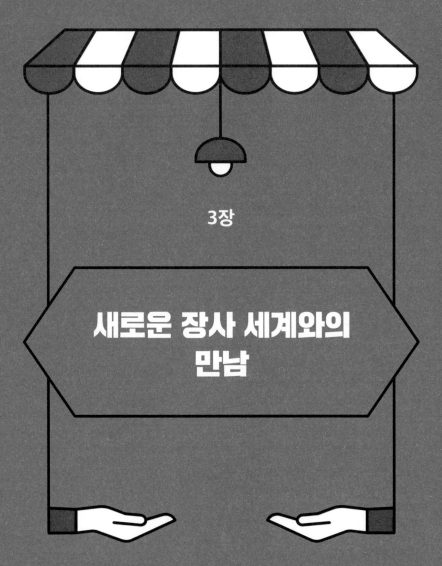

3장

새로운 장사 세계와의 만남

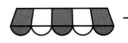

1

상위 10%로 만들어주는
장사 시스템

우리나라는 한 해 평균 100만 명이 장사
에 뛰어든다. 그리고 100만 명이 폐업한다. 과연 이 100만 명은 제대
로 준비해서 장사를 시작하는 걸까? 현장에서 이들을 만나보면 절대
그렇지 않다. 내가 생각하는 '제대로 장사를 시작하는 방법'에는 너무
나 다양하고 복잡한 시스템이 있다. 물론, 하나하나 꼼꼼히 따져서 모
두가 그렇게 시작할 수는 없다. 이론적으로는 1부터 100까지 체크해
가면서 완벽하게 하는 게 맞지만, 현실은 그렇게 하지 못한다는 걸 잘
알고 있다. 변수도 많고, 업종마다 현장 환경이 다르기 때문에 강요할
수도 없다. 지금부터 할 이야기는 고리타분한 내용이 아니다. 적어도
이 파트 하나만 완벽하게 이해하더라도, 상위 10%에는 들어간다고

믿는다. 즉, 완벽하게 시작하는 사람은 있을 수 없기 때문에 제대로 시작하는 법을 단 10%라도 이해하면 좋겠다는 뜻이다. 실패의 확률이 줄어드는 건 당연하다. 어려운 내용은 아니지만 글이 잘 읽히지 않는다면, 두 번 이상 읽어 봤으면 좋겠다. 좀 더 쉽게 설명하기 위해 자본금, 상권, 아이템으로 나누어서 서술했다. 기준은 자본력이 그리 넉넉하지 않은 개인 창업을 중심으로 했으니, 참고하기를 바란다.

첫째, 자본금은 최대 70%만 사용해야 한다. 추천하는 건 50%다. 가령 1억 원이 있으면, 5,000만 원으로 시작하는 게 맞다. 이렇게 이야기하면 규모가 작고 볼품없는 가게가 탄생하는 것 아니냐는 염려를 하기도 한다. 하지만 자금력이 딸려서 운영에 문제가 생긴 이들 대부분이 대출받아 시작한 경우였다. 나도 똑같은 경험을 했다. 레버리지를 활용한다는 말로 자기 합리화를 하는데, 제발 그러지 않았으면 한다. 레버리지를 활용할 때는 내 점포, 내 건물을 매입해서, 임대료 대신 이자를 낼 수 있는 구조를 만들 수 있을 때나 가능한 이야기다. 그렇지 않고 가장 큰 고정비 중 하나인 임대료를 몇 년이나 내야 하는 세입자 입장에서 5,000만 원, 1억 원씩 대출받아 창업에 뛰어드는 건 무모한 짓이다. 100% 실패한다고 이야기하진 않겠다. 다만, 투입 대비 결과물이 비례하지 않는 게 오프라인 시장이다. 5,000만 원을 투입하나, 1억 원을 투입하나 결과물에는 큰 차이 없다는 뜻이다. 그렇다면 최대한 위험부담을 줄이기 위해서라도 투입량을 줄여야 한다. 만약 내가 가진 자본이 5,000만 원이라면 어떻게 해야 할까. 3,500만 원으로 시작할 수 있는 장사를 알아봐야 한다. 그게 배달 전문점이 됐든, 테이크아웃을 전문으로 하는 카페든, 테이블 4개로 시작하는 분식이 됐든 말이다. 명심해야 할 건 대출이 가능하다고 해서, 저렴한 이자라고 해서, 오프라인 창업에 그 돈을 투자하는 건 엄청난 실력자인 경우에만 선택해야 한다. 초보 창업자 입장에서는 피해야 할 제3자들의 노림수도 있으니, 주의해야 한다. 한 번 더 강조하지만, 자본금에서 중요한 건, 투입량에 따라 결과물이 비례하지 않는다는 것이다. 결국, 리스크를 줄여야 여러 번 시도해 볼 수 있는 가능성이 생긴다. 그러므로 쪼개고 쪼개어 생각해야 한다. 나머지 여유자금은 재시도 비용, 혹은 매장 운영을 이어갈 연료로 생각하면 좋겠다.

둘째, 상권은 거주지와 차로 30분 이내 거리에서 선정해야 한다. 10분 이내면 더 좋다. 분석도 좋고 다 좋지만, 첫 번째는 집과의 이동 거리이다. 만약 30분이 넘어 1시간 이상이 걸린다면, 길에 버리는 시간이 너무 많다. 1~2년만 장사를 할 게 아니기 때문에, 반드시 집과는 가까운 상권을 우선으로 생각해야 한다. 상권에는 여러 종류가 있는데, 크게 오피스 상권과 주택 상권으로 나눌 수 있다. 업종에 따라 달라질 수 있으나, 최대한 복합 상권 위주의 상권을 선택하고, 항아리 상권이 가능하다면 그쪽을 우선으로 생각하면 좋다. 초보 창업자의 경우는 특정한 상권, 유동 인구가 많은 번화가 상권에 진입했을 시 선수들과 경쟁해야 하는 부담감이 있다. 여기서 말하는 선수는 '숨어있는 장사 고수들'이다. 이들은 겉으로는 드러내지 않지만 자기만의 장사를 너무나 잘하고 있다. 뿐만 아니라 우리가 알 수 없는 브랜드 직영 매장이 곳곳에 숨어있다. 즉, 탄탄한 자본력과 시스템을 가진 이들이 진출해 있는 곳을 골라 그들과 굳이 경쟁할 필요는 없다. 그러나 멋모르고 들어가는 경우가 많다. 예를 들어 삼겹살 가게를 운영할 생각이라면, 본사 직영으로 들어와 있는 삼겹살 가게는 반드시 점검할 필요가 있다. 이유는 이미 자리를 잡아 상당한 고정 고객을 유입시키면서, 손해가 나더라도 버틸 수 있는 자금력이 있는 곳이기 때문이다. 이런 곳은 단기든 장기든 경쟁에서 이기기 쉽지 않다. 게다가 그들은 트렌드를 따라가는 변화에 능동적인 집단이라서, 개인이 상대할 수 있는 범위 밖이라고 생각해야 한다. 최근에는 이런 식으로 출점하는 직영 브랜드가 꽤 많으니, 사전 상권 조사 시 면밀히 살펴봐야 한다. 먹어보고, 물어보고, 파악해보고, 어떤 식으로 운영하는지 적어도 3번 이상은 시간대를 나누어서 방문해보는 걸 추천한다. 참고로 검색으로도 나오지 않는 곳도 많다.

유동 인구를 분석하고, 데이터적인 수치를 파악하면서 좋은지, 나쁜지를 판단하는 것만이 상권 분석이 아니다. 정량적인 분석도 중요하지만, 상권은 현장에 답이 있다. 대략적인 기존 매장의 예상 매출은 +-500~1,000만 원으로는 알 수 있다. 실제 방문해서 검증하거나, 혹은 주변 매장, 주류상, 거래처 등을 통해 간접적으로도 유추할 수 있다. 그런데 그보다 더 중요한 건, 해당 매장의 현재 매출이 아니라, 상권의 전반적인 분위기, 앞으로의 향방이다. 즉, 관련 상권이 유지되는 곳인지, 지고 있는 곳인지, 떠오르고 있는 곳인지를 파악해야 한다. 이러한 정보는 동네 주민이 가장 잘 알고 있다. 그리고 주변 부동산에 물어보면 대략적인 상황을 브리핑해준다. 부동산 관계자의 말을 100% 신뢰할 수 있는 건 아니지만, 어느 매장이 장사가 잘되는지 정도는 파악할 수 있으므로, 여러 곳을 방문해보는 걸 추천한다. 만약 상권 자체가 이동하는 분위기라면, 피하는 게 좋다. 상권의 변화는 늘 존재한다. 다만 나도 모르게 이동하기 때문에 상권이 어려운 것이다. 내 눈에도 보일 정도로, 남들이 이야기할 정도로 상권이 이동한다는 건, 이미 늦었다는 뜻이다. 지방은 신도시가 많이 생기고, 계획 단지가 해마다 바뀌어서 이 점을 눈여겨보면, 어디에서 장사해야 할지 느낌으로 알 수 있다.

거듭 강조하지만 내가 거주하고 있는 곳에서 가까운지, 복합상권으로 평일, 주말 할 것 없이 평균적인 매출을 유지할 수 있는지를 확인하는 것이 핵심이다. 또 경쟁 매장을 반드시 파악해, 컨셉과 메뉴가 겹치지 않는 계획을 세우는 것도 중요하다. 내가 경쟁 매장의 적이 아니라는 메시지를 보여줘야 한다는 말이다. 그렇지 않으면, 자영업 세계는 텃새 아닌 텃새가 꽤 심하기 때문에, 예상하지 못한 스트레스를 받을 수 있다. 물론, 겹치지 않는 메뉴만을 할 수는 없다. 다만, 나만의 컨셉이 있다면, 그만큼 경쟁력을 갖출 수 있다. 일반 삼겹살이 아니라 드라이에이징 10cm 삼겹살을 판매한다거나, 보통 숯불이 아니라 참나무 숯불에 짚불 훈연을 한다거나, 직접 구워 먹는 게 아니라 자동으로 구워주는 오토 그릴 삼겹살 시스템을 도입하는 것처럼 말이다.

마지막 세 번째는 아이템 부분이다. 아이템을 결정하는 단계는 3가지로 나뉜다. 첫째, 내가 늘 원하던 아이템, 둘째, 핫한 아이템, 셋째,

쉽게 돈 벌 수 있는 아이템이 100만 명 중 99만 명이 선택하는 기준이다. 이 중에서 내가 늘 원하던 아이템은 대부분 세부 카테고리로 들어가지 못하고, 어중간한 포지션을 취한다. 가령, 분식점에서 떡볶이, 튀김, 로제떡볶이 등 평범한 메뉴로 시작하는 꼴이다. 핫한 아이템은 다들 뒤늦게 올라탈 수밖에 없다. 우리나라 외식 트렌드는 1년이 한계다. 계절이 바뀌고 한 사이클이 돌고나면, 새로운 아이템이 등장한다. 이건 창조자의 몫이다. 창조자 주변 지인들이 발 빠르게 적용할 수 있는 시장이라는 말이다. 조심해야 할 것은 쉽게 돈 벌 수 있는 아이템이다. 예를 들면, '오토 매장'이라는 속임수에 속지 말자. 오토 매장은 존재하지 않는다고 생각하는 게 옳다. 물론, 가능은 하다. 실제로 그렇게 운영하는 매장도 있고 말이다. 그러나 전혀 신경 쓰지 않는 오토 매장은 세상에 없다. 나름의 고충이 있다는 뜻이다. 무인 밀키트 숍은 완벽한 오토라고? 글쎄다. 하루 수십, 수백 번 CCTV를 들여다봐야 하고, 머릿속에는 온통 매장 생각뿐인데, 그게 과연 오토일까 싶다. 여기서 내가 말하고 싶은 건 헛된 기대를 하게 하는 아이템을 선택해서는 안 된다는 것이다.

아이템 선정에서 가장 중요한 건, 내가 평소 좋아했던 것이냐에 따라 달려 있다. 장사는 2년이 고비이다. 임대차계약서 기준으로 2년이 지나면서, 사업의 방향이 결정된다. 그때부터 성장할지, '더는 안 되겠다.'는 생각이 들지 판단이 된다는 것이다. 우리나라에서만 잘되는 아이템은 순대국밥, 곰탕, 해장국 등 국밥 종류다. 그 이유는 어렸을 때부터 부모님을 따라서 먹던 음식이라서, 성인이 되어서도 자연스럽게 먹기 때문이다. 초등학교부터 시작해 80대 할아버지까지 즐기는 아이템이 가장 무난한 아이템이라고 생각하면 된다. 순대국밥, 곰탕, 해장국만 있을까. 아니다. 갈비탕, 육개장, 칼국수, 짬뽕, 소머리국밥 등 찾아보면 수도 없이 많다. 여기서도 세부 카테고리로 들어가야 한다. 그렇지 않으면 평이한 아이템으로 전락할 수 있기 때문이다. 최근에는 마니아 트렌드가 잘 들어맞아서, 카페에서도 베이커리 카페, 혹은 한두 가지 메가 히트 시그니처 메뉴가 있으면 승승장구할 수 있다. 명심해야 할 건, 본인이 장사를 얼마나 할 것인지 구체적인 계획이 있다면, 최종 아이템을 결정하는 데 중요한 기준이 된다는 점이다. 가령 본인이 선택한 자리에서 10년 이상 장사할 마음이라면, 트렌디한 카페보다 순댓국밥집이 낫다. 반대로 2년만 장사할 계획이라면, 순댓국밥집보다는 2년 안에 원금을 회수할 수 있는 트렌드에 민감한 카페를 운영하는 쪽이 맞다.

보통의 창업자 머릿속에는 한 마리 새가 존재한다. 이 새는 창업자의 분신과도 같다. 아니 창업자 그 자체이다. 나도 이 새가 된 적이 있다. 새는 우아하고 아름다우며, 늘 날개를 펄럭이면서 좋은 생각만 한다. 언제, 어디에서, 어떻게 잠을 자고, 착륙해서 쉴 것만 생각한다. 먹이를 어떻게 먹을지에 대한 계획은 없다. 계속 드넓은 하늘을 날기만 한다. 결국은 에너지가 고갈되어 쉬어야 하니 착륙할 곳을 찾아보지만, 이미 바다 한중간에 와 있다. 먹을 것도 없으며, 쉴 곳 역시 없다. 어쩔 수 없이 바다로 뛰어들어 물고기를 사냥해야 하는데, 그 새는 갈매기가 아니라 참새였다. 참새는 어떤 선택을 해야 할까. 모이를 먹기 위해 지친 몸을 이끌고 다시 육지로 돌아가야 할까? 아니면, 평소 먹지도 않던 생선을 잡기 위해 온 몸을 던져 죽을 각오를 해야 할까? 아이템을 결정할 때는 적어도 내가 한 달에 4번 이상은 실제 접하고 있는 것이 가장 무난하다. 이건 초보 창업자를 기준으로 설명하는 것이다. 더 강하게 이야기하자면, "당신은 아직 특별한 걸 할 정도의 실력은 없지 않은가?"라고 물을 수 있다. 정말 특별한 것을 하고 싶다면, 작은 경험을 쌓고 해도 늦지 않다. 첫 시작을 무난한 아이템으로 시작한다면, 아주 좋은 선택을 하는 거다. 특별함은 실력을 키워서 다음 스텝에 도전해도 충분하니 말이다.

2

장사의 90%는
멘탈이다

장사에서 가장 중요한 게 뭐냐고 묻는다면, 나는 단연코 '멘탈'이라고 할 것이다. 앞서 이야기한 자본금, 상권, 아이템보다 훨씬 더 중요하다. 멘탈은 눈에 보이지 않아 대부분 놓치지만, 그럴수록 더 잘 챙겨야 한다. 멘탈 관리는 자기 자신과의 싸움이자, 한 매장을 이끌어나가는 책임자로서 가져야 하는 덕목임에도 매번 흔들리기 때문이다. 내가 멘탈이 중요한 이유에 대해서 수십 개의 콘텐츠를 제작하고, 현장에서도 전하고 있지만, 말로 해서는 제대로 전달이 되지 않을 때가 많다. 그리고 자영업자들을 대상으로 하는, 현장 맞춤형으로 만들어진 멘탈 트레이닝은 아직까지 없다. 시장성이 없어서일 수도 있고, 자영업자들이 멘탈에 대해서 중요하게 생각하지 않기 때문이기도 하다. 그렇다면 멘탈을 강화하기 하기 위해서는 어떻게 하면 될까?

어렵고 지루한 이야기를 하려고 멘탈 키워드를 꺼낸 건 아니다. 다만, 직접 느낀 부분을 바탕으로 도움을 주고 싶었다. 멘탈은 장사에서뿐만 아니라, 모든 분야에서 불가능을 가능하게끔 해주는 하나의 치트키다. 나는 이 치트키 덕분에 삶의 굴곡을 잘 헤쳐 왔다. 3년 동안 자살을 꿈꿨을 때, 멘탈 관리로 이겨냈다. 누군가에게 배우거나 가르침을 받은 게 아니라, 스스로 아픔을 겪으면서 터득한 방법이다. 미움받는 관심사병에서 독서광으로 바뀌었을 때도, 건강한 멘탈이 나를 이끌었다. 특히, 폐업 직전까지 갔던 나의 매장이 비상구를 찾아 훨훨 날아오를 수 있었던 건 99%의 멘탈과 1%의 노력이 전부였다. 멘탈은 그 누구나 사용할 수 있는 치트키임에도 적용 방법을 모르거나, 멘탈에 대한 믿음이 없어서 많은 사람이 활용하지 못하고 있다. 아주 단순한 활용법이 있는데도 말이다.

장사에서의 멘탈은 주변 환경이 먼저 바뀌어야 한다. 그래야 단 1%의 노력을 할 수 있는 구조가 만들어진다. 나의 경험에 빗대어 설명하자면, 순수익 50만 원이라는 보잘 것 없는 매출을 냈을 때, 당시 매장 상황은 그야말로 어처구니없을 정도로 엉망이었다. 바닥은 보이는 부분만 청소했고, 화구에는 온갖 기름때가, 레버 사이에는 먼지와 이물질이 가득 끼어 있었다. 눈에 보였지만 어차피 또 더러워진다는 생각에 굳이 청소하지 않았다. 환풍기에서는 기름이 떨어질락 말락 했지만, 그때그때 닦기만 할 뿐 제대로 청소할 생각을 하지 않았다. 장사가 이것 때문에 잘되리라는 건 말도 안 된다고 생각한 것이다. 그러던 어느 날 나는 바뀌기 시작했다. 청소해야 할 부분을 체크리스트로 만들어 스케줄표를 짜고, 하루에 하나씩 1시간 일찍 출근해 청소했다. 그리고 손님이 없는 날이면 단 10분이라도 더 정성스럽게 군데군데 청소했고, 내가 청소하지 못하는 부분은 업체를 불러 거금을 주고 해결했다. 놀랍게도 다시 손님이 많아졌다. '청소만 했을 뿐인데, 손님이 많아졌다니.' 하면서 이해하지 못할 수도 있다. 그런데 경험상 청소를 하면 멘탈이 살아난다. 그리고 멘탈이 살아나면 표정이 바뀐다. 표정이 바뀌면, 손님을 대하는 태도가 달라지고, 음식에 정성이 들어간다. 정성이 들어가면 손님들이 좋아한다. 여기서 정성이란, 눈으로 보기에는 똑같아 보이는 음식일지라도, 내가 건네는 미소, 손님을 대하는 자세, 마음가짐에서 느껴진다. 이로써 0.1%라도 손님이 마음속으로 '좋다.'라고 느끼면 되는 것이다. 그 0.1%가 손님을 다시 오게 하는 작은 시작의 불꽃이다.

멘탈이 무너지고 있는 많은 자영업자는 매출이 올라야 멘탈이 다시 살아난다고 이야기한다. 아마 공감할 것이다. 매출이 떨어지니 멘탈이 무너졌고, 매출이 올라오면 멘탈이 살아날 것이라는 해석이다. 그런데 그 순서가 잘못됐다. 매출이 올라야 멘탈이 살아나는 게 아니라, 멘탈이 살아나야 매출이 오른다는 것을 알아야 한다. 나는 그 멘탈을 바로 잡는 게 청소였지만, 누군가에게는 신메뉴 출시일 수 있고, 또 누군가는 직원 교육이 시작일 수 있다. 내가 코칭한 어느 덮밥 전문점은 여러 방법을 시도했지만, 멘탈이 좀처럼 살아나지 않았다. 청소도 하고, 신메뉴도 만들었지만, 도통 나아질 기미를 보이지 않았다. 그래서 인사를 시켰다. 이것 역시 내가 했던 방법 중 하나다. 그냥 서서 인사만 하는 건 멋쩍으니, 매장 앞을 청소하면서, 매장 앞을 지나가는 사람과 차량 그리고 아이들에게 계속 인사하게 했다. 하루에 딱 30분씩. 결과는 기대 이상으로 성공적이었다.

과학적이고 논리적인 이야기를 기대했다면, 이 글이 만족스럽지 못할 것이다. 시중에는 과학적이고 논리적인 책이 많으니, 원한다면 그런 책을 도서관이든 서점에서 읽으면 된다. 그런데 내가 하는 이야기가 결코 무논리이거나 과학적이지 않은 건 아니다. 우리 뇌 속에는 림빅이라는 일종의 스위치가 존재한다. 이 림빅은 마음대로 스위치를 켰다, 껐다 할 수 있는 전자기기가 아니기 때문에 마음을 먹는다고 단숨에 스위치가 켜지는 게 아니다. 이 스위치를 켜기 위해서는 주변의 환경을 바꾸고, 스스로 노력해야 한다. 그리고 한 번에 멘탈이 좋아지는 생각과 마음 그리고 약은 이 세상 어디에도 존재하지 않는다. 단, 환각제는 제외다. 림빅 스위치를 켜는 수단이 청소가 될 수도 있고, 인사가 될 수도 있다. 신메뉴나 매장 리모델링, 혹은 동종 업계 사람과 만나 대화를 나누는 것도 림빅 스위치를 켜는 환경을 만드는 것이다. 또 이 책을 통해 림빅 스위치를 켜는 사람도 분명 있을 것이다. 하나의 환경으로는 되지 않아 청소도 하고, 책도 읽고, 사람들도 만나면서 스위치를 켜는 사람도 있다. 아주 똑똑한 사장님이다. 스스로 멘탈을 끌어올리기가 쉽지 않기 때문에 환경의 힘을 빌리는 것이다. SBS

에서 방영한 〈백종원의 골목식당〉에서 매장이 더러워 꾸지람을 받은 식당은 모조리 백종원 대표를 통해 림빅 스위치를 켰다. 백종원 대표는 그들에게 매출을 포기하고 몇 날 며칠 청소만 시키기도 하고, 심지어는 함께 청소해주기도 했다. 림빅 스위치를 켜기 위해, 멘탈을 잡아주기 위해 한 행동들이다.

장사는 과학과 논리보다는 현장에 답이 있다고 이야기한다. 매 상황, 매 환경, 매 사람이 가진 문제점이 판이하게 다르기 때문이다. 그래서 여러 방면에서 다양한 방법이 나오고, 또 제시되고 있다. 가장 중요한 건, 멘탈이다. 멘탈만 스스로 관리할 줄 안다면 폐업 직전까지 갔던 매장도 다시 살릴 수 있다. 매출을 조금씩 점진적으로 올리는 건 그리 큰 문제가 아니라는 얘기다. 단, 림빅 스위치를 켜는 방법을 터득하고, 반드시 1%의 노력을 해야 가능하다는 사실을 한 번 더 강조한다.

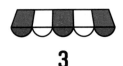

3

딱 1년만
버티는 힘을 키워라

1년을 버틴다는 말이 어떻게 해석될지 모르겠다. 수입이 전혀 없음에도 1년을 버티라는 말일까. 아니면 폐업하지 않고, 1년 동안은 장사를 해봐야 한다는 이야기일까. 정답부터 이야기하자면, 1년을 버틴다는 건 하나의 실험을 해야 한다는 의미로 해석해야 한다. 가령 한 번 온 손님이 다시 오는 비율이 얼마나 되는지 실험해야 한다는 것이다. "그걸 어떻게 다 기억하나요?"라고 반문할 수 있지만, 하나하나 기억하지 않아도 된다. 요즘은 캐시노트나 도도포인트, 각종 스마트 포스 등 여러 똑똑한 시스템이 존재하기 때문이다. 이러한 시스템은 몇 번 방문한 손님인지, 마지막 방문이 언제였는지, 얼마씩 계산했는지 등의 통계를 제공한다. 여기에 1년을 버텨보라고 하는 이유가 들어있다.

첫 장사를 시작하면 1년이 가장 큰 고비이다. 대부분 임대차 계약이 2년이기 때문에, 2년까지는 어떻게 해서든 버티려고 한다. 그런데 1년이 지나면서 수입을 점검했을 때, 더 이상 장사할 마음이 생기지 않는 매장이 많다. 그래서 나머지 1년은 무너진 멘탈을 붙들고, 하는 둥 마는 둥 하다가 매장을 내놓고, 장사를 이어간다. 그런데 만일 나의 매장 재방문 고객 비율을 체크했다면, 나머지 1년은 희망을 안고 장사할 수 있다. 예를 들어 캐시노트에서 제공하는 재방문율이 50%가 넘어간다면, 희망이 있는 곳이다. 10명 중 5명은 재방문 고객이라는 뜻이기 때문이다. 이 상황을 발전시킬 방법을 생각하며 나머지 1년을 버티면, 매출은 자연스럽게 올라간다.

오프라인 사업이 단점이 많다고 하지만, 장점도 많다. 온라인은 '무조건' 마케팅이 필수지만 오프라인은 무조건은 아니다. 매장 자체, 간판 자체, 건물 자체가 마케팅 도구인 덕분이다. 또, 재방문 고객의 입소문으로만 운영되는 곳도 많다. 굳이 마케팅하지 않아도 말이다. "장사 첫 1년은 돈 벌 생각 마요." 이는 돈독에 오른 사장님들에게 내가 하는 말이다. 그리고 "재방문율을 끌어올리는 데만 집중하면 돈은 알아서 들어와요."라고 덧붙인다. 그때마다 못 믿는 눈치로 갸우뚱거리는 모습을 많이 본다. 그런데 이걸 실천하는 사장님들은 알고 있다. 다음 매장을 오픈하거나, 평생 장사를 해야 하니 반드시 이 법칙을 지킨다. 1년이 길다고 생각하는 경우, 6개월 단위로 재방문율을 올리는 방법을 시도하고, 데이터를 쌓는다. 이로써 재방문율이 70% 이상인 매장은 매출의 굴곡이 없지만, 재방문율이 40% 미만인 곳은 마케팅을 하지 않으면, 매출이 급격하게 떨어지고 만다. 멘탈이 무너지지 않을 수 없는 구간에 들어선 것이다. 초반 6개월~1년을 재방문율에 투자하지 않은 결과이기 때문에, 그리 놀랍지도 않다. 매장에서의 재방문율은 많은 수치 중에서 가장 우선으로 생각해야 한다. 그 이유는 내가 점검하지 못하는 부분을 손님들이 점검해주는 점수로 받아들이면 이해가 쉽다.

내가 만든 음식은 무조건 맛있다고 생각하는 사람이 있다. 본인 요리 실력을 굳건히 믿는 것이다. 하지만 재방문율이 늘어나지 않는다면, 분명 맛에 문제가 있다는 것이다. 서비스며, 위생이며, 다른 건 예외로 두더라도, 본질인 맛에 있어서 다시 방문하고 싶지 않다는 결론을 손님들이 내린 것이다. 가게 분위기, 가격 등 복합적인 요소로 손님이 재방문하지 않을 수도 있지만, 가장 첫 번째로 생각해야 하는 건 맛이다. 그러므로 재빨리 수정에 들어가야 한다. 재방문이 일어나지 않는다는 것은 대중이 원하는 맛이 아니라, 사장이 원하는 맛으로 제공하고 있다는 뜻으로 해석해야 한다.

1년을 버틸 때 단순히 퍼주면서, 손해 보면서, 버티라는 게 아니다. '이 손님이 두 번 온 이유가 무엇일까?'를 고민해보라는 것이다. 가까이 살아서 왔을 수도 있고, 늘 먹던 메뉴를 시킨다면, 그 메뉴가 마음에 들어서 다시 찾은 것일 수 있다. 혹은 일행을 바꿔가면서 온다면,

매장이 전반적으로 마음에 들었다는 것이다. 지인들을 데리고 올만큼 뛰어나다는 뜻으로 받아들여도 된다는 말이다. 여기서 자신감을 얻으면, 금방 성장한다. 모든 손님을 만족시킬 수 없는 게 식당이다. 그래서 한 번 온 손님이 두 번 오지 않는다고 의기소침해하는 것보다, 나의 가게를 다시 찾아주는 손님들을 보면서 비슷한 사례를 꾸준히 만들어 나가면 된다. 재방문율 수치를 월간으로 파악해보면 떨어지고 있는지, 올라가고 있는지, 그래프로 알 수 있다. 1년이 지나 확인하면 수치가 한눈에 들어온다. 그 그래프를 보면서 자신감을 갖게 되면, 한 발 더 나아갈 수 있는 원동력이 된다.

앞서 멘탈 부분을 이야기한 파트에서 '환경'이 중요하다고 했다. 1년을 버티는 과정에서도 이 환경이 중요하다. 내 마음의 환경, 즉 '마인드'다. 재방문 고객이 계속해서 늘어나는 걸 확인하면, 마인드는 굳건해진다. 그리고 재방문 고객이 자꾸 떨어진다면, 리마인드를 해야 할 필요가 있다. 자기만의 구호를 늘 마음속으로 외치면서 장사를 하는 사장님들도 있다. 실제 마인드 코칭에서는 구호를 정해주기도 한다.

> "한 번 온 손님, 반드시 두 번 오게 한다."

이 단순한 구호가 나의 마인드를 바로 세우고, 제대로 된 서비스가 되게 하며, 음식에 정성이 들어가게 한다. 손님이 두 번 오는 걸 목격하면, 나도 모르게 웃음이 난다. 성공했기 때문이다. 사람들이 두 번,

세 번 이상 찾는다는 건 마음에 들었다는 뜻이다. 손님은 냉정하다 못해 차디찬 얼음장이다. 두 번만 오게 한다면 나의 음식과 서비스가 제대로 제공되고 있는 것이니, 안심해도 좋다. 그러니 손님이 딱 두 번만 오게 만들어보자.

4

100만 원으로
뭐든지 팔아봐라

최근 영혼을 끌어모은다는 의미의 '영끌'
이라는 신조어가 유행이다. 자랑인 듯 자랑이지 않은 듯한 이 표현은
부동산이며, 주식이며 모든 곳에서 자주 등장한다. 창업시장에서도
이 영끌이 유행 중이다. 하지만 썩 좋은 느낌으로 다가오진 않는다.
물론 나도 영끌해 장사를 시작했지만, 보기 좋게 망할 뻔했다. 그리고
영끌 창업은 있어서는 안 된다는 결론을 내렸다. 특히나 생계형 창업
이 90% 이상을 차지하는 우리나라 요식업 창업에서는 말이다.

장사를 처음 시작하는 사람들의 착각에는 여러 가지가 있지만, 가
장 큰 착각이 '많은 돈을 투자해야 제대로 된 장사를 시작할 수 있다.'

고 생각하는 것이다. 하지만 장사는 나 스스로 무언가를 팔 수 있느냐, 없느냐에 따라 판가름 나므로, 그 부분부터 점검하고 시작하는 게 좋다. 당장 100만 원으로 시작할 수 있는 장사를 하라고 한다면, 어떤 장사를 할 수 있을까. 100만 원으로 살 수 있는 도매 물품을 검색한 후 구입해, 길거리에서 판매하거나 온라인에서 팔아보면 좋은 경험이 될 수 있다. 매장 창업과 매대 장사는 다르지 않느냐, 온라인 셀러와 오프라인 셀러는 경계선이 분명하지 않느냐고 할 수 있다. 아니다. 장사라는 개념에서는 완벽히 일치하는 경험을 할 수 있다. 무언가를 팔아야 하기 때문이다. 1만 원에 구매해 아무런 공정을 거치지 않고, 2만 원에 판매할 수 있는 능력을 갖추고 있는가, 1만 원에 구매해 공정을 거쳐서 25,000원에 판매할 수 있는가에 대한 문제이다. 이런 실력을 갖추고 있다면 온라인에서도 판매할 수 있겠지만, 그렇지 않다면 오프라인으로 뛰어들어야 한다. 당장에 홍대 길거리로 나가 매대를 차려놓고, 지나가는 사람들에게 호객 행위를 벌여야 한다는 말이다. 이게 장사의 시작이다. 보통은 번듯한 매장을 차려놓고, 혹은 맛깔나는 레시피를 배워 그럴싸하게 장사를 시작하고 싶어 한다. 모든 예비 창업자의 로망이자 현실이다. 그 이유는 본인 능력이 아직 저 아래에 있는데, 남에게 보이는 모습에만 치중하느라 벌어지는 일이다. 팔줄 아는 능력이 없으니 외관이라도 보기 좋게 꾸미고, 프랜차이즈의 힘을 빌려서 장사를 시작한다는 어처구니없는 소리로도 들린다. 아니, 이제는 이런 생각조차 하지 않고, 창업시장에 뛰어드는 사람이 너무도 많아졌다.

'장사 수완'이라는 단어는 장사를 함에 있어서 무언가를 팔 수 있는 능력을 말한다. 주위를 둘러보면 수많은 경쟁자가 둘러싸고 있다. 1년 이내에 새로운 경쟁자가 생기는 것이 이곳 생태계다. 그럼에도 불구하고, 정해진 틀 안에서 현재 하고 있는 방식을 유지하려고만 한다. 똑같은 맛, 똑같은 브랜드, 똑같은 외관, 똑같은 서비스. 손님들은 거기에 지루해하고, 새로운 걸 찾아 떠난다. 트렌드에 민감한 아이템일수록 더욱 그렇다. 손님들은 TV에 나오거나, SNS에서 핫한 대상에 호기심을 갖는다. 그러나 특별함이 없다면 이내 새롭게 생긴 트렌드에 밀려난다. 그러면 나 혼자 지나간 트렌드의 아이템을 꾸역꾸역 운영하는 꼴이 되고 만다. 장사 수완은 그런 위기를 헤쳐 나가는 내공이라고 볼 수 있다. 다시 말해, 판매하는 능력을 지속해서 유지할 수 있는 능력, 트렌드를 읽는 능력, 트렌드가 지나가고 있다면 어떻게 변화를 줄 것인가를 생각해내는 능력이다.

모든 것을 돈으로 시작해 돈으로 끝을 내려는 사람은 돈이 떨어지면 아무것도 하지 못한다. 돈이 생명줄이었기 때문이다. 반면, 100만 원으로 시작해 1,000만 원을 벌어본 사람은 장사가 무엇인지 이해한 뒤, 시작할 수 있다. 손님과의 대화나 매대의 진열을 바꿔보면서 매출이 오르는 작은 경험을 해봤다면, 장사의 참 의미를 충분히 깨달은 것이나 마찬가지이기 때문이다. 또 그것은 장사의 큰 밑거름이 되어 준다.

매장을 양수하는 사장님을 꽤나 자주 만나는데, 그들이 장사하고 싶은 심리를 부동산 혹은 양도자들은 교묘히 이용한다. 이 책을 집필하는 과정에도 안타까운 사례가 수도 없이 많았다. 내가 활동 중인 컨설팅 프로젝트팀에서 운영하는 세미나에서 만난 한 분은 흔히 하는 표현으로, 단물 다 빠진 브랜드를 8,000만 원에 양수했다. 누가 봐도 그냥 가져가라고 해도 가져가지 않을 매장이지만, 장사를 단 한번도 해보지 않은 사람 눈에는 좋아 보이는 매장, 장사가 잘되는 자리, 잘 나가는 브랜드로 보이도록 컨설팅 회사를 통해 소개받은 것이다. 내 입장에서는 안타까웠지만 이미 계약을 진행했고, 한 차례의 잔금 입금만 남은 상황에서 시원한 조언을 할 수 없었다. 더욱이 당사자의 굳건한 믿음을 깨고 싶지도 않았다. 그렇게 그는 예정대로 잔금을 치르고 장사를 시작했다. 아니나 다를까, 얼마 후 다시 연락해 힘듦을 호소했다. 장사를 경험해보지 못 한 사람들은 이런 실수를 저지르고, 몇 개월 만에 '내가 왜 그랬을까?' 하는 후회를 한다. 10년 전에도 그랬지만 지금도 여전하다.

100만 원으로 길거리에서 액세서리를 팔든, 붕어빵을 팔든, 뭐든지 팔아 봐야 한다. 만일 그게 창피하다면 장사할 마음은 접는 것이 좋다. 장사를 하다 보면 이보다 더 부끄러운 일이 많이 생기는 게 이치다. 100만 원으로 장사해보면 장사가 결코 쉬운 게 아니라는 걸 깨우치게 된다. 그런데 무모하게도 5,000만 원, 1~2억 원을 투자해 바로 장사에 뛰어든다. 계획도 없이 말이다. '있어 보이는 장사'는 하루아침에 할 수 있는 게 아니다. 창업시장에는 눈먼 돈을 찾아다니는 하이에나가 많다. 최근 들어 더 늘어나는 추세다. 장사 경험이 없으면 그런 하이에나들의 먹잇감이 되기 십상이다. 그러니 날릴 각오로 딱 100만 원만 투자해봐라. 장사 마인드를 단기간에 일깨우는 데에 이것만큼 좋은 연습은 없다.

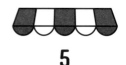

5

습관이
가게를 망하게 한다

지금부터 하는 이야기가 자극적일 수 있다. 열심히 해야 한다, 노력해야 한다, 자기 계발을 해야 한다와 같은 말이 아니다. 보다 현실적이고, 직설적이라 자존심이 상할 수도 있다. 하지만 이런 내용이 반드시 필요한 사람들을 위해 과감하게 전하려고 한다. 그러니 겸허히 받아들였으면 한다. 실제로 외식 전문가, 수백 개의 가맹점을 보유한 본사 대표 등 하나 같이 입 모아 하는 말이기도 하다. 미리 고백하지만 누구를 특정지어 쓴 글은 아니니, '혹시 나한테 하는 소리인가?'라는 생각은 하지 않았으면 한다. 그럼, 이제 사업의 실패로 향하는 지름길에 대해 본격적으로 오픈한다.

첫째, '자금의 출처'다. 아마도 뜨끔한 사람이 많을 것 같다. 나도 컨설팅하면서 자주 맞닥뜨리기도 하니 말이다. 창업을 준비하면서 스스로 마련한 자금이 아닌, 부모에게 투자받는 경우가 있다. 얼마 전 내게 상담을 의뢰한 분도 부모님에게 3억 원을 받아 사업을 시작한다고 했다. 결론부터 말하면 나는 그와 언성을 높이며 다퉜다. 당연히 상담도 끝까지 진행하지 못했다. 나의 직언에 심기가 불편했던 것이다. 평소 나의 성격상 직언을 잘하지 않지만, 그에게는 충격요법이 필요해 보였다. 만일 이 글을 본다면 다시 한번 사과드린다.

내가 고객과 다툼하면서까지 자금의 출처를 중요하게 생각하는 이유는 절대 잘될 수 없는 구조이기 때문이다. 물론 가족이니 100~200만 원, 많게는 1,000~2,000만 원 정도는 도와줄 수 있다. 하지만 창업자금 전액을 투자받는다는 것은 위험한 행동이다. 어디에서든 투자받으면, 매달 일정 금액을 갚아야 하는 게 이치다. 그런데 부모를 비롯한 가족에게 받은 지원금을 매달 꼬박꼬박 갚는다? 글쎄다. 사람마다 다를 수는 있겠지만, 대부분 잘 실천하지 못한다. 투자자와의 관계에 있어서도, 문서상 정확한 지분 또는 업무 분담을 설정해두지 않으면 투자받은 데에 대한 책임감이 떨어질 수밖에 없다. 또 이렇게 첫 사업을 시작한 사람은 본인 돈으로는 절대 사업을 하지 못하는 한계가 생긴다. 그럼에도 이런 사례가 넘쳐난다. 그리고 돈은 프랜차이즈 본사, 컨설팅 회사 등에서 가져간다. 실제로 자금의 출처는 매장의 견고함을 다져나가는 데 있어 뿌리 같은 역할을 한다. 그러므로 창업한다면, 본인이 직접 번 돈, 소중한 돈 혹은 정말 마지막이라고 생각하는 돈으로 시작해야 한다. 그래야 정성을 다해 운영할 수 있다.

최근 프랜차이즈 시장에 '할부 창업' 개념의 프로그램이 많이 생기고 있다. 설명을 덧붙이자면, 창업할 때 한 푼도 들지 않지만, 매달 납부해야 하는 금액이 있다. 장사를 열심히 하지 않으면 혹은 꾸준히 발전하지 않으면, 부담스러운 시스템이라 일부에서는 비판의 목소리를 내놓는다. 그러나 개인적으로는 절실한 사람, 실력은 있지만 피치 못할 사정으로 창업하지 못하는 사람에게는 좋은 프로그램이라고 생각한다. 계약 조건에 따라 달라지는 부분도 있겠지만, 상생할 수 있는 프로그램임은 확실해서다. 다시 한번 말하지만, 자금의 출처가 편한 대상으로부터 마련된 것이라면 매장을 운영하는 데 있어 '절실함'이 상당히 떨어진다. 또 그것은 매장을 빠르게 추락시키는 근원이 된다.

둘째, '무료함'이다. 온종일 바쁜 매장은 절대 무료할 수 없다. 오히려 휴무가 더 바쁘다. 여기저기 벤치마킹하러 다니기도 하고, 수입 정도에 따라 재투자하기도 한다. 평소 값비싼 식사를 하지 않던 사람이 벤치마킹을 위해 10만 원짜리 식사를 한다면 어떤 생각이 드는가? 나에게도 이런 경험이 있다. 평소 알고 지내던 한 분이 나를 데리고 가서 한턱 크게 낸 적 있다. 20만 원짜리 식사는 꿈에도 생각 못하는 사람이었다. 그런데 "공부하러 왔어요."라며 거금을 썼다. 그렇게 자기 방식에 맞게 투자하는 것이다.

무료한 매장은 시시때때로 TV 또는 휴대폰을 보거나, 잡담을 나눈다. 그럴 수 있다. 이런 소소한 시간을 가지지 않는 사람은 없으니까. 또 무료함의 문제점이 TV와 휴대폰을 본다거나 잡담을 나누는 데 있다는 것도 아니다. 그러나 하루의 목표가 없고, 루틴이 없는 매장은 무료함이 더 빨리, 자주, 많이 찾아온다. 이렇게 이야기하면 하루의 목표에 대한 고민이 생길 수 있다. 그런 분을 위해 하나의 예시를 들어 보겠다. 내가 컨설팅하면서 보름 또는 한 달간 1일 목표를 정해주는 매장이 있다. 왜냐하면 내가 만들어주지 않으면, 절대 그 목표를 적지도, 실행하지도, 할 이유도 없기 때문이다. 하루 동안 매장에서 허비하는 시간을 계산해보면, 매출 평균에 따라서 가지각색인데, 무려 5시간을 허비하고 있는 경우도 있다. 5시간을 그저 의미 없는 행동으로 무료함을 달래는 것이다. 그런데 작은 목표가 주어지면 많은 걸 하게 된다. 무료했던 현실에서 목표를 설정함으로써, 실행하는 힘을 만드는 것이다. 그리고 실행하면서 배우고, 발전하는 선순환 구조가 생긴다. 얼마 전 컨설팅을 맡은 매장에는, 하루에 딱 하나의 목표를 15일에 걸쳐서 달성할 수 있도록 과제를 내줬다. 그 결과, 블로그 개설, 인스타그램 팔로워 300명을 달성했다. 또 이제는 유튜브를 공부하고 있다. 이런 변화를 볼 때마다 신기하다. 절대 할 수 없을 것만 같았던 일들을 해내는 사장님들이 생겨나는 것에.

무료함은 큰 목표를 세우면 절대 사라지지 않는다. 반대로 아주 작은 것, 내가 지금 당장에 할 수 있는 것을 해냄으로써 성취감을 맛보면 조금씩 줄어든다. 내가 자주 이용했던 '챌린저스'라는 앱이 있다. 지금도 60만 원가량 충전되어 있는데, 스스로 무료함이 느껴지면 바로 참여하기 위해 그대로 두었다. 매장에 있다 보면 무료해질 수 있다. 한 공간에 갇혀 있어야 하고, 유동적인 손님의 패턴으로 활동하는 데 제약이 따르기 때문이다. 그런데 이는 고정관념일 뿐이니, 무료함은 빨리 벗어나는 것이 좋다. 만일 무료함에 계속 머문다면, 위드 코로나, MZ세대의 습격과 같은 하루가 다르게 변하는 세상에 살아남을 수 없게 된다.

세 번째는 '익숙함'이다. 많은 사장님이 놓치는 부분이다. 누군가는 '초심'으로 받아들이기도 하는데, 그것과는 다른 느낌이다. 예를 들어 보겠다. 매장을 운영하다 보면 단골이 생긴다. 이는 간접적으로 '우리 매장이 마음에 든다.'고 표현하는 것이다. 또 단골이라 함은 나의 매출을 올려주는 최고의 고객인데, 그 고객에게 익숙해지면 새로운 손님보다 못한 응대를 하게 된다. 강조, 또 강조하지만 다들 대수롭지 않게 지나간다. 말투, 응대하는 태도, 배려만 해도 단골은 감동하는데, 익숙해지면서 예전 같지 않게 된다. 오히려 '단골이니까 이해해줄 거야.'라고 생각한다. 여기서 상처받는 일이 생긴다.

하나의 예시로 바쁜 시간에 단골손님이 계산하기 위해 기다리고 있다. 무심결에 "손님, 잠시만요."라고 퉁명스럽게 얘기한 적 없는가? 그리고 이런 경우, 나만 바쁘다고 판단하기도 한다. 다시 말해, 단골이라면 잠시쯤은 기다려 줄 수 있다고 생각하는 것이다. 물론, 대다수의 단골이 이해한다. 식당 경영자만 익숙해지는 비율이 높을 뿐이다. 그러나 단골은 나를 이해해주는 사람이 아니라, '내가 이해해야 할 대상'임을 명심해야 한다.

마지막으로 '청소'다. 누군가는 비웃을 것 같다. "청소 때문에 매장이 망하다니!" 하면서. 그런데 음식점의 기본 3대 요소가 'Q(Quality)·S(Service)·C(Clean)'라는 사실을 모르는 사람은 없을 것이다. 요즘 퀄리티가 떨어지는 매장은 거의 없다. 유튜브가 등장하고 나서는 벤치마킹을 쉽게 할 수 있어서 확실히 업그레이드됐다. 서비스는 어떨까. 문제가 있는 매장도 있겠지만, 대부분이 평균 이상이다. 특히 젊은 사장이 운영하는 매장의 서비스는 더 좋다. 그런데 마지막 클린이 문제다. 아니, 심각한 수준이다. 얼마 전 모 프랜차이즈 카페 매장을 방문했더니, 로봇청소기가 바닥 청소를 하고 있었다. 손님이 버젓이 보고 있는데도 말이다. 속으로 '매일 저걸로 청소하겠구나.' 하는 생각이 들었다. "그게 어때서?"라고 반문할 수 있지만, 경영자가 놓치고 있는 부분이 문제였다. 로봇청소기 모델이 물청소가 되지 않는 구형 버전이었고, 나는 사람이 물청소를 하지 않는다라는 사실을 알게 됐다. 오가는 사람들로 인해 바닥이 분명 오염됐을 텐데, 먼지만을 흡입하고 있었던 것이다. 그것이 올바른 청소라고 할 수 있을까? 또 이것으로 매장이 망할까 싶겠지만, 단호하게 망한다고 할 수 있다. 빠르게는 아니지만 서서히.

최근 음식 소비 패턴에서 '맛' 다음으로 '위생'을 가장 중요하게 생각한다는 조사 결과는 너무도 많다. 흥미로운 것은 맛이 있어도 청결하지 않으면, 재방문하지 않는다고 응답한 조사 결과가 더 많다는 사실이다. 이는 매장을 선택하는 데 있어 위생이 1위인 셈이다. "손님이 모르면 그만이지 않냐?"라고 할 수 있다. 우리가 알아야 할 것은 손님의 눈은 누구보다 예리하다는 점이다. 코팅이 벗겨진 양푼에 음식이 나오는 곳에 가지 않는 손님, 볶음팬 코팅이 벗겨진 것을 보면 식욕이 떨어지는 손님 등 손님의 스타일은 각양각색이다. 다만 사장에게 얘기하지 않고, 다시 오지 않을 뿐. 안 오기만 하면 다행인데 이러쿵저러쿵하며 소문도 낸다.

결정적으로 매장의 청결을 유지하지 못하면 스스로 무너지고 만다. 청소는 한 번 느슨해지기 시작하면, 더는 손대기 어려울 만큼 감당할 수 없기 때문이다. 깨진 유리창의 법칙과도 같은 것이다. 이러한 이유로 장기간 매장을 운영할 수 있는 청소 매뉴얼은 선택이 아닌 필수다. 그리고 매장마다 정기적으로 청소가 필요한 기기가 많다. 커피 머신부터 제빙기, 각종 오븐 등. 민감한 손님은 관리가 되지 않아 청결하지 않은 곳에 다녀오면 무조건 배탈이 난다. 과연 그런 곳을 다시 방문하는 손님이 있을까? 결국 위생 문제가 불러일으킨 악영향이다. 그럼에도 정기적인 관리를 미루는 곳이 여전히 많다.

매장 문을 빠르게 닫게 하는 4가지 습관과 행동, 너무 적나라했을 수 있다. 의외의 키워드라고 생각할 수 있지만, 현실적인 내용을 반영한 것이다. 마인드를 고치지 않으면 습관과 행동은 쭉 이어진다. 위기를 느꼈다면 변화가 필요한 때이니 위의 4가지를 잊지 않았으면 한다.

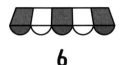

6

망하지 않는 장사에
필요한 5가지

장사를 하는 데 있어 꼭 필요하지만, 개인
적으로 우리나라 500만 명 자영업자 중 절반 이상이 지키고 있지 않
는 것이라고 확신하는 부분이 있다. 실제로 많은 자영업자를 만나면
서 '예전의 나보다 더한 사람도 있구나…….'라는 생각을 여러 번 했
다. 나도 부족했던 시절에는 지금부터 말하려는 5가지에 대해 전혀
생각하지 않았다. 하루하루 버티기에 급급했을 뿐. 그리고 보기 좋게
망할 뻔했다. 뒤늦게 하나씩 알게 되면서 '처음부터 알았더라면…….'
하는 아쉬움이 컸다. 그래서 꼭 많은 사람과 공유하고 싶었다. 장사의
고급기술이라든지, 편법과 관련한 내용이 아니다. 그렇지만 필히 적
용해야 할 장사의 뿌리라고도 할 수 있다.

첫째, '멘토'가 있어야 한다. 단 한 명의 멘토보다 실무적인 멘토, 정신적인 멘토, 우러러볼 수 있는 멘토를 두는 것이 좋다. 여기서 실무적·정신적 멘토는 내가 조금만 노력하면 만날 수 있는 사람이고, 우러러볼 수 있는 멘토는 쉽게 만나지 못하는, 책이나 방송을 통해서만 접할 수 있는 사람이다. 장사에서 멘토가 중요한 이유는 방향성을 계속 알려주는 역할을 하기 때문이다. 가령, 뱃머리를 지휘하는 선장이 목적지 없이 망망대해를 항해한다면, 에너지는 금세 고갈되고, 배는 서서히 침몰할 것이다. 이때 목적지가 분명하고 방향만 제대로 잡을 수 있다면, 원하는 곳에 도착하는 것은 시간문제다. 이처럼 멘토는 내가 원하는 목적지에 다다를 수 있도록 도움을 주는 사람들이다. 그런데 많은 사람이 우러러볼 수 있는 멘토만을 멘토로 여긴다. 다시 말해 직접 만나기 어려운 선망의 대상만을 멘토로 삼는다. 반대로 현실에서 만날 수 있는 멘토에게는 노력을 기울이지 않는다. 오히려 열등감을 드러내는 경우가 많다. 나보다 조금 더 장사가 잘되는 동네 사장, 나의 가게보다 화려한 건너편 가게 사장, 잡지나 신문, 유튜브 등에 출연하는 지역 내 소문난 맛집 사장 등. 그들이 진정 나의 멘토가 되어줄 귀한 사람이다. 열등감보다는 무엇 하나라도 배울 수 있는 부분을 찾아 배워야 한다. 그리고 나에게 적용했을 때 변화가 있다면, 당장 찾아가서 한 수 더 배우는 것이 현명하다.

멘토는 돈에 의해서 움직이지 않는다. 멘토는 진심으로 움직인다. 진심으로 멘토로 삼고 싶은 사람이 있다면 마음 하나로도 충분하다. 이 진심이라는 건 메일 한 통, 문자 한 통, 전화 한 통으로 이루어지는 게 아니다. 직접 찾아가고, 서서히 얼굴을 비추면서, 인간적인 교류를 통해 만들어진다. 그것을 생략하면, 그저 멀리서 바라보는 멘토밖에 되지 않는다.

유튜브를 시작하면서 나를 멘토로 삼고 싶어 하는 사람이 많아졌다. 어떻게 내 번호를 알았는지 하루에도 몇 번이고 문자와 전화가 오고, 메일도 수십 통씩 쌓인다. 하지만 정작 나를 움직이는 건 진심으로 나를 원하는 사람이다. 도움을 바라는 목적성을 띤, 복붙(복사 붙여 넣기)한 메일은 한눈에 봐도 티가 난다. 무언가를 빼내려고만 하는 사람의 문자는 답장조차 하지 않는다. 내게 그럴 의무는 없기 때문이다. 그리고 실제 내가 도와줄 수 있는 범위 밖의 이야기들이 대다수이며, 스스로 실행하지 않고, 문제가 해결되기만 바라는 사람이 절반 이상이다.

멘토의 첫 시작은 나와 같은 업종의 장사를 하는 사람, 그리고 나보다 조금 더 낫다고 판단되는 사람, 정신적으로 내가 본받을 수 있는 인성을 가진 평소에도 고개가 끄덕여지는 사람이다. 저 멀리 만나지도 못하는 멘토는 딱 한 사람이면 되고, 매번 바뀌어도 문제가 되지 않는다. 그때그때 상황에 따라 일회성 멘토로 삼아도 충분하다는 얘기다. 오히려 주변의 현실적인 멘토들에게 밥 한 끼 대접하고, 차 한 잔 함께하면서 1~2시간의 대화를 통해 인사이트를 얻는 게 훨씬 더 가치 있다. 현실적인 도움을 줄 수 있는 건 그들이고, 당장이라도 만남이 성사될 수 있어서다.

멘토가 있다는 건 앞서 이야기한 방향성을 경험자의 시선으로 조언받을 대상이 옆에 있다는 의미다. 예를 들어 처음에 설정했던 매장 컨셉과는 전혀 다른 방향으로 흘러갈 때, 제3자의 눈으로 지적해 바로 잡아주는 사람이 멘토다. 그러니 주변에서 쉽게 만날 수 있는 나만의 멘토를 만들어 객관성을 갖고 인사이트를 얻는다면, 당신은 자영업 시장에서 반드시 살아남을 것이다.

둘째, '커뮤니티' 활동을 해야 한다. 멘토가 1:1의 성격이라면, 커뮤니티는 집단지성의 힘이라고 생각하면 된다. 다양한 정보가 오가는 공간이므로 장사하는 데 필요하다. 쓸데없는 취미보다는 이런 커뮤니티에서 활동하면서 나의 존재를 알리면, 정보를 얻는 데에도 유익하다. 요즘은 커뮤니티마다 특정 카테고리가 부각되는 경우가 많다. 예를 들어 네이버 카페 '아프니까 사장이다'의 경우, 방대한 정보로 인해 스스로 선택적 취사를 해야 하는 어려움이 있다. 반대로 실제 실무에 적용할 수 있는 깨알 같은 정보가 많다. 그러므로 검색을 통해 여러 정보를 습득하고, 거기에서 나의 것을 찾아가면 된다. 주의해야 할 점은 부정적 마인드를 가진 사람 혹은, 분쟁을 조장하는 글을 일부러 올리는 사람도 있다는 것이다. 이는 다른 사람이 행복해하는 모습을 보기 싫은 사람들이 저지르는 못난 행동이다. 그러니 평소 좋은 글, 통찰이 느껴지는 글을 주로 올리는 사람들의 아이디를 즐겨찾기하고, 알림이 뜨면 그 글만 탐독할 것을 권한다.

또 정보를 받기만 하는 것보다는 조금이라도 내가 가진 정보를 나누다 보면, 나를 좋아해 주는 사람이 생긴다. 그럼 나에 대한 신뢰가 해당 커뮤니티에 쌓이게 되고, 일명 '네임드'가 되면서 장사를 함에 있어서 필요한 부분을 커뮤니티에서 충족하는 데도 도움이 된다. 이를테면 수시로 필요한 인적 네트워크를 해당 커뮤니티의 네임드끼리 공유하고 소개하면서, 신뢰감 있는 정보를 얻는 것이다. 실제 온라인에서 시작해 오프라인으로 만나는 사업가들의 여러 모임에는 그들끼리의 네트워크가 존재한다. 단순한 소개가 아니라 신뢰를 바탕으로 하는 소개이므로, 퀄리티가 다르다. 이외에도 주점을 주제로 하는 카페, 카페를 주제로 하는 커뮤니티, 한식·양식·중식·일식을 주제로 하는 공간 등 작은 카테고리가 전문화된 커뮤니티 사이트가 존재한다. 그곳들 역시 선택적 취사를 할 수 있는 좋은 정보가 넘쳐난다.

커뮤니티는 장사 생활에 있어서 활력도 불어넣어 준다. 힘든 일, 어려운 일, 하소연하고 싶은 일이 있을 때, 마땅히 털어놓을 곳이 없다면, 여기서 풀면 된다. 동종 업계 사람들이 모인 공간이다 보니 공감 능력이 뛰어나다. 다른 사람이 가진 솔루션을 바라고 글을 작성하는 것보다, 서로 위로하고 에너지를 받는 공간으로 생각하면 한결 마음이 편하다. 동종 업계 사장들의 이야기에 공감하면서 힐링한다면, 어딜 가도 이만한 곳을 만나기 쉽지 않다. 꾸준히 활동하다 보면 업계 고수로 불리는 멘토도 만나게 되고, 나도 멘토가 되기도 한다. 오프라인에서도 사람을 사귀지만, 요즘은 온라인에서 사귀는 경우가 훨씬 많다. 소외됐다고 생각하는 자영업자가 많은데, 커뮤니티를 잘 활용하면 멘탈 관리에도 탁월하다.

셋째, '손님이 매장의 영업사원'이라는 마인드를 가져야 한다. 내가 줄곧 강조하고 다니는 부분이다. 사실, 최근에는 이런 말이 무색한 곳이 많다. 많은 매장에서 온라인 마케팅을 통해 모객 활동을 하고 있어서다. 다만, 동네 가게는 아무리 온라인 마케팅을 잘한다고 해도, 영업사원인 손님을 못 이긴다. 한마디로 입소문의 파워를 이겨내지 못한다. 온라인 마케팅을 단 한 차례도 하지 않고, 매일 만석을 채우는 동네 곳곳의 식당이 그 증거다. 그중에는 매장을 이용하고 싶어도, 검색이 되지 않아서, 방문객이 올려둔 정보를 바탕으로 찾아가야 할 지경인 경우도 있다. 그들이 행하는 게 바로 손님으로 손님을 끌어들이는 것이다. 이건 해당 매장들이 어떤 유혹의 기술을 썼든지 간에, 아직도 그 방법이 통한다는 얘기다. 중요한 건, 온라인 마케팅을 병행하면서 손님이 곧 우리 매장의 영업사원이라는 마인드를 가지면, 금상첨화이다. 장사가 안되려야 안 될 수 없는 마인드인 셈이다.

『육일약국 갑시다』를 쓴 현 메가넥스트 김현오 대표도 줄곧 "손님이 곧 영업사원"임을 강조한다. 20년도 훌쩍 넘은 그의 첫 창업이었던 약국에 적용한 마케팅 사례라고, 이제는 한물간 방식이라고 하는 사람도 많다. 그러나 내 생각은 다르다. 동네 가게는 여전히 이 방식을 지향해야 한다. 지역사회의 색깔이 강한 한국인의 특성상 내 친구가 올린 식당 사진 하나로 나의 점심, 나의 주말 코스가 결정되기 때문이다. 친구가 나의 손을 잡고 데리고 가지 않더라도, 스스로 방문하게 된다. 생각해보라. 맛집을 주로 가는 친구가 올린 인스타그램의 사진 한 장으로, 내가 언젠가는 방문해야 하는 명단에 올리고 있지 않은

지. 이게 현실이다. 그럼에도 이 같은 사실을 간과하는 곳이 많다. 아직도 '손님은 손님이고, 맛이 있으면 다시 오게 되어 있다.'고 생각하는 것이다. 맛이 본질인 것은 맞지만, 손님이 다른 손님에게 영향을 끼치는 건 본질 이외의 모든 것이다. 그래서 한 사람 한 사람에게 최선을 다해야 하는 게 식당의 원칙이다. 그래야 그 손님과 연결된 손님, 또 그 손님과 연결된 또 다른 손님, 줄줄이 사탕에서 문어발식으로 확장하는 구조로 이어진다.

경쟁자가 많아도 손님이 알아서 영업사원을 자처하면, 그 경쟁은 반드시 이기게 되어 있다. 화려한 외관과 뛰어난 맛이라도 손님이 영업사원을 자처하지 않으면, 사장 혼자 알리고 다녀야 한다. 이기지 못하는 게임을 하는 꼴이나 다름없다.

넷째, '교육'을 꾸준히 받아야 한다. 불과 몇 년 전만 하더라도 "장사에 무슨 교육이 필요하냐?"고 하는 사람이 많았다. 하지만 지금은 스스로 찾아 듣고 있다. 그것도 비싼 수강료를 지불하면서. 아주 올바른 변화다. 장사야 말로 교육받고 시작해야 한다. 또 벌어들이는 소득에서 일부분을 투자해야 한다. 최근 MZ세대들은 창업 전부터 공부하고, 창업 후에도 꾸준히 공부한다. 소득의 5%를 교육비로 빼놓는 친구들도 있다. 무조건 교육을 들어야 장사가 잘된다는 친구도 봤다. 교육을 듣고 나면 그 한 주는 즐겁게 장사할 수 있다고 했다.

장사가 쉬워보여서 교육에 투자하지 않는 사람이 많다. 온라인에도 수많은 정보가 있어서 '굳이 돈을 내고 교육을 들어야 할까?' 하는 생각이 드는 것이다. 이해하지 못하는 것은 아니다. 다만, 동종 분야에서 만큼은 교육을 들으면, 내공이 업그레이드되는 것은 분명하다. 지금 읽고 있는 이 책은 통찰을 얻는 정도로만 활용해도 돈 아깝지 않을 정도의 가치가 있을 것이라고 믿는다. 그런데 실무교육은 책 한 권 값보다 비싸지만, 그만큼 얻을 내용도 많다. 이는 나와 관련 있는 세부 카테고리 교육을 받아야 만족감이 높아진다는 뜻이다. 예를 들어 중국집을 운영하고 있다면, 중국집을 주제로 하는 교육을 들어야 한다. 레시피를 비롯해 중국집을 운영하면서 참고할 수 있는 내용을 바탕으로 한 커리큘럼을 찾는 것이다. 백반집이라면 백반집, 뷔페라면 뷔페, 각자에게 알맞은 전문교육을 선택해 수강한다면, 성장 가능성도 커진다. 적어도 6개월에 한 번은 유료 강의를 들을 것을 권한다. 그 과정을 통해 변화를 느끼고, 장점은 더 강화하고, 부족한 부분은 보완할 수 있다. 왜냐하면 유료 강의는 비용이 저렴하지 않은 경우가 많으므로 동기부여가 확실히 된다. 주의해야 할 것은 교육받은 후, 나에게 적용하지 않으면, 다시는 유료 강의를 듣지 않게 된다는 점이다. 그렇게 낙오되는 길을 스스로 걸어가게 된다.

찾아보면 별의별 교육이 있다. 그 가운데 내 분야의 세부 카테고리 교육을 한 번이라도 들어본다면, 흥미가 생겨서 더 찾아 듣게 되는 나 자신을 볼 수 있다. 돈을 벌게 해주는 교육에는 따분함은 1도 없고, 흥미와 재미가 폭발하는 희망만이 있는 덕분이다.

마지막으로 '실행'해야 한다. 코칭 코스를 선택하는 사장님들은 실행력이 90% 이상이다. 하지만 상담으로 끝내는 이들은 실행력이 20% 미만이다. 귀로만 듣고 고개만 끄덕이는 경우가 훨씬 많다. 이유는 바로 '돈'의 차이다. 위에서 언급한 교육 부분도 그러했지만, 코칭은 내가 스스로 무언가를 할 수 있도록 도와주는 역할을 하는 사람이 있다는 말이다. 반대로 상담은 일회성으로 끝나는 '듣는 컨설팅'이다.

솔루션을 받았음에도 불구하고 실행하지 않는 사장님이 많다. 무언가 남이 대신 해주기를 바라는 마음에서다. 그리고 '과연 이게 될까?'라는 의구심도 한몫한다. 절대 그래서는 안 된다. 하나의 솔루션을 1부터 10까지의 단계별로 쪼개어서 전달해도, 실행에 옮기지 않으면 아무런 소용이 없다. 코칭이나 컨설팅을 받는다는 건, 선택적 취사를 하려고 하는 게 아니다. 유료로 진행하면 더더욱 그렇다. 아무 의심 없이 알려주는 대로 해보는 게 답이다. 내가 보지 못하는 통찰력을 가진 사람의 생각을 듣고 싶어서 의뢰하는 것이기 때문이다. 만약, 실행에 옮기지 않을 생각이었다면, 굳이 돈을 지불하면서까지 상담받을 필요가 없다. 자기만의 생각과 방식대로 운영하면 된다. 그러므로 도움을 받으려면 코칭 프로그램을, 솔루션을 그대로 따라 해봐야 한다. 그렇지 않고 이런 핑계, 저런 핑계를 댄다는 건, 처음부터 의뢰자의 자세로서 충분하지 못한 마인드를 가진 셈이다.

재방문이 왜 떨어지는지, 신규 손님 유입은 어떻게 하는지, 메뉴의 맛은 적당한지, 바꿔야 할 플레이팅은 없는지, 지나가는 손님을 우리 매장에 들어오게 하는 방법은 무엇인지 등 무수히 많은 고민과 의문에서 시작된 상담이 그저 흘려듣는 '위안받는 미팅'이 되지 않으려면, 실행에 옮겨보면 된다. 그래야만 매장에 문제가 된 부분의 이유를 알게 되고, 동기부여가 되어서 나머지도 실행에 옮기게 된다. 하나만 실천해보면 알 수 있는데도, 그러지 못하는 건 순전히 실행력의 차이다. 컨설팅에 수십~수천만 원을 쏟아도 100% 남이 대신 해주는 건 없다. 본인의 실행으로 200%, 300% 얻어가야만 코칭과 컨설팅이 의미가 있는 법이다.

7

새로운 장사의
맛을 알다

예전의 나는 장사란, 음식이든 물건이든 유형의 상품만 판매하는 것인 줄 알았다. 그것이 온라인이든 오프라인이든 똑같다고 판단했다. 하지만 실상은 그렇지 않았다. 사람들은 눈에 보이지 않아도, 손에 잡히지 않아도 가치가 있다고 판단하면, 기꺼이 돈을 지불하고 구매한다는 걸 알았다.

나는 유튜브 시작 후 얼마 지나지 않아 고민이 생겼다. 투자하는 시간에 비해 성과가 나지 않아 조바심도 나고, 재미가 없었기 때문이다. 그나마 구독자들의 작은 반응에 꾸역꾸역 지속했다. 그래서 내가 유튜브를 하는 이유에 대해 곰곰이 생각해보았다. 유명해지려고? 아니면 부수입 수단으로? 둘 다 아니었다. 결코 유명해질 수 없는 콘텐츠였고, 부수입으로 생각하기에는 노동력 대비 월 10만 원이라는 현저하게 적은 광고비를 받고 있었다. 상황이 이러하니 취미생활이라고 해야 위안이 됐다. 그때 종종 메일로 받는 질문에 관심 갖기 시작했다.

> "저도 유튜브를 하고 싶은데 가르쳐줄 수 있나요?"
> "카메라와 마이크는 어떤 걸 사용하나요?"

대부분 비슷한 질문이었다. 모두 동종 업계에 종사하는 자영업자로, 유튜브를 하고 싶지만, 도저히 어떻게 해야 할지 감이 오지 않아 메일을 보낸 것이었다. 사실, 나도 처음 유튜브를 시작할 때는 카메라는 어떤 것을 사용해야 하는지, 마이크는 무엇이 좋은지 몰랐다. 그래서 책을 보며, 하나하나 터득했다. 시간이 꽤 오래 걸렸고, 시행착오도 겪었다. 그래서 구독자들의 질문을 보며, '아, 나와 같은 고민을 하는 사람이 많구나.'를 느꼈다. 이때 처음으로 유형의 물건이 아닌, 무형의 가치를 팔자는 생각이 들었다. 유튜브를 함에 있어서 가장 중요한 부분만 핵심으로 강의하면 어떨까 하는 아이디어가 떠오른 것이다. 그런데 교육이라는 걸 해본 적이 없었고, 내가 할 줄 안다고 해서 남에게 가르치는 것이 쉽지 않다는 걸 익히 알고 있기도 했다. 그래서 방향을 바꿨다. 실무는 실행하면서 배워나가는 것이기에 실행하는 데에 의의를 두고, '유튜브 마인드셋' 교육으로 진행했다. 결론적으로 큰 성과를 내거나, 인기를 끌었던 강의는 아니었다. 그래도 사소하지만 가치만 담겨 있으면, 사람들은 기꺼이 돈을 지불하고 배운다는 걸 깨달았다.

그 후로 계속해서 '새로운 장사'를 기획하고 실행하기를 반복했다. 오프라인에서 음식과 술을 팔다가, 온라인에서 무형의 가치를 파는 사람이 된 것이다. 내가 하지 못하는 부분은 다른 사람의 힘을 빌려서라도 사람들을 도왔다. 하나의 예를 들자면, 동네 장사 콘텐츠를 기반으로 한 구독자 가운데 로고 없이 가게를 운영하는 곳이 많았다. 로고의 필요성도 몰랐다. 여기서 기지를 발휘해, 디자이너를 섭외했다. 그리고 로고가 필요한 이유, 만드는 방법, 활용하는 법 등에 대한 내용을 콘텐츠로 제작했다. 그랬더니 사람들이 로고를 만들고 싶어 했다. 수많은 로고 제작 사이트를 뒤로 하고, 내가 소개하는 곳에서 말이다. 그렇게 나-자영업자-디자이너 3명 모두가 만족하는 장사가 성사됐다. 자영업자들은 저렴한 금액으로 로고를 만들어 다양한 시도를 할 수 있게 됐고, 디자이너는 내가 고객을 모집해줌으로써 디자인에 집중할 수 있게 됐다. 나는 늘 만드는 콘텐츠였지만, 구독자에게 현실적인 도움을 주게 되어 뿌듯했다. 모두가 만족하는 장사, 이것이 온라인에서 가능하다는 걸 알게 된 나는 더욱더 많은 장사를 하기 시작했다. 무언가를 필요로 하는 사람들에게 좋은 서비스를 제공하면 만족스러워하고, 눈에 보이지도 손에 만져지지도 않지만 열광하고, 배울 점이 있으면 돈을 지불하더라도 행복해한다는 이치를 알게 된 값진 경험을 한 것이다.

사실 새로운 장사를 계속하는 게 쉽지는 않다. 기획도 해야 하고, 실현 가능한지에 대해서도 꼼꼼히 검토해봐야 한다. 투자하는 노동력에 비해 대가가 어떤가에 대해서도 계산해야 한다. 그러나 이 장사의 가장 큰 매력은 무형의 것이므로, 유형의 것을 판매할 때 필요한 상품의 원가가 존재하지 않아서, 순이익이 높다는 점이다. 콘텐츠 하나 생산하는 데 걸리는 시간은 기획과 실행 그리고 최종 결과물이 나오는 데 하루면 충분하다. 기획만 제대로 된다면 한 달에 30개의 콘텐츠를 만드는 것이 가능하다는 계산이 나온다. 실제 하루에 2개의 콘텐츠도 만들어 본 입장에서 무궁무진한 기회의 땅이라고 장담한다. 오프라인에서 새로운 장사를 하려면 기획과 실행에 있어 굉장히 많은 시간과 비용이 들어간다. 하지만 온라인은 그렇지 않았다. 콘텐츠만 있다면, 이 콘텐츠로 무언가를 계속 만들어갈 수 있다. 사람들은 콘텐츠를 소비하고, 콘텐츠를 소비함으로써 그 안에서 이야기하는 곳으로 이끌려 간다. 내가 계속 새로운 장사를 할 수밖에 없는 이유다.

8

무엇이든
도움을 받고 시작해라

내가 처음 장사를 시작할 때 가장 크게 한 실수가 있다면, 바로 전문가의 조언을 받지 않은 것이다. 이에 현재 나는 무언가를 실행할 때 무조건 돈을 지불하고, 전문가에게 상담하거나, 코칭 또는 컨설팅을 받는다. 유튜브도 책을 통해 기본 지식을 익혔지만, 궁극적인 노하우나 기술, 운영 방향에 대해서는 전문가에게 도움을 받았다. 강의, 책 쓰기, 코칭 및 솔루션 제공하는 법, 비즈니스 프로그램 만드는 법 등도 마찬가지다. 모두 전문가의 도움을 받았다. 내가 이렇게 한 이유는 딱 하나다. 도움 없이 일을 벌였다가 실패하는 경험을 여러 번 해봤기 때문이다.

장사 분야의 콘텐츠를 만들면서 자연스럽게 많은 자영업자를 만나 보니, 이 시장은 큰 구멍이 존재했다. 전문가의 조언을 전문가의 조언 으로 받아들이지 않는다는 것이었다. '장사'라는 어감 때문일까. 아니 면 일상에서 커피를 마시고, 식사하며 흔히 접하는 카테고리의 비즈 니스여서일까. 조금은 쉽게 생각하는 듯하다.

나는 1년에 200여 명의 사장님을 만난다. 세미나를 통해서도 만나 지만, 개인 상담으로 만나는 경우도 많다. 그들을 만나 내가 하는 일 은 허황된 계획을 실질적인 계획으로 바꿔주는 것이다. 수억 원을 들 여서 시작하려는 창업을 절반의 금액으로 쪼개어 창업할 수 있게, 혹 은 아예 창업의 희망을 산산조각 내는 경우도 있다. 누가 봐도 하면 안 되는 장사를 하려는 게 눈으로 보이는데, 말리지 않을 수 없다. 한 번은 지금은 저물었지만, 꽤 유명한 브랜드 카페를 권리금 8,000만 원 에 계약한 분이 세미나에 왔다. 상황을 듣고 선택해서는 안 될 매장을 인수한 것을 알게 됐다. 하지만 나는 아무 말도 하지 못했다. 이 매물 이 좋은지, 계약을 진행해야 할지 말아야 할지에 대한 고민이 아니었 기 때문이다. 부푼 희망을 안고 앞으로 장사를 잘할 수 있도록 도움받 고자 그 자리에 참석한 그에게 "이 계약 다시 생각해보세요."라는 말 이 나오지 않았다. 세미나를 마치고 돌아가는 길에 상권 전문가와 대 화를 나눴다. 상권 전문가가 먼저 "그분 어떡하죠?"라고 물었다. 나 는 "지금 우리가 말하는 게 오히려 더 이상할 거 같아요."라고 답했다. 그렇게 그분은 인수 창업을 했다. 이미 계약하고, 잔금 치르기 직전에 만난 상황에서는 할 수 있는 것이 없었다. 핑크빛 미래만 꿈꾸는 사람에게는 그 어떤 말을 하든 귀에 들어오지 않을 게 분명하기 때문이다.

솔직히 말해 나는 전문가가 아니다. 장사 경험도 5년밖에 되지 않는다. 그저 콘텐츠를 만들면서 수많은 자영업자와 성공한 사람들을 만나면서 느낀 인사이트와 업계의 여러 정보를 수집해 콘텐츠화할 뿐이다. 이로써 전문가에 버금가는 시야와 통찰을 갖게 된 듯하다. 나에게 조언을 구하려는 이유도 바로 이러한 나의 활동에서 비롯된 것이라고 생각한다. 이것이 콘텐츠 크리에이터의 가장 큰 장점이지 않을까 싶다. 또한 부족한 부분을 채워줄 수 있는 프로젝트팀도 존재한다. 상권을 점검해주고, 인테리어를 맡아주는가 하면, 메뉴 역시 A부터 Z까지 완벽하게 구성해준다. 그래야 마음이 놓이기 때문이다.

장사에 있어서 전문가와의 상담이 비용 낭비라고 생각하는 사람들이 있다. 변호사 상담비도 시간당 10~30만 원, 많게는 100만 원까지 설정되어 있다. 그런데 알고 보면 외식업계도 무시 못할 수준으로 상담비가 높다. 하지만 이렇게까지 돈을 들이지 않더라도 충분히 상담할 수 있다. 여러 관련 세미나 또는 박람회에만 참석하더라도 전문가의 조언을 얻을 수 있다. 경력 10~20년 차의 베테랑은 물론 각 업종의 고수가 자리 잡고 기다리고 있다. 그들에게 작은 통찰만 얻더라도, 긍정적인 방향으로 사업 전개가 가능하다. 그런데 아이러니하게도 실제 세미나에 참여하는 사람들은 초보자이기보다 대체로 관련 정보에 이해도가 높은 경우가 많다. 이해도를 더 높이기 위해서 방문하고, 정보 교류의 목적도 있다. 내가 창업할 당시 이런 세미나가 있었다면,

당장에 참석했을 것이다. 그때는 이쪽 시장을 몰라도 너무 모르고 덤볐다.

　전문가들은 편향된 시각을 벗어난 정보를 매일 습득하고, 내 것으로 만든다. 그리고 각자에게 맞는 업종을 추천하기도 하고, 새로운 아이템을 이야기해주기도 한다. 그들이 받는 그 상담 비용은 결코 비싼 게 아니다. 시간을 함축해서 나의 시행착오를 줄여주기 때문이다. 적어도 업계 경험자 5명 이상의 이야기를 들어보고, 전문가의 조언을 받으면, 마인드도 달라진다. 요즘은 온라인에서도 쉽게 상담이 가능한 클래스도 많다. 시간과 돈이 아까워 만약 내가 선택할 분야에 대한 강의도 듣지 않고, 조언도 무시한다면, 큰 실수하고 있는 것이다. 시간과 돈을 절약해주는 개념으로 전문가에게 조언을 듣는 건 옳은 판단이다. 결정은 그 뒤에 해도 좋으니, 다양한 의견을 꼭 들어봤으면 한다.

나는 꿈이 없는
복학생이었다

6년간 교제하던 친구가 있었다. 그런데 전역 후 그 친구와 결별했다. 아니, 차였다. 이유는 너무 오래돼서 잘 기억이 나지 않지만, 아마도 '미래에 대한 불투명' 때문이 아닐까 추측해본다. 그도 그럴 것이 당시 그 친구는 대기업에 다니고 있었고, 나는 지방대 복학생으로 별다른 꿈 없이 허송세월을 보내고 있었다. 그렇게 나의 허송세월에는 시련의 아픔이라는 고통까지 더해졌다. 매일 술을 마시고, 자책하면서 시간이 지나가기만을 바랐다. 그러면 안 되는 걸 알았지만 '시간이 약'이라는 말을 그때는 너무나 믿고 싶었다.

그때까지만 해도 살면서 인생의 목표와 꿈을 생각해본 게 아주 어린 시절을 제외하면 없었던 것 같다. 흔히 이야기하는 장래 희망도 인생의 목표 또는 꿈이라고 쳐준다면 말이다. 다들 군대를 갔다 오면 철이

든다고 하는데, 나는 그렇지 않았다. 뭘 해야 할지 몰랐으며, 앞으로 어떻게 먹고 살아가야 할지 막막하다 못해, 아무런 생각이 없었다. 중요한 건 내 주변 친구들도 비슷비슷해 보였다. 환경이 문제였던 걸까? 아니다. 마인드의 차이, 배움의 차이라는 걸 지금에 와서 깨달았다. 누군가가 나에게 가르쳐주지 않아서이기도 하지만, 기본적으로 내가 알고자 하지 않았다.

전문대를 졸업하고 처음으로 취업한 곳은 컴퓨터를 가르쳐주는 곳의 방문 교사였다. 월급은 정확히 기억나지 않지만, 기본급이 100만 원 미만이었고, 나머지는 인센티브라 그리 많지 않았다. 지금 돌이켜보면 좋은 경험이었지만, 그때는 생각 없이 일했다. 두 번째 직장은 두 명의 교수님이 창업한 작은 유학원이었다. 이때 많은 걸 배웠다. 유학원과 여행사 업무를 병행하는 회사였는데, 온라인 마케팅, 커뮤니티 운영, 비즈니스 미팅, 협업 제안 등 다양한 분야의 일을 배우고 직접 실행했다. 세 번째 직장은 유학원 회사 문을 닫으며, 교수님이 소개해준 서울 소재의 치과 전문 미디어 회사였다. 국내에서는 치과 전문 콘텐츠를 만들었고, 필리핀에서는 큰 어학원과 여행사, 치과병원, 마사지 숍 등 여러 사업체를 운영하는 꽤 알짜배기 기업이었다. 아마, 내 인생에서 장사 다음으로 무언가를 많이 배운 건 이 회사이지 않을까 싶다. 미디어가 이 회사의 뿌리여서 치과 전문지 기자, 여행사 잡지 팀장으로도 활동하면서 글쓰기 능력을 키워준 회사이기도 하다. 특히 필리핀으로 파견 근무를 3년 정도 다녀온 다음에는 크게 성장했음을 스스로도 느꼈다. 덕분에 나에게는 늘 기억에 남는 곳이다.

이 외에도 몇몇 직장 스토리가 있지만 내가 말하고 싶은 것은, 평생 인지하지 못하는 방황을 너무 오래 했다는 것이다. 한마디로 많은 사람이 이야기하는 '살아가는 대로 살아지는 것'이 내 삶이었다. 너무나 창피한 이야기이지만, 실제로 그랬다. 지금 내 모습이 될 수 있었던 것은, 운 좋게도 창의적인 일을 하는 회사로 거듭 이직하면서, 뇌 근육이 발달함으로써 가능했다고 믿는다. 물론 당시에는 몰랐다. 내가 그랬듯 많은 사람이 이런 인생을 살고 있다. 나도 경험해봤기 때문에 이게 얼마나 시간 낭비인지 알고 있다. 만약 내가 5년이라도 아니 단, 3년이라도 삶의 목표를 세우고 사는 것이 큰 이득이라는 걸 알았다면, 좀 더 빨리 이런 책을 썼을지도 모른다. 지금 내 나이 40살. 늦어도 한참 늦은 나이이다. 다만, 마음을 고쳐먹어야 한다는 사실도 알고 있어서 실행에 옮기고 있다.

꿈이 없던 복학생 시절, 매일 놀고먹으면서 등록금을 탕진(?)했다. '정 먹고 살 게 없으면 공장이나 가지.'라고도 생각했다. 참 어리석었고, 반성해야 할 마음가짐이다. 이런 마인드로 10년 이상을 이어왔다고 생각하면 아찔하다. 왜 배우려 하지 않았을까? 왜 시간 많은 복학생 시절에 놀기 바빴을까? 뭐가 그리 신나서 매일 친구들과 게임하고 술을 마셨던 걸까? 함께했던 내 친구들을 비판하려는 건 아니다. 여전히 내게는 좋은 추억이니 말이다. 그저 깨닫지 못했던 그때의 내 모습을 뉘우치는 것이다. 술을 마시더라도 내가 할 일을 한 후에 마셨어야 했고, 아까운 시간을 의미 없이 흘려보내는 것이 아니라 목표를 세우고, 체크리스트를 하나하나 지워가며 살았어야 했다.

그래도 복학생 때 그나마 잘한 것을 꼽자면 교환학생으로 중국에 6개월 코스로 연수를 다녀온 것이다. 그때 목표도 분명했다. 바로 '중국 사람과 일상 대화를 하는 것'으로 때문에 집중할 수 있었다. 작은 목표였지만 성취하고 나니 뿌듯했고, 기분이 좋았다. 그 좋은 기억이 발판이 되어 필리핀까지 갈 수 있었다고 생각한다. 그리고 나는 필리핀 파견 근무를 하는 3년 동안 다양한 사람이 다양한 경제 활동을 하고, 다양한 삶을 살고 있음을 현장에서 목격하면서 돈으로도 살 수 없는 경험을 했다.

　　요즘은 하루의 목표가 있다. 아니, 시간별로 목표가 세분되어 있다. 그래서 잠자리에 들기 전에는 '내일 무조건 해야지.' 다짐하는 일이 한 가지 이상은 있다. 그러면 일어나자마자 그 일을 하고 있는 내 모습을 볼 수 있다. 이 책 역시 매일 아침 하루하루 목표를 세우고, 원고를 쓴 덕분에 출간할 수 있었다. 복학생 때의 허송세월을 반복하고 싶지도 않고, 후회하기 싫어서 늘 작은 목표라도 세우고 달성하려고 노력하는 중이다. 많은 사람이 나와 비슷한 삶을 살아왔을 것이다. 그리고 아직도 그렇게 살고 있는 사람이 많이 보인다. 이야기해주고 싶지만, 이제는 그러지 못하는 나이가 되어버렸다. 아니, 이야기해줄 수는 있지만 꼰대가 될 것 같다. 더욱이 예전의 나를 떠올려보면 아무것도 귀에, 눈에, 몸에 느껴지지 않음을 잘 안다. 그저 내가 쓴 한 문장 한 문장이 그들의 마음에 조금이라도 전달되길 바랄 뿐이다.

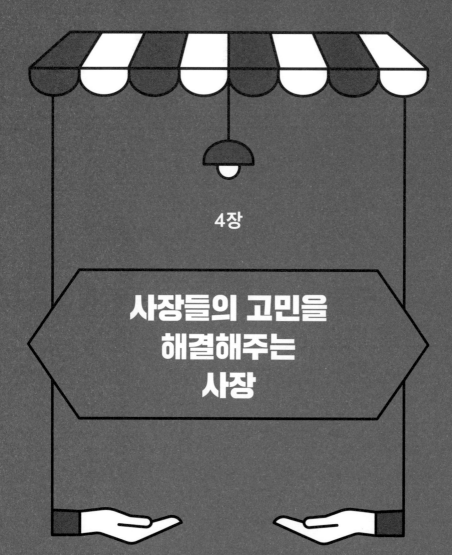

4장

사장들의 고민을
해결해주는
사장

1

문제는
객관식으로 풀어라

상담을 요청해 어떤 문제점이 있는지 점검하러 가면, 대부분이 이미 해결 방안을 알고 있는 경우가 많다. 그럼에도 시간과 돈을 들여, 새로운 방법을 찾으려고 한다. 다시 말해, 스스로 알고 있지만 확신을 갖지 못해 주저하고 있다.

2개의 대형 프랜차이즈를 운영하는 한 사장님을 알게 됐다. 가맹점주이다 보니, 개인 브랜드를 갖고 싶어 대만 요리 전문점을 오픈했다. 그런데 한눈에 봐도 매력이 없었다. 맛 역시 현지식을 강조한 나머지, 한국인 입맛에도 맞지 않았다. 그것이 가장 큰 문제였다. 매장을 오픈하게 된 과정이 궁금해 물어보니, 어느 모임에서 만난 대만 사업가를 통해 메뉴를 컨설팅 받았다고 했다. 전형적인 수법으로 접근한 유통 업자에게 사업의 핵심을 맡겼던 것이다. 대부분의 유통업자는 유통만 을 하지 않는다. 납품받는 사람에게 고객을 소개하기 위해, 부수적으 로 메뉴 컨설팅을 함께하기도 한다. 이때 제대로 된 컨설팅을 해주는 경우도 있지만, 아닌 경우도 있어서 정확하게 알아본 후 컨설팅을 받 는 것이 좋다. 더욱이 메뉴는 웬만하면 해당 메뉴를 판매해 본 경험이 있거나, 셰프 출신의 '팔리는' 음식을 만들어본 경험이 있는 사람에 게 부탁하는 것이 맞다. 왜냐하면 유통업자는 자기가 취급하는 식재 료 조합으로 만든 메뉴를 중심으로 권하기 때문이다. 만일 의뢰한다 고 하더라도 참고만 하는 것이 좋다. 이러한 사정을 몰랐던 그 사장님 은 유통업자에게 모든 것을 맡겼다고 했다. 인테리어부터 시작해 식 자재, 메뉴, 심지어 점장까지 소개받아서 장사하고 있었다. 그리고는 프랜차이즈로 벌어들인 돈을 개인 매장에 고스란히 갖다 바쳤다. 맛 부터 개선하고, 고객을 천천히 늘려가야 했지만, 맛을 개선해야 한다 는 확신을 갖지 못해 폐업했다.

문제 파악을 했음에도 확신이 들지 않는다는 말에 의아할 수 있다. 그런데 외식업에서 의외로 이런 경우가 많이 생긴다. 이유는 문제도 해답도 주관식이기 때문이다. 한마디로 스스로 내린 문제점도 주관식 이고, 조언하는 사람의 말도 주관식으로 들려 행동으로 옮기기 어려 운 것이다. 〈백종원의 골목식당〉에서도 이런 경우를 자주 봤다. 국내 최고 솔루션을 제공하는 백종원 대표일지라도, 받아들이는 사장 입 장에서 '아닐 수도 있어.'라고 생각하면 방법이 없다. 해결 방안이 수학 정답처럼 분명하다면 좋으련만, 그렇지 않은 데서 오는 벽이다. 여기서 명심해야 하는 부분이 있다. 우리는 각자 우리 가게에 대해 너무 잘 알고 있다는 사실이다. 어디가 문제이고, 무엇을 바꿔야 하는지, 그리고 어디서부터 잘못됐는지 아주 정확하게 파악하고 있다. 다만 확신이 없을 뿐이다.

장사를 잘하는 사람들은 이런 문제점들에 대해서 객관성을 부여한다. 그리고 작은 부분까지 세심하게 신경을 쓴다. 예를 들어 화장실이 더러운 식당이 왜 장사가 안되는지 객관적으로 판단해 청소를 열심히 하고, 심지어는 화장실 공사까지 한다. 하루에 한 팀이라도 매장의 화장실에 불만을 가진다면, 다시 올 손님도 오지 않는다는 것을 알고 있어서다. 하루 한 팀, 한 달이면 매달 30팀의 재방문 잠재고객이 오직 화장실 때문에 오지 않을 수 있으니, 무슨 수를 써서라도 청소를 깨끗이 하거나 고쳐놓는 것이다. 아주 객관적인 사고방식이다. 주관식으로 이 문제를 풀면 '화장실이 마음에 들지 않아서? 에이 설마.' 혹은 '화장실 때문에 안 오면 어쩔 수 없네.' 하며 대수롭지 않게 흘려버린다. 1년이면 300팀이 넘는 잠재 예비고객이 떨어져 나가는 행동인데도 방관한다.

맛에 문제가 있다면 맛을 개선할 수 있도록 도움을 줄 수 있는 사람에게 찾아가 배워야 문제점이 해결된다. 서비스가 문제라면 서비스를 개선할 수 있는 교육을 받아야 해결된다. 너무나 간단하지만 행동으로 옮기지 못한다. 가장 큰 이유가 비용 때문이고 시간 때문이다. 메뉴 하나 컨설팅받는 데 드는 비용이 대략 100~300만 원 수준이라면, 매장 오픈 전에 도움을 받아야 하지만, 대부분 중요하게 생각하지 않는다. 이는 식당의 본질, 핵심인 맛을 무시하고 창업하는 꼴이다. 서비스는 더욱더 뒷전이다. 재방문 고객의 절반 이상이 서비스가 마음에 들어서 온다는 사실을 안다면, 서비스에 투자하는 돈이 아까울까?

스스로 매장을 점검해보면, 문제점이 한둘이 아닌 걸 분명히 안다. 그렇지만 현실을 회피하고 싶은 마음에, 당장 지불해야 하는 돈이 아까워서, 컨설팅으로 해결된다는 보장이 없어서 등 여러 가지 이유로 바로 잡을 수 있는 기회를 잡지 않는다. 매장의 위치, 즉 상권이나 입지가 문제점이라면, 적용할 수 있는 방법이 제한적이다. 만일 그 외의 가장 중요한 맛과 서비스, 그리고 위생과 관련한 문제점이라고 판단되면, 객관적으로 바라볼 필요가 있다. 주관적인 사고방식은 절대 우리가 하는 사업에 도움이 되지 않는다. 그러니 아니라는 생각이 들면 당장 바꿔라. 부족한가 싶으면 과감하게 도입해라. 실행에 옮기는 자만이 살아남는다.

2

경쟁점은
성장의 발판으로 삼아라

　　　　　　　　장사를 하다 보면 필연적으로 경쟁점이 등
장하게 된다. 혹은 이미 경쟁자가 있는 상태에서 매장을 오픈하게 된
다. 그리고 다들 경쟁점이 우리 가게보다 늘 장사가 잘된다고 느낀다.
분명히 우리 가게에 더 뛰어난 점이 있을 텐데도, 나도 모르게 열등감
이 생기고, 손님이 조금이라도 적은 날이면, 경쟁점으로 손님이 몰리
는 것 같은 기분이 들어 주눅까지 든다.

　경쟁점을 따라잡는 방법에는 여러 가지가 있다. 다만, 명심해야 할
것은 해당 경쟁점을 따라잡았다는 객관적인 수치를 알 수도 없고, 측
정하기도 어렵다는 사실이다. 순전히 폐업하는 걸 두 눈으로 직접 봐

야 '이겼다.'라는 생각을 하는 사람도 있다. 그런데 경쟁점이 한 군데 일까. 장사를 그만두지 않는 한 계속 생겨나는 것이 경쟁점이다. '피할 수 없으면 즐기라.'는 말이 있듯, 경쟁점을 좋은 매개체로 활용하면 어떨까.

나 또한 매장 오픈 3개월 만에 50m 거리에 경쟁점이 들어왔다. 대체로 내가 매장을 오픈하기 전부터 있었던 가게보다, 새로 생긴 매장에 경쟁점이라는 프레임이 씌우는 게 일반적이다. 다행히 우리 매장에서 눈으로 보이지 않는 위치였지만, 동네 상권이기 때문에 손님이 중복되는 건 어쩔 수 없었다. 열등감까지는 아니었지만 신경이 쓰여 '좋은 매개체'로 활용했다. 한마디로 동기부여와 같은 좋은 에너지로 탈바꿈한 것이다.

경쟁점을 에너지원으로 사용하기 위해서는 명확한 기간을 설정하는 게 좋다. 나는 그 기간이 6개월이었다. '6개월 안에 내가 저 매장을 따라잡는다.'라는 목표를 세웠다. 그리고 하나하나 분석했다. 경쟁점의 주메뉴를 파악하기 위해 방문도 하고, 직접 먹어보기까지 했다. 내 입맛에는 맞지 않았지만, 맛있다고 평가하는 사람이 꽤 있었다. 그래서 원인을 다시 분석했다. 그 결과, '젊은 손님에게 더 친절하고, 서비스를 많이 챙겨준다.', '친구처럼 다가간다.'는 특징이 있음을 알 수 있었다. 이에 나는 톤 앤 매너를 지키는 매장으로 포지션을 결정했다. 메뉴에서도 양보다, 맛으로 승부하려고 노력했으며, 은근히 챙겨주는 일명 '츤데레' 스타일로 단골을 늘려갔다. 그에 더해 블로그, 인스타그램 등 SNS에 올라오는 경쟁점 후기를 모조리 찾아보면서 예의주시했다. 결론적으로 6개월 후 경쟁점은 더 이상 경쟁점이 아닌, '우리 매장이 문을 닫으면 가는 가게'가 됐다. 열등감을 에너지로 불태우고, 스트레스를 원동력으로 바꾼 사례다.

동네 장사에서의 경쟁점은 바로 옆 가게가 될 수도 있고, 앞 가게가 될 수도 있다. 늘 마주쳐야 하고, 같이 술도 마시며 호형호제하는 관계로까지 발전하기도 한다. 그런데 끝까지 의식하고 열등감을 가지면, 바람직하지 못한 관계가 될 수 있다. 그러므로 나처럼 처음에는 열등감을 느끼더라도, 스스로 감정을 컨트롤하면서 벗어나야 한다. 그게 아니면, 그 무리에서 떠나 장사하는 게 맞다. 또 장사하는 사람끼리 어울리다 보면, 그 사이에서도 열등감을 가지는 사람이 생겨날 수 있으므로 조심해야 한다. 결국, 경쟁점을 어떻게 받아들이느냐는 마음의 문제이기 때문에, 기간을 정해놓고 스스로 노력하면서 불타오르는 감정을 충분히 좋은 에너지로 활용할 수 있다. 이로써 발전하는 계기가 되기도 하니, 경쟁점이 생기는 것이 나쁜 점만 있는 것은 아니다.

한편, 열등감을 유발하는 가게도 많다. 동네 사장들과의 관계에 있어서 고민을 가진 여러 사람을 관찰하고 상담하면서 깨달았다. "우리 집이 장사가 잘되니 질투하는 것 같아요."라는 말을 들을 때가 있는데, 내가 바라보는 관점에서는 아니다. 그럴 때는 스스로 우월감에 빠져 열등감을 심어주는 실마리를 꾸준히 제공하는 경우가 대다수다.

가령, 누가 봐도 옆 가게에서 신경 쓰일만한 가격 할인 이벤트를 한다든지, 소란스러운 음악을 틀어놓고 호객 행위를 한다든지, 대내·외로 사장을 포함해 직원들이 다른 가게를 험담하고 다닌다든지, 다른 가게에서 싫어할 만한 행동을 하고 있었다. 동네 가게들과 아주 가깝게 지낼 필요는 없지만, 우리 매장에 대해서 열등감을 느끼게 할 필요도 없다. 그 요소들이 결국은 부메랑으로 돌아오는 경우가 많고, 겹겹이 쌓인 오해는 하루아침에 없애기도 힘들다.

경쟁점을 6개월 안에 따라잡는다는 결단은 우리 매장을 더욱더 경쟁력 있게 만든다. 6개월이라는 기간은 충분히 매장을 바꿀 수 있는 기간이기도 하다. 다시 한번 말하지만, 객관적인 수치로 경쟁점을 따라잡는 건 불가능하다. 단, 내 마음속의 경쟁점 포지션이 우리 가게보다 더 아래에 위치할 수 있도록 우리 매장이 바뀐다면, 경쟁점을 따라잡았다고 할 수 있다. 매장을 폐업할 때까지 경쟁점은 언제, 어디에서 나타날지 모른다. 그때마다 딱 6개월만 고생한다고 생각하자. 그리고 마인드 컨트롤을 통해 경쟁점을 따라잡아 보자. 그 경험이 쌓이면, 경쟁점이 생겨도 '땔감'이 도착했다는 마음을 가지게 되는 날이 올 것이다.

3

마케팅 무기는
스스로 만들어라

　　　　　　　　주위를 보면 온라인 마케팅을 하지 않는
사장님이 없을 정도로, 대다수의 매장에서 매달 많은 마케팅 비용을
지출하고 있다. 마케팅을 하는 것과 하지 않는 것에는 매출에 큰 차이
를 보이므로 꼭 필요하지만, 마케팅에 지출하는 비용을 '어쩔 수 없는
금액'으로 생각하는 분이 많다. 또 지불하는 금액만큼 효율이 있는지
도 모른다. 필요성은 느끼지만 제대로 운영을 하고 있는 것인지 확인
도 하지 않고 투자하는 것이다. 특히 외부에서 걸려 온 연락으로 마케
팅 계약을 할 때는 대부분 사기 아닌 사기를 당한다. 효력 없는 곳에
정보를 노출해두고는, 돈을 받아 가기 때문이다. 그것도 아주 비싼 금
액에, 장기 계약으로. 그런 사장님들을 만날 때마다 안타깝다.

아마도 블로그 체험단이 가장 흔한 온라인 마케팅일 것이다. 누구든 한 번쯤은 진행해본 경험이 있으리라 생각한다. 그리고 업체를 통해 몇 번 경험한 다음, 방식을 익혀 직접 모집해 진행해보면, 상당한 비용이 절감된다는 사실을 알게 된다. 직접 진행할 때, 가장 큰 어려움은 체험단 모집인데, 최근에는 카카오톡 오픈 채팅방을 통해 신청폼만 잘 구성해두면, 충분히 많은 체험단을 받을 수 있다. 신청 폼 작성이 고민이라면, 이 또한 걱정할 필요 없는 것이 대행업체의 양식을 빌려오면 된다. 이런 부분이 해결되면 직접 진행하는 블로그 체험단은 장점이 많다. 내가 원하는 블로거를 선택할 수도 있고, 대행사를 통할 때보다 최대 10배 이상의 비용을 아낄 수 있다. 그러니 장기적으로 블로그 체험단을 운영할 계획이라면, 직접 하는 것이 여러모로 이익이다. 대행사에서 우리 매장만 특별히 신경 써주지 않기 때문에, 블로거의 성향, 블로그 지수 등을 파악해서 내가 선택하고, 내가 세부적인 사항에 대해 주문하면 만족할 만한 후기를 많이 누적할 수 있다. 사실, 모집부터 실행까지 제대로 하지 못하는 이유는 한번도 해보지 않았기 때문이다. 하지만 한 단계, 한 단계 실행해보면 충분히 가능하다. 만약 오픈 채팅방에서 직접 모집이 힘들 경우, 체험단 관련 플랫폼이나 카페도 있으니, 그곳을 활용하면 된다. 이미 많은 블로거가 포스팅 주제를 찾기 위해 해당 플랫폼에 모여 있다.

직접 블로거들을 선정해 진행할 경우 유의해야 할 부분은 딱 하나다. 바로 타깃 설정이다. 타깃 설정을 제대로 하지 않으면, 의도와 다른 방향의 글이 올라올 수 있다. 그렇기 때문에 여러 타깃 군을 설정해놓고 해당 타깃을 대상으로 하는 키워드로 글을 올리는 게 좋다. 예를 들면 데이트 장소를 찾는 20대, 친구와 맛집 찾아다니는 30대, 가족 외식을 원하는 40대, 포장해서 집에서 혼술을 즐기는 직장인 등 여러 가지 테마와 타깃을 정하면 훨씬 더 높은 전환율을 이끌어낼 수 있다.

마케팅은 순전히 노출이 많이 된다고 해서 답이 아니다. 그 노출로 인해서 실질적인 매출이 일어나야 한다. 하지만 노출이 곧 매출이라는 생각에 기자단을 수백 명씩 섭외해, 폭탄 포스팅을 하는 사람이 있다. 분명히 말하지만 큰 효과 없이 비용만 지출하게 된다.

블로그 체험단 외에도 온라인에서는 네이버 카페 침투 마케팅이 동네 매장에서는 큰 전환율을 보인다. 누군가에게 부탁하기보다는, 직접 네이버 아이디를 몇 개 만들어서 진행해보면, 바로 체감할 수 있다. 지역 카페라서 거주지 타깃 군이 명확하고, 신뢰 있는 게시글로 인해서 당장에 방문하지 않더라도, 주말을 이용해 방문하려는 잠재고객을 많이 만들 수 있다. 실제 맘카페를 통한 침투 마케팅은 여러 대행사에서 추천하는 외식업 마케팅의 한 종류이다. 단, 센스 있는 글이 필요하며, 한 아이디로 장기간 오래도록 사용하려면, 노골적으로 광고하면 안 된다. 정보글도 적절하게 올려주면서 간접적인 홍보를 해야 한다. 예를 들면 우리 가게와 경쟁 관계가 아닌 다른 업종의 매장 소개를 하거나, 지역 관련 정보글을 공유하면서 소통하면 운영진 입장에서도 싫어하지 않는다. 이 아이디는 나의 또 다른 마케팅 무기가 되고, 가끔씩 작성하는 글로 인해 자연스레 홍보되는 것이다.

이런 직·간접 마케팅은 하나하나 신경을 써야하므로, 귀찮다는 이유로 하지 못하는 경우가 많다. 그런데 우리가 생각해봐야 하는 건, 그 대신 다른 무언가를 하고 있는가에 대한 부분이다. 정말 가만히 앉아서 손님을 기다리는 건 이제 멈춰야 한다. 아무것도 몰라도, 심지어 네이버 카페에 가입하는 법조차 몰라도 그것부터 시작해야 하는 게 기본이다. 사장님 스스로 블로그를 운영하는 사람들도 적지 않다. 지역 카페에서 왕성한 활동을 하면서, 매출을 올리는 사람도 아주 많다. 그런데 이런 외부 활동을 전혀 하지 않고, 매장의 매출 상승을 바란다면, 도둑놈 심보다. 그게 아니라면 맛에 있어서 높은 자신감을 가졌거나. 그러니 한 번이라도 시도해보고, 핑계 대야 한다. 마케팅 무기를 가지고 있는 사람과 없는 사람은 모든 일을 할 때 큰 차이를 보인다. 마중물도 스스로 만들 줄 알아야 장사도 오래 할 수 있는 법이다.

4

타깃 좁히기
vs 타깃 넓히기

나는 타깃을 좁히라는 이야기를 자주 한
다. 왜냐하면 타깃 설정을 제대로 하지 않으면, 두고두고 여러 가지
문제가 발생하기 때문이다. 모든 시스템을 만들어가는 과정에서 타깃
이 명확하지 않으면 늘 우왕좌왕 할 수밖에 없다. 이건 모든 장사에서
마찬가지다. 그리고 신메뉴 또는 신제품을 출시하거나, 매장에 변화
를 줄 때에도 타깃이 명확해야 한다. 그렇지 않으면 운영 자체가 점점
더 산으로 가는 걸 느낄 수 있다. 다만, 타깃을 넓혀야 하는 순간도 찾
아온다. 바로 신규 손님을 유치할 때이다. 기존 타깃에서 아주 살짝만
방향을 틀어도 새로운 시장이 보이고, 그곳에서 적지 않은 신규 손님
을 유치할 수 있다.

우리 매장 앞을 지나다니지만, 한 번도 방문한 적이 없는 가망 고객. 즉, 우리 매장을 이미 인지하고 있는 사람 중 3%는 매장 외관이나 메뉴 사진이 매력적이지 않기 때문에 문을 열고 들어오지 않는다. 또는 주변 지인들로부터 좋은 평가를 듣지 못해서 여태 방문하지 않은 것이다. 이들은 우리 매장에 대한 이야기를 듣게 되면, 방문할 수 있는 가장 확실한 잠재고객이다. 다만, 우리 매장이 어디에 있는지 존재조차 모르는 사람들이 있다. 이 사람들은 3%가 아닌 97%에 속한다. 다시 말해, 우리 매장을 전혀 모르는 사람이 그만큼 많다는 얘기다. 여러 사장님과 이야기를 나누다 보면, 마케팅을 단골에만 집중하는 경우가 많다. 그것이 잘못됐다는 것이 아니다. 단골은 우리 가게에 아주 큰 영향력을 미치는 중요한 대상임은 분명하다. 그런데 1만 세대 이상 상권에 위치해 있다면, 1만 명의 사람이 우리 매장의 존재를 알고 있는지, 알고 있지만 왜 방문하지 않는지, 아예 존재도 모르는지 점검해봐야 한다. 아마 97%의 사람은 우리 매장의 존재를 모르고 있을 것이다. 그렇다면 어떤 식으로 97%의 잠재고객에게 우리 매장을 알려야 할까.

우리 매장을 알리는 가장 좋은 방법은 오프라인이 아닌 온라인이다. 오프라인의 경우, 우리 매장 앞을 매일 지나다닌다면, 매장의 존재를 알고 있을 것이다. 현수막을 걸든, 행사를 하든, 다양한 퍼포먼스로 유입시키는 게 가능하다. 하지만 온라인은 그렇지 않다. 우리 매장이 어디에 있는지 모르는 사람이 더 많다. 같은 동네에 살면서 97%의 사람이 우리 매장을 모른다는 건, 정말 소름 돋는 일이다. 그런데 광활

한 온라인에서 다른 동네 이야기가 아닌 '우리 동네 가게'에 대한 정보를 만나면, 관심을 가질 수밖에 없다. 심지어 검색까지 해본다. 2층에 있든, 5층에 있든, 산 중턱에 있든, 온라인에 노출된 내가 살고 있는 동네 가게는 사람들의 궁금증을 자아낸다. 아래는 내가 가장 추천하는, 그리고 당장 할 수 있는 온라인에서 매장을 알릴 수 있는 3가지 방법이다.

첫째, '네이버 스마트 플레이스 광고'다. 네이버 스마트 플레이스, 즉 지도 영역에 우리 매장이 등록되어 있는 건 당연할 것이다. 만약 이것조차 신경 쓰지 않았다면, 장사할 자격조차 안 된다고 할 만큼 우리 매장을 알리는 데 가장 중요한 수단 중 하나이다. 네이버 스마트 플레이스에는 광고를 따로 할 수 있다. 사람들이 자주 찾는 키워드로 우리 매장을 플레이스 상에서 상위 노출하는 개념이다. 물론, 사람들이 많이 검색하는 지역명+맛집 키워드로는 아무리 광고라도 상위 노출하기 힘들 수 있다. 그렇기 때문에 경쟁력 높은 키워드는 제외해야 광고비를 아낄 수 있다. 누구나 다 등록하는 키워드는 아예 노출이 안 되는 경우도 많다. 여기서는 오히려 타깃을 좁혀야 한다. 역설적이지만 97%의 고객에게 우리 매장을 인지시키기 위해서는 키워드 타깃을 줄여야 노출 확률이 높다.

둘째, '네이버 지역 소상공인 광고'다. 네이버 스마트 플레이스와 마찬가지로 노출함으로써, 실제 우리 동네 사람들이 인지할 수 있으면 좋다. 우리 동네에서 네이버 콘텐츠를 이용하는 사람들에게 노출

되므로, 관심도는 올라가기 마련이다. 플레이스보다 광고비도 저렴하다. 꾸준히 노출하다 보면, 서서히 동네 주민들에게 인지된다. 결국, 그들은 잠재고객 반열에 오르게 된다. 우리의 목표는 매장의 존재를 알리는 것이기 때문이다. 이 광고로 손님이 방문했다, 안 했다를 따질 수는 없지만, 한 번만 방문해도 광고비는 뽑고도 남는다. 인지에 초점을 맞춰 이미지, 광고 카피를 정하는 게 중요하다.

셋째, '인스타그램 스폰서 광고'다. 네이버와 마찬가지로 지역 타깃을 설정해 노출하는 방법이다. 수많은 SNS 가운데 네이버와 인스타그램 사용률이 가장 높으므로 적절히 활용하면, 지역 주민에게 인지시키기에 큰 도움이 된다. 우리가 인스타그램을 하다 보면, 피드에 뜨는 사진 대신, 광고성 이미지가 뜨는 경우를 본다. 보통 기업이 하는 것으로 생각하는데, 일반 매장에서도 할 수 있다. 지역 케이블에 음식점 광고가 나오거나, 동네 문구점, 헬스장 광고가 나오듯이 인스타그램도 똑같다. 인지시키기에는 더할 나위 없이 좋은 광고 전략이므로 오프라인 장사를 한다면, 한 번쯤 이용해 볼 만한 광고 방식이다.

타깃을 좁히는 건, 특정한 서비스를 기반으로 하는 소규모 기업이 행해야 하는 전략이다. 다만, 동네에서 장사하는 오프라인 매장들은 타깃을 함부로 좁히면 안 된다. 단골 관리는 철저히 해야겠지만, 우리 매장을 인지하지 못하고 있는 동네 사람에게 알리는 작업이 병행되어야 매장을 차린 보람을 느낄 수 있다. 오프라인 매장을 차리는 이유는, 마케팅에 있어서 훨씬 더 우위를 선점할 수 있기 때문이다. 그러니 지나가는 사람 모두가 잠재고객 가능성이 될 수 있다는 점을 적절히 활용해야 한다. 그렇지 않으면 오프라인 매장 1/10의 금액으로 창업하는 온라인 매장과 마케팅에 있어서 크게 다를 게 없다. 우리 매장이 있다는 걸 동네 모든 사람에게 알리고, 그중에 필요한 사람이 방문하게 하는 게 가장 무난한 오프라인 매장의 광고 기법이다. 노출만이 정답은 아니지만, 우리 동네에 1만 명이 있는데 300명만 우리 매장을 알고 있다면, 얼마나 억울한 일이겠는가. 늘 매장을 알리는 방법을 연구하고, 실행에 옮겨야 하는 이유이다.

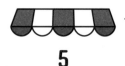

5

손님이 넘치게 하는
3가지 비결

　　　　　　　5년가량 주점을 운영한 적 있다. 7년이 훌쩍 넘었지만, 아직도 기억이 생생하다. 재미있는 것은 내가 느끼기에도 음식 맛이 그다지 뛰어난 것도 아니었는데, 언제나 손님으로 가득했다는 사실이다. 그것도 작은 동네의 아파트 상가에서 말이다. 이유가 무엇일까 곰곰이 생각해보니, 내가 반드시 지키는 3가지 덕분이었던 것 같다. 또 이것은 10년, 20년 아니 그 이상이 지나도 변하지 않을 장사의 원칙이라 확신한다. 이에 나는 개인 컨설팅과 유료 강의에서도, 항상 마지막에 이 3가지를 알려준다. 그만큼 장사에 있어서는 핵심적인 부분이다.

대부분의 사람은 좋은 아이템을 찾아, 이리저리 발품을 많이도 판다. 인터넷 서핑은 기본이고, 박람회를 찾는 수고로움도 마다하지 않는다. 어디 그뿐인가. 맛집이란 맛집은 죄다 탐방하고, 그곳의 레시피를 배우려고 안간힘을 쓴다. 심지어 거금을 들여서 여러 개의 레시피를 배우는 사람도 있다. 그런데 그렇게 만발의 준비를 해 오픈한 매장을 방문해보면, 지금부터 내가 이야기하려는 3가지가 쏙 빠져있다. 수백 군데를 가 봐도 상황은 비슷하다. 아마 이어지는 내용을 보고 뜨끔하는 분도 있을 수 있다. 그렇다고 실망할 필요는 없다. 나도 경험했던 것이고, 이번 계기로 스스로 점검해보는 것도 나쁘지 않을 것이다.

첫째, '인사'다. 지금 식상하다고 생각한 사람도 많을 테다. 하지만 가장 기본적인 것도 지키지 않는 매장이 참 많다. 나는 보통 매출이 떨어지거나, 폐업 위기에 놓인 매장을 주로 다니면서 시뮬레이션해본다. 내가 손님 입장이 되어보는 거다. 그런데 당연히 해야 할 인사를 하지 않아, 나를 씁쓸하게 하는 곳이 많다. 그리고 인사를 하더라도, 반가움이 느껴지지 않는 매장도 여러 곳이다. 외식업은 다른 영업장과 달리, 유입되는 고객 99% 이상이 구매 고객이다. 그러니 손님을 반갑게 맞이하는 건, 기본 중의 기본이라 생각한다.

'나는 인사 잘해.'라고 생각하는 사람도 있을 텐데, 본인만의 착각일 수도 있다는 걸 염두에 뒀으면 한다. 나 역시 인사를 잘하고 있다고 생각했지만, 한참 부족했고, 연습을 통해 변화했음을 고백한다. 그러므로 객관적으로 '내가 정말 반갑게 인사하는가.'를 돌이켜봐야 한다. 인사를 한다, 안 한다의 문제가 아니다. 하나 마나 한 인사는 안 하느니만 못하다. 예를 들어 다 기어들어 가는 목소리로 "어서 오세요……."라고 인사하는 곳과 에너지가 넘치는 목소리로 "어서 오세요!"라고 인사하는 곳 중 가고 싶은 마음이 드는 곳은 어디일까. 내가 이토록 인사를 강조하는 이유는 첫인상 때문이다. 수많은 사람이 첫인상으로 모든 걸 판단하는 '안 좋은' 습관을 갖고 있다. 내가 안 좋은 습관이라고 표현한 것은, 첫인상이 좋지 않아도 알면 알수록 좋은 사람이 있는데도 불구하고 외모, 옷차림, 말투 등에서 느낀 첫인상의 인식을 버리지 못하기 때문이다. 개인적인 느낌으로는 90% 이상, 첫인상에 비중을 두는 것 같다.

　매장도 마찬가지이다. 인사를 제대로 하지 않으면, 서비스 점수 90점이 날아가는 셈이다. 주방에 있더라도 직원이나 아르바이트생이 인사를 하면, 다 같이 인사해야 한다. 손님을 바라보며. 손님을 보지 않고, 기계적으로 인사하는 건 이제 그만해야 한다. 이 부분은 수많은 외식업 관련 도서에도 언급하고 있지만, 놓치는 사람이 많아 안타깝다.

　둘째, '미소'다. 나는 유튜브 운영 초창기에도 미소의 중요성에 대한 이야기를 많이 했다. 이를 단순히 외모로 이해하는 사람도 있는데, 아니다. 물론 얼굴이 예쁘고 잘생기면 손님들도 좋아한다. 그런데 미소는 별개다. 습관적으로 짓는 미소는 손님들에게 친근하게 다가갈 수 있는 좋은 무기가 된다. "장사하는데 미소까지 팔아야 해?"라고 버럭 화내는 사장님도 있었는데, 그분은 평소 표정도 화가 나 있는 듯했다. 그런 인상은 외식업에서 아니, 모든 인생에서 좋은 이미지로 남지 않는다.

그렇다면 어떻게 하면 될까? 반드시 교정해야 한다. 아름다운 미소는 연습으로 충분히 만들어낼 수 있다. 지구상에서 미소를 가장 잘 짓는 사람을 꼽으라면, 항공사 스튜어디스가 빠질 수 없다. 그런데 과연 처음부터 완벽한 미소를 지었을까? 아니다. 피나는 연습으로 탄생한 미소다. 설령 이 미소가 가짜라 하더라도, 이 미소로 인해 고객들은 친절함을 느낀다. 중요한 건, 미소 지을 때도 요령이 필요하다는 점이다. 너무 과하게 미소를 지으면 안면근육도 힘들고, 상대방도 부담스러울 수 있다. 그러니 입꼬리만 살짝 올릴 것을 권한다. 눈도 크게 뜨면 좋다. 이렇게 미소를 연습해야 하는 이유는, 표정은 자라온 환경에 따라서 영향을 많이 받으므로 습관으로 자리 잡기 어려워서다.

반갑게 맞이하는 인사에 미소가 더해지면 반은 먹고 들어간다. 같은 브랜드의 라면을 끓여줘도, 인사와 미소로 응대한 매장의 라면이 훨씬 맛있게 느껴질 수밖에 없다. 이것은 요즘 말로 '국룰'이다. 과학적으로, 심리학적으로도 수백 번 증명된 부분이다. 그런데도 놓치게 되는 이유는 너무 기본적이기 때문일 것이다.

셋째, '센스'다. 센스에도 여러 부류가 있으니 딱 하나만 말하자면, '손님이 원하는 걸 눈치껏 먼저 챙겨주는 센스'를 챙기라고 하고 싶다. 예를 들면 숟가락 떨어지는 소리가 들렸을 때, "손님, 다시 가져다

드릴게요."라거나 "떨어진 숟가락은 그대로 두세요. 제가 주울게요."
라고 하는 것이다. 곧바로 줍지 않더라도 제스처만이라도 취해라. 나
는 예전에 손님이 떨어뜨린 젓가락을 줍기 위해 테이블 아래에 기어
들어 간 적이 있는데, 그분은 이사를 간 뒤에도 우리 매장을 꾸준히
찾았다. 아마도 그때의 기억이 좋게 남은 듯했다. 맛이 뛰어나지도 않
은데, 먼 거리를 마다하고 방문했으니 말이다.

　손님들이 수저를 떨어뜨리기를 기다리라는 것이 아니다. 그런 상황
이 아니라도 센스를 발휘할 수 있다. 밑반찬이 모자라는 듯하면 "더
가져다드릴게요."라거나 "더 필요한 반찬 있으면 말씀하세요."라고
도 할 수 있다. 특히 잘 먹는 반찬은 먼저 챙겨주면 고마워한다. 생각
보다 반찬을 더 달라고 말하기 민망해하는 사람이 많다. 이러한 행동
은 조금만 관심을 기울이면 쉽게 할 수 있지만, 생각처럼 잘되지 않는
다. 사실 귀찮기도 하고, 먹고 남기면 '이것도 다 돈인데…….' 하는 생
각이 들어서다. 얼마 전 제주도로 가족여행을 갔을 때 이런 센스 있는
서비스를 받았다. 밑반찬이 떨어지면 가져다주고, 떨어지면 가져다주
고, 몇 번을 그렇게 했다. 눈치를 보아하니 본인들이 만든 음식이 맛
있어서 잘 먹는다고 뿌듯해하는 듯했다. 그 결과, 그 가게는 우리 가
족에게 기분 좋은 인상을 남겼고, 아내의 SNS에 칭찬 가득한 메시지
와 함께 공개됐다.

　반갑게 인사하고, 미소 지으며 미리 챙겨주는 일은 누구나 다 할 수
있는 아주 사소한 것이다. 그런데 자존심 때문에 못하기도 하고, 누구

처럼 고작 8,000원짜리 한 끼에 미소까지 팔아야 하느냐고 불쾌해하는 사람도 있다. 또 밑반찬도 다 돈이니 아끼자고 마음먹으면, 아무 것도 할 수 없다. 대부분의 사람은 사소한 것에서 감동도 받고 상처도 받는다. 그러니 식상하게 받아들이지 말고, 점검해봤으면 한다. 이 3가지만 잘 실천해도 맛이 형편없지 않은 이상, 단골은 물론 새로운 고객도 꾸준히 늘어나게 되어 있다. 또 단골이 되면, 이사를 하지 않는 한 고정적으로 찾는다. 대략 1년 동안 100번은 온다. 혼자만 오는 것이 아니다. 지인을 데려오고, 그 지인은 다른 지인을 데려올 확률이 높다. 인사, 미소, 센스는 눈에 보이지 않는 수치라서, 알고 있다 하더라도 간과하기 일쑤다. 방심하는 사이 자기도 모르게 인사도 하지 않고, 미소도 짓지 않으며, 밑반찬 많이 먹는다고 표정이 굳어 버린다. 그러면 일회성 손님만 받는 꼴이 된다. 단, 예외인 곳이 있다. 휴게소다. 휴게소는 오며 가며 들리는 곳이라 대부분 일회성 고객이다. 하지만 동네 장사, 사무실이 밀집된 곳이라면 위의 3가지를 꼭 명심해야 한다. 나의 경우도, 평범한 맛이었지만 손님이 끊이지 않은 비결이 인사, 미소, 센스였다고 확신한다.

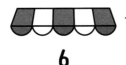

6

기버 vs 매처 vs 테이커 중
승자는?

지금부터 하는 이야기를 듣고 자아가 산산
조각이 날 수도 있다. 또 여태껏 생각했던 장사에 대한 개념이 바뀔
수도 있다. 그만큼 충격적인 내용이라 누군가는 이해 못할 것이다. 그
러나 나는 개인 코칭하면서 이 내용을 빠트리지 않고 말한다. 얼마 전
한 청년지원센터에서 진행한 강의에서도 처음 자영업을 시작하는 이
들에게 진심을 담아 전했다. 그들에게 가장 필요한 부분이라고 생각
해서다. 나는 이것이 모든 비즈니스를 함에 있어, 통용되는 것이라 확
신한다. 또 내가 존경하는 분들도 똑같이 이야기했다. 그래서 당신에
게도 꼭 알려주고 싶다.

'오버 딜리버리 스킬'이라는 말을 들어본 적이 있는가? 사실, 스킬이라는 단어를 붙일 정도의 거창한 것도 아니다. 그냥 많이 주면 되는 것이기 때문이다. 8,000원짜리 국밥을 판다면 9,000원, 1만 원을 되돌려주면 되고, 3만 원짜리 갈비찜을 판다면 4~5만 원을 되돌려주면 된다. 벌써 "아니, 이게 무슨 뚱딴지같은 소리야? 그럼, 뭐 먹고 살라고?"라는 소리가 들리는 듯하다. 하지만 마지막까지 들어보고 다시 이야기하자.

오버 딜리버리는 '받은 것보다 더 많이 돌려준다.'는 의미다. "내가 8,000원짜리 국밥을 파는데 9,000원을 어떻게 돌려줘?"라고 반문할 수도 있다. 그런데 가만히 생각해보면 국밥 가게에서 국밥만 파는 게 아니다. 만일 국밥만 판다면, 손님들은 사 먹지 않을 것이다. 다시 말해, 국밥이라는 메뉴 외에도 많은 것을 제공한다. 테이블도 있고 의자도 있다. 비가 오나 눈이 와도 먹을 수 있는 환경이 설정되어 있고, 따뜻한 미소로 맞이하면서부터 8,000원어치 서비스를 베푼다. 그뿐만이 아니다. 국밥과 함께 먹을 수 있는 김치와 깍두기는 기본이며, 국밥을 먹으며 이에 낀 고기를 제거할 수 있는 이쑤시개까지 준비되어 있다. 이처럼 오버 딜리버리는 손님이 계산하는 금액보다 더 많은 무형의 서비스를 주라는 것이다. 그것이 반가운 인사가 될 수도 있고, 따뜻한 미소가 될 수도 있고, 정겨운 말 한마디가 될 수도 있다. 내가 이렇게 이야기하면 "손님들은 말 붙이는 거 싫어해요."라고 한다. 맞다. 안타깝지만 사실이다. 그럼에도 손님과 대화해야 한다. 답변을 요구하는 대화가 아니라, 따뜻하게 미소 지으며 "깍두기 더 갖다 드릴게요."하는 것이다. 무뚝뚝한 손님은 속으로 '깍두기 더 안 먹을 건데⋯⋯.' 하고 남기고 갈 수도 있다. 하지만 아깝게 생각하지 말자. 그 손님은 다음에도 당신 가게를 찾게 되어 있다.

이쯤 이야기했으니 오버 딜리버리의 개념을 이해했으리라 믿는다. 실제 상품에 더해 더 큰 서비스를 제공하라는 것인데, 이는 무형의 형태를 판매하는 사람들에게 아주 익숙하다. 대표적으로 교육 사업을 예로 들 수 있겠다. 그들은 항상 수강생들에게 오버 딜리버리를 한다. 그 가치를 아는 덕분이다. 수강생들에게 넘치게 전달하면 입소문이 나는 것은 물론, 재수강 한다는 사실을 말이다. 내가 이 진실을 깨우친 건 순전히 아내 덕분이다. 줄곧 얘기했듯 아내는 교육 사업을 하는데, 언제나 오버 딜리버리하려고 노력한다. 지켜보는 입장에서는 참 답답했다. 흔쾌히 하면서도 힘들어하기 때문이다. 어제도 오버 딜리버리 하느라 자정이 다돼서 집에 돌아왔다. 그리고 오늘은 오버 딜리버리 한다고 2시간 일찍 출근했다. 그런 정성을 받는 사람이 모를 수 없다. 그래서 오버 딜리버리 하는 사람, 오버 딜리버리 하는 곳은 잘 될 수밖에 없다.

세상에는 기버(Giver), 매처(Matcher), 테이커(Taker) 세 부류의 사람이 있다. 말 그대로 베푸는 사람, 받은 만큼 주는 사람, 자기의 이익을 먼저 챙기는 사람이다. 이는 펜실베니아대학 와튼스쿨의 애덤 그랜트 교수가 쓴 『기브 앤 테이크(GIVE and TAKE)』에 자세히 나온다. 가게를 운영하는 사장이라면, 이 3가지 유형 중 어디에 속해야 할까? 정답은 기버다. 물론 무작정 주기만 하면 망한다. 그렇다고 받은 만큼만 돌려주면 성과가 없다. 먼저 주기만을 기다리니까. 장사는 서비스업 이므로 유형의 것을 교환하고, 더 많이 주고 싶다면 '서비스'로 충당 할 수 있다. 앞서 언급한 미소, 인사 등으로 말이다. 이러한 것은 비용 이 들지 않으니, 얼마든지 할 수 있다. 고백건대, 나는 예전에 매처 스 타일이었지만, 콘텐츠를 만들고 글을 쓰면서부터 기버로 완전히 바뀌 었다. 처음 콘텐츠를 만들고 크리에이터, 콘텐츠 마케터, 지식사업가, 작가, 강연가, 메신저, 코치, 컨설턴트로 살아가려면 기버가 돼야 한다 는 걸 깨달았다. 이런 유형의 직업은 먼저 주지 않으면, 돌아오지 않 는다는 사실을 알게 된 것이다. 유튜버도 구글에서 돈을 준다고 해서 콘텐츠를 제작하는 것이 아니라, 기버 성향이 강해 스스로 정보와 노 하우를 공유한다고 생각한다.

얼마 전 일주일 동안 제주도 여행을 하면서 방문한 식당 중 유일하 게 좋은 기억으로 남는 곳이 있다. '장인의집'이라는 전골 전문집인데 '세상에 이렇게 맛있는 곳이 있다니!'라고 할 정도로 극강의 맛을 느 꼈다. 그런데 그곳이 인상적이었던 이유는 맛도 맛이지만, 그곳만 오 버 딜리버리를 실천한 덕분이다. 제주도 특성상 가격이 저렴하지는 않았다. 그럼에도 사장님의 말 한마디가 그곳을 특별하게 만들었다. "양파 더 드릴까요?", "육수 더 부어드릴게요." 소소하지만 미리 챙겨 주는 모습을 통해 '와, 맛있다.'라는 생각에서 '이 집 다르네.'로 바뀌 는 경험을 했다. 반대로 제주도에 도착한 날, 눈발이 날리는 기상 악 화로 비행기가 연착되어, 오후 7시가 돼서야 공항에 도착했다. 제주도를 여행해본 사람은 알겠지만, 저녁 늦게까지 영업하는 곳이 잘 없다. 식사는 해야겠고, 영업은 저녁 9시까지밖에 하지 않으니, 부랴부랴 숙소 근처의 맛집으로 소문난 곳에 전화했다. 다행히 8시까지 오면 식사할 수 있다고 했다. 안심하고 렌터카를 대여해 정확히 7시 57분에 매장에 도착했다. 하지만 날벼락이 떨어졌다. "주방이 마감되어 식사를 할 수 없다."고 하는 것이었다. 분명히 전화로 확답받았는데 무슨 소리냐고 따져 물으니, "착각한 것 같다."라는 답변만 돌아올 뿐 아무런 사과도 하지 않았다. 황당했지만 방법이 없었다. 결국 우리는 다른 곳에서 저녁을 해결했지만, 여행 첫날을 망쳤다는 생각은 지울 수 없었다. 착각했다며 우리 가족을 돌려보낸 매장의 피치 못할 사정이 있었을 것이다. 아무리 그렇다고 해도, 사과조차 하지 않은 그들의 행동은 오버 딜리버리는커녕 마이너스 서비스를 했다.

우리는 지금 5.0시대에 살고 있다. 필립 코틀러와 허마원 카타자야 그리고 이완 세티아완이 함께 쓴 『마켓 5.0』에서는 '휴머니티'를 강조한다. 1.0에서부터 시작한 마켓 시리즈의 완결편은 '결국 사람'이라는 메시지를 전한다. 대기업에서도 이제 고객 한 명 한 명을 관리해야 하는 상황이 됐다. 또 전 국민이 스마트폰을 사용하는 시대라 기버 성격이 강하고, 오버 딜리버리하는 기업과 사람만이 살아남을 수 있다. '퍼주면 남는다.'라는 옛말에는 어폐가 있다. 인건비가 상승하고, 물가가 하늘 높은 줄 모르고 오르는 지금 시장에서, 20년 전 방식의 '음식 퍼주기'는 이제 통하지 않는다. 다만, '가치'를 담은 '서비스'로 오버 딜리버리할 수 있다.

우리가 하는 사업은 단순히 돈을 받고 무언가를 내어주는 그런 물물교환 방식의 사업이 아니다. 반드시 '감동'과 '진정성' 코드를 장착하고 있어야 한다. 다 아는 이야기라고 고리타분하게 받아들이지 말고, 늘 상기해야 한다. '작은 구멍가게 하나 하는데, 무슨 감동과 진정성이야?'라고 생각하면 안 된다. 우리가 살면서 받았던 오버 딜리버리를 떠올려 보자. 얼마나 고마웠는지, 그 좋은 기억으로 재방문한 경험이 있다면, 반드시 그것을 사업에 꼭 활용해야 한다.

7

고수에게는
소소한 루틴이 있다

　　　　　　　　　　장사가 잘되는 가게를 가만히 들여다보면
공통된 특징이 있다. 모두 3가지를 매일 꾸준히 지킨다. 누군가에게는
의미 없는 행동으로 보일 수 있지만, 장사를 잘되게 하는 원동력임은
분명하다. 실제로 최근에 내가 만난 장사의 고수들도 누구 하나 할 것
없이, 똑같이 이 행동을 하고 있었다. 너무 신기해 공유해보려 한다.
어렵다거나 특별한 재능이 있어야만 하는 것이 아닌, 누구나 마음만
먹으면 실행할 수 있는 것들이다. 나 역시 앞으로 활용하려 한다. 물
론 이 3가지를 적용한다고 해서 하루아침에 장사가 잘된다는 보장은
없다. 그렇다고 따라 해보지 않을 이유도 없다.

첫째는 '셀프 서치'다. 본인 매장을 스스로 찾아보는 것을 의미한다. 부정적인 리뷰 때문에 스트레스를 받아 일부러 찾아보지 않는 사람도 있지만, 장사 고수들은 매일 셀프 서치를 한다. 이유는 단 하나, 제대로 된 피드백을 받기 위함이다. 특히 인스타그램의 셀프 서치가 많은 도움이 된다고 하는데, 짧은 코멘트 하나에 깊은 뜻을 담고 있어서다. 물론 냉정한 평가에 상처받을 때도 있지만, 셀프 서치를 통해 강점을 강화하고 약점을 보완할 수 있다. 음식 맛은 물론 작은 서비스 부분까지. 모든 손님의 조건을 맞출 수는 없지만, 셀프 서치를 발판 삼아 성장하는 것이다. 또 셀프 서치는 직원에게 전달할 때도 유용하다. 사장이 "이렇게 바꾸면 좋겠어."라고 개인적인 생각을 전달하는 것과 "손님이 이런 부분이 불편하다고 하니 이렇게 해보면 어떨까?"라고 이야기하는 것은 전혀 다른 느낌이다. 전자는 경우에 따라 잔소리처럼 들릴 수 있지만, 후자는 손님의 말을 빌리는 것이라 더 강한 메시지가 된다.

셀프 서치의 기본은 네이버, 인스타그램, 페이스북으로, 키워드, 시간순으로 패턴에 맞춰 여러 조합으로 검색해볼 것을 추천한다. 네이버를 예로 들면, 매장 이름을 검색해 VIEW 탭에서 최신순으로 검색하는 것이다. 그러면 블로그, 지역 커뮤니티, 맘카페 등에서 언급된 내용이 나오는데, 배달 앱이나 영수증 리뷰에서는 보지 못한 내용을 볼 수 있다. 캐시노트와 같은 앱이 취합해 알려주기도 하지만, 인스타그램에 사진 또는 릴스로 게시된 항목은 서치를 통해 알게 되는 경우가 훨씬 많다.

셀프 서치의 가장 큰 장점은 좋은 피드백에서는 에너지를 얻고, 불만의 피드백에서는 점검할 부분을 알게 된다는 것이다. 그러므로 '불만을 표현하는 고객'을 놓치지 않는 정성이 필요하다. 이유인 즉, 불만 고객 한 사람의 영향력이 크기 때문이다. 불만 고객 한 명의 평가가 지인들에게 전파되고, 그렇게 조금씩 안 좋은 소문이 퍼지는 법이다. 간혹 불만이 접수되는 즉시, 댓글로 응대하는 사장님을 볼 때가 있는데, 정말 대단하다고 생각한다. 또 그런 사장님이 운영하는 가게는 항상 잘된다. 손님 입장에서는 그 반응이 관심이 되어, 재방문할 수밖에 없게 만든다.

둘째는 '데이터 입력'이다. 작은 가게라 하더라도 꽤 많은 수치가 있다. 그럼에도 수고스러운 데이터 입력을 매일 하는 것은, 스스로 복기하기 위함이다. 바둑에서도 복기의 중요성을 강조하는데, 실력을 향상하는 데 중요한 훈련이 되어서다. 공부할 때도 틀린 문제를 다시 풀어보는 게 도움이 되듯 장사도 마찬가지다. 하루하루 가장 많은 매출을 올린 메뉴, 매출이 저조한 메뉴, 어제와 다른 점 등을 기록으로 남겨 하루, 이틀, 일주일, 한 달이 쌓이면 그래프를 만들 수 있다. 한눈에 매장의 상황을 파악할 수 있는 수치가 탄생하는 것이다. 여기서 "그 수치를 어디에 사용하나요?"라는 질문을 할 수도 있다. 어떤 목적을 위해 하지 않더라도, 그 행위 자체로 내 행동이 바뀐다. 가령, 매출이 줄어드는 빈도가 잦은데, 데이터 입력을 하지 않으면 인지하지 못한다. 매출의 변화가 처음부터 급격하게 나타나는 것이 아니라, 들쑥날쑥하다가 현저하게 줄어들기 때문이다. 매출이 오르락내리락해서 매출이 줄었다고 느끼지 못했지만, 매출이 급격하게 줄어 점검해보면, 6개월 전부터 매출 하락의 초기 증세를 보였음을 알게 되는 것이다. 즉, 하루하루 매출에만 집중하다 보면 손쓸 타이밍을 놓치고 만다. 그러니 데이터 입력은 소 잃고 외양간 고치는 상황이 되기 전에, 대비할 힘을 기르는 도구다.

요즘은 포스나, 앱이 워낙 잘 개발돼 있어서 매출 현황을 비교, 분석할 수 있도록 도와준다. 그러나 눈으로만 확인하는 것과 내가 직접 기록하는 것은 차이가 있다. 책도 종이책으로 읽는 것과 오디오북으로 듣는 것이 다르듯, 데이터 관리도 똑같다. 직접 손으로 메모하며 정리하는 것이 시간 낭비로 느껴질 수 있지만, 장사 고수들은 수기로 남기는 것을 고집한다. 이유를 물어보면, 뇌를 말랑말랑하게 하기 위해서라고 한다. 자동으로 입력된 데이터를 보는 것과 달리 내 손으로 직접 씀으로써, 매장의 변화를 눈으로, 손으로, 피부로 명확하게 들여다보고 개선하는 것이다. 나도 다짐노트를 쓰면서 같은 느낌을 받았다. 컴퓨터로 쓰면, 아무리 다짐해도 실행으로 옮겨지지 않았다. 그런데 희한하게도 노트에 손으로 쓰면 실천하게 된다. 주변을 둘러보면, 아날로그적으로 노트를 들고 다니며 기록하는 사람도 있다. 유난스럽게 보일 수도 있지만, 수고스러움을 마다하면서까지 하는 데는 그럴만한 이유가 있다고 보고, 따라 해봐도 좋지 않을까.

마지막은 '투 두 리스트(TO DO LIST) 작성'이다. 내일 무조건 해야 할 일을 적는 것으로, 나도 매일 한다. 여기서 중요한 건 '무조건'이다.

가장 많이 실수하는 것이 내일 할 일을 적으라고 하면, 내일 다 하지도 못할 일까지 적는다. 그게 아니라, 매장을 운영하다 보면 눈에 거슬리지만 당장에 해치우지 못하는 일들이 있는데, 그것 딱 하나만 적어도 된다. 즉, 하루에 딱 하나라도 그동안 해결하지 못했던 일을 해결하는 것이다. 이렇게 매일 하면, 한 달이면 무려 30가지의 숙제를 해결하는 셈이 된다. 특히 하기 싫은 일을 매일 기록하는 사장님이 있었는데, 하루에 한두 개 정도로 많이 적지도 않았다. 내용을 살펴보면, 급하지는 않지만 언젠가는 해야 할 매장과 관련된 일이었다.

TO DO LIST를 작성할 때 하나 더 중요한 것은, 매일 해야 할 일상이 아니라, 오랫동안 해결하지 못했거나, 평소 바쁜 마음에 쫓겨 하지 못한 것들을 적어야 한다. 예를 들어, 포스기와 컴퓨터 선 뒤의 먼지 제거와 같은 일이다. 다시 말해, 급하지는 않지만 매장에서 신경 쓰이게 했던 것을 하는 것이다. 구석진 곳 청소, 방치된 물건 옮기기, 사용하지 않는 물건 버리기 등은 사소하지만 하고 나면 기분을 좋게 하고, 매장에 생기를 불어넣어 준다.

한편 TO DO LIST에 너무 많은 일이 적혀 있으면, 보는 것만으로도 숨이 막힌다. 그래서 내가 할 수 있는 범위 내에서 한두 개만 적는 것을 권한다. 그렇게 하면 자기 전에 그 일부터 먼저 떠오르면서 내일의 계획도 세울 수 있다. 이로써 의지가 생기고, 출근 시간도 빨라진다. 또 '어떻게 하면 좋을까?'와 같은 발전 지향적 생각을 하게 되는 것은 덤이다.

자, 이 3가지를 기억해서 실행에 옮겨 봤으면 좋겠다. 자동으로 움직이는 나의 몸을 느낄 수 있을 것이다. 정리하자면 검색하면 인지하게 되고, 기록하면 알게 된다. 알게 되면 당연히 몸이 움직인다. 그리고 부담스럽지 않은 과업을 하나씩만 해도, 웬만한 것이 정리된다. 복잡한 생각이 정리되면, 장사도 잘되게 된다. 이것이 장사 고수들이 비슷한 루틴을 가지는 이유이다. 모든 것이 마음가짐의 문제이기 때문에 '그렇게까지 해야 해?'라는 생각을 할 수도 있다. 그런데 위의 언급한 세 가지뿐만 아니라, 다른 일에서도 이러한 마음이 들면 아무것도 실천하지 못한다. 다만, 재야의 고수들이 이렇게 하고 있다는 것만 알아두길 바란다. 선택은 당신의 몫이다.

나는 시스템에서
답을 찾았다

"제이! 왜 숙제 안 했어? 죽을래?" 아리따운 미모의, 나보다도 나이가 한참 어린 26살의 네일리아 선생님이 나에게 호통쳤다. 밀린 업무 때문에 숙제를 하지 않아 자주 들은 꾸지람이다.

앞서 말했듯 나는 약 3년 동안 필리핀에서 주재원으로 근무했다. 유튜브에서도 가끔 필리핀에 대한 이야기를 하는데, 나에게는 제2의 고향이라고 할 만큼 추억이 많은 곳이다. 그런 필리핀에서 일하게 된 배경이 참 재미있다. 필리핀은 모국어인 타갈로그어, 즉 필리핀어를 사용하는데, 영어가 공용어이므로 외국인과는 대부분 영어를 쓴다. 그런데 당시에 나는 영어를 하나도 할 줄 몰랐다. 정확히 말해서 알파벳만 아는 수준이었다. 그런 나를 "영어는 배우면 되지."라는 말과 함께 파견을 보낸 대표님도 대단하고, '아, 그런가?' 하고 별 대수롭지 않게 생각하며, 바다 건너 일하러 간 나도 웃기다. 신기한 것은 정말 대표님 말이 맞았다. 영어는 배우기만 하면 됐다. 영어라고는 젬병이었던 내가 정확히 3개월 뒤부터는 혼자서 밥도 사 먹고, 장도 보고, 심지어는 영어로 회의까지 하는 경지에 이르렀다. 이건 순전히 내가 영어를 잘해서가 아니라, 완벽한 시스템 덕분에 가능한 일이었다. 지금 돌이켜봐도 그런 시스템이면 누구든 3개월이면 영어로 어느 정도는 대화가 가능하지 않을까 싶다.

잠시 이 시스템을 소개하자면, 필리핀은 물가가 저렴하다. 그때도 우리나라와 비교해 저렴한 물가로 비용 걱정 없이 생활한 덕분에, 영어 공부도 그룹이 아닌 맨투맨 교육을 받을 수 있었다. 그에 더해 스파르타식으로 온종일 영어를 사용하지 않으면 안 되는 환경을 조성했더니, 자연스럽게 영어를 할 수밖에 없었다. 반면 이런 시스템이 아니라, 한국인끼리만 교류하다가 애초에 목표했던 영어 실력 향상에 실패하는 친구도 많았다. 나는 직장인이었기 때문에 회사에서 마련해준 완벽한 시스템을 이용하지는 못했지만, 하루 3시간씩 1:1 과외식으로 영어를 배웠더니, 점점 실력이 오르면서 영어로 회의를 할 수 있게 됐다. 물론, 지금은 다 잊었다. 시스템을 벗어난 지 오래 됐기 때문이다.

완벽한 시스템은 모든 일을 진행할 때 꼭 필요하다는 사실을 이때 많이 깨달았다. 장사도 시스템으로 해야 한다는 걸 늘 강조하는데, 그렇지 않으면 모든 손님에게 똑같은 서비스를 제공할 수 없기 때문이다. 레시피도, 응대도, 마찬가지다. 심지어 청소까지 시스템에 의해 돌아가야 한다. 누구는 "너무 팍팍한 거 아니에요?"라고 재미없는 사람으로 치부하기도 하는데, 아니다. 시스템으로 운영해야만 매장 상황을 파악할 수 있고, 동일한 수준의 맛과 서비스를 제공하면서 롱런할 수 있다.

영어를 배울 때 비슷한 시기에 필리핀에서 만난 친구가 한 명 있다. 그 친구는 순전히 놀러 온 친구였고, 시스템에 의해 공부를 한 게 아니라 개인 튜터를 고용해 하루 3시간씩 공부했다. 그런데 나보다도 현저히 떨어지는 영어 실력 때문에 늘 고민했다. 내가 봤을 때는 순전히 시스템의 차이였는데, 그 친구는 튜터들의 실력 차이라고 핑계를 대었다.

그 당시에 정해진 시간에 미리 정해진 주제로 이야기하는 수업이 있었다. 사전에 공부하지 않으면 이야기를 못하기 때문에 준비를 할 수밖에 없다. 1:1 수업으로는 그간 친해진 튜터에게 어물쩍 넘어가기도 해서, 1:3의 그룹 수업이나, 다양한 방식의 시스템이 존재한다. 이런 차이 때문에 시스템 안에 들어와서 영어를 배우느냐, 그렇지 않으냐는 실력의 차이를 불러올 수밖에 없었다. 환경 조성의 차이가 결국은 결과물을 바꾸는 것이다. 모든 건 내가 시스템에 어떻게 잘 들어가느냐 혹은 구축하느냐로 귀결된다. 지금 영어를 다 잊은 것 역시도 한국으로 돌아와 시스템 없이 줄곧 생활했기 때문이다. 그 시스템만 유지했다면, 하루 1시간 만이라도 공부했다면, 나의 영어 실력은 녹이 슬지 않았을 텐데 참 아쉬운 부분이기도 하다.

장사에서는 이를 청소와 많이 비유하는데, 시스템으로 정해진 날짜와 시간에 정해진 곳을 청소하면, 그곳이 절대 더러워지는 일이 없다. 하지만 그때그때 눈에 보이는 곳만 청소하게 되면, 더러워지는 부분이 생기기 마련이다. 그리고 직원들에게 청소시키는 것 역시 사기를 떨어뜨리는 행동일 수 있다. 날짜와 시간을 정해 청소할 곳을 지정하는 시스템만 마련해두면, 그럴 걱정이 전혀 없는데 말이다.

나는 중국도 6개월가량 교환학생으로 다녀왔다. 역시나 시스템 속에서 공부한 덕분에, 물건값을 흥정하며 생활할 정도의 수준을 갖출수 있었다. 하지만 지금은 아예 할 줄 모른다. 시스템이 없어졌기 때문이다. 한편 현재 나는 매주 2회 이상 유튜브 영상을 업로드하고 있다. 처음에는 힘들었지만 지금은 그리 어렵지 않다. 모두 시스템을 갖춘 덕분이다. 또 1인 시스템이라서 남의 도움도 전혀 받지 않는다. 대신 여러 프로그램의 도움을 받아 시스템을 완성했다. 그래서 그 루틴대로 영상이 만들어지고 업로드된다.

스콧 애덤스는 그의 저서 『더 시스템』에 "거의 모든 일에 실패하던 자가 결국 큰 성공을 이루어낸 방법은 시스템이다."라고 했다. 가장 공감한 부분이었는데, 인생에서도 이런 시스템을 접목하면 성장하지 않을 수가 없다. 그래서 보통은 돈으로 시스템을 구성하기도 한다. 스스로 동기부여를 시키는 것이다. 돈이 그 시스템의 역할을 하는 도구이기도 하고 말이다. 예를 들어 100만 원을 주고 PT를 등록하면, 웬만해서는 PT를 다 받는다. 하지만 트레이너인 친구가 일주일에 1회 PT를 해준다고 하면, 빠지는 날이 많아지고, 결국은 포기하게 된다. 시스템이 없기 때문이다. 장사에서 이런 시스템을 만드는 자들은 복제품을 만들어 여러 개의 매장을 운영하기도 하고, 또 온라인으로 진출하기도 한다. 프랜차이즈를 운영하는 대표들을 보면, 이런 시스템을 만드는 전문가다. 그래서 A·B·C 브랜드를 계속 런칭할 수 있는 것이다. 이미 시스템을 가지고 있으므로, 아이템만 바꿔가면서 조금씩 수정해서 만들어내면 가능한 일인 덕분이다.

내가 하는 일보다 내 인생의 시스템을 먼저 갖춰보자. 나도 늘 시도하고, 실패하고, 다시 시도하면서 이어가고 있다. 그런데 아주 사소한 것부터 시작하면, 자연스럽게 시스템의 위대함을 알게 되고, 업무에도 적용할 수 있게 된다. 최근 내가 진행 중인 시스템 3가지만 소개하자면 새벽 기상, 적게 먹기, 운동이다. 많은 사람이 목표로 세우는 것들이지만, 시스템을 만들고, 만들지 않고는 실행과 성공에 있어서 큰 차이가 있다. 마음속으로만 다짐하면, 절대 할 수 없는 일이기도 하다. 어딘가에는 목표를 적고, 주변에 목표에 대해서 이야기해야 하며, 2주일 간격으로 스스로에게 보상해주면 시스템이 완성된다. 더 빠듯하게 시스템을 만들 수도 있지만, 나는 어느 정도 단련이 되어 있어서, 6개월 이상을 성공적으로 지켜오고 있다.

만약 당신이 시스템을 만들고 싶다면 돈을 걸어 보는 걸 추천한다. 실패했을 시 50만 원, 100만 원이 사라진다고 생각하면, 반드시 성공할 것이다. 단, 명심해야 할 건 미리 돈을 누군가에게 맡겨야 한다. 지인이 아닌, 실패했을 때 돈을 절대 돌려주지 않을 제3자에게 말이다.

비용 계산은 돈 스트레스를 덜어준다

·

정말 매장에 문제가 없는가?

·

폐업도 지혜롭게 하라

·

경험을 녹여낸 플랜B를 준비해라

·

우리는 경험이 돈이 되는 시대를 살고 있다

·

월 3,000만 원 버는 '사업'을 해라

·

나는 이제 장사를 하지 않는다

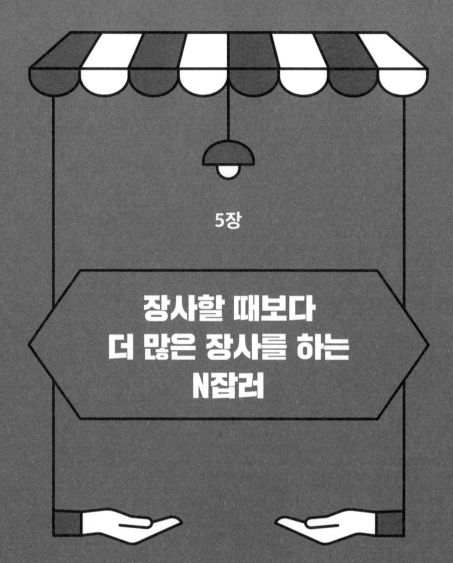

5장

장사할 때보다
더 많은 장사를 하는
N잡러

1

비용 계산은
돈 스트레스를 덜어준다

　　　　　일은 미친 듯이 했지만 벌리는 돈이 없던 시절이 있었다. 대학교를 갓 졸업하고, 여기저기 방황하며 닥치는 대로 일할 때, 영업 수당이 있는 회사에서 온갖 수법을 동원해가며 무언가를 팔 때, 장사하면서 매출이 2배로 올랐지만 순수익은 현저히 적었을 때. 이 상황의 모든 이유는 '비용'에 대한 철저한 계산이 없어서였다. 그리고 그때는 몰랐다. 왜 비용에 대해서 내가 확실하게 인지하고, 곱씹어야 하는지 말이다. 그저 열심히 일하면 돈을 벌 수 있을 것이라 착각하던 어린 내 자신이었다.

　얼마 전 서울 출장을 다녀오는 길에 생각이나 들른 어느 한 가게는 여전히 파리가 날리고 있었다. 업종 변경을 준비하고 있다며, 내심 기대에 찬 눈빛을 보내 그나마 다행이었지만, 왠지 모를 슬픔도 함께 보였다. 이 사장님은 나와 비슷한 시기에 장사를 시작한, 어떻게 보면 동기와도 같은 분이다. 다만, 지금은 전혀 연락하지 않는다. 그날 괜한 조언을 하는 바람에 나에게 열등감을 표현했기 때문이다. 안타깝지만 열등감을 느끼는 대상이 내가 됐을 때에는 어떻게 할 도리가 없다. 괜한 조언을 앞으로는 하지 않는 게 가장 좋은 방법이다.

그날 내가 그에게 조언을 한 건 다름 아닌 '정확히 얼마의 수익을 내고 있는지.'에 대한 부분이었다. 그런데 사장님은 "통장에 남는 게 내가 벌고 있는 돈"이라고 답했다. 전혀 계산하지 않는다는 얘기였다. 그래서 대략적인 방법이라도 알려주고 싶어 여러 프로그램과 앱, 그리고 엑셀 서식까지 전달해주겠다고 했다. 하지만 그런 나의 호의는 이내 물거품이 됐다. 그 사장님은 열등감을 느낀 나머지 나에게서 무언가를 배우는 게 화난 듯했다. 장사하면서 뭐 이렇게까지 해야 하냐며, 언성을 높였다. 그는 아마 지금도 계산하고 있지 않을 것이다. 아니, 계산의 중요성조차 인지하지 못하고 있을 것이다.

급여 생활자는 정확한 본인의 소득을 알 수 있다. 그래서 계획에 맞게 한 달을 살아갈 수 있고, 계획에 맞게 살아가려고 노력한다. 대부분의 급여 생활자들이 그렇다. 하지만 자영업자는 그렇지 않다. 매출이 죄다 순수익이 아니기 때문이다. 거기다가 나가는 세금이며 식자재값, 인건비 등 무수히 많은 항목으로 인해서 제대로 계산하지 않으면, 내가 얼마를 벌고 있는지 감조차 잡을 수 없다. 즉, 한 달을 어떻게 살아가야 할지 계획 세우기가 여간 힘든 게 아니다. 변동비니, 고정비니 복잡한 이야기를 하고 싶진 않다. 그것은 공부하면 자연스레 알게 되는 부분이고, 인지하면 공부하게 되어 있다. 여기서 사업의 성패가 갈리기도 한다. '고정비는 줄일 수 없으니 변동비를 줄여볼까?', '이 고정비로는 도저히 장사할 수 없으니 다른 곳을 알아볼까?', '고정비를 줄일 방법은 없을까?' 등, 이런 지속적인 물음에 해답을 찾는 사장님들이 이번 코로나 시국도 잘 이겨내고 버텨냈다.

나는 인건비에서 한계를 느끼고, 2인 체제라는 변화를 선택했다. 그리고 순수익을 대폭 높일 수 있었다. 최대 45%까지 올려봤다. 식자재 값도 중요한 부분이라 많은 노력을 기울였다. 1시간 이상 걸리는 곳까지 장을 보러 다니면서, 일주일 치 식자재를 직접 구입하기도 했다. 그 노력은 '행동하면 가능하다.'는 배움을 선물했고, 어떤 마음가짐으로 장사를 하면 되는지를 가르쳐줬다.

영업할 때 나의 급여는 그리 높지 않았다. 특히나 수당이 높은 영업은 특히 더 그랬다. 그래서 투입량 대비 벌어들이는 소득은 만족스럽지 못했다. 중요한 건, 투입되는 비용이 돈이 아니었다는 사실이다. 오롯이 내 인건비, 즉 나의 시간과 노력밖에 없었다. 눈에는 보이지 않는 비용인 셈이다. 결국은 그 시간이 돈으로 돌아오는 기쁨도 맞이했다. 그리고 그때 깨달았다. 처음부터 노력에 대한 대가를 계산하고 시작하면, 아무것도 하지 못한다는 걸 말이다. 하지만 장사는 정반대의 성격을 가진다. 당차게 퍼주기를 실행하는 가게는 무언가 착각해도 큰 착각을 하고 있는 것이다. 나만의 팬을 만들고 싶어 그렇게 한다는 사장님들을 만났을 때는 경악을 금치 못했다. 나만의 팬은 퍼준다고 만들어지는 게 아니다. 그들이 그 퍼줌의 가치, 즉 고마움을 최대한도로 느낄 수 있게끔 전달이 돼야 하는 것이기 때문이다. 그러려면 나에게도 남는 것이 있어야 한다. 이것이 계산해야 하는 이유다. 조금 더 구체적으로 들어가 보면, 1만 원짜리 해장국이 있다고 치자. 원가 대비 4,000원이 남는 구조를 만들어 놓고 퍼주고 싶다면, 여기서 10%~15%만 더 주면 된다. 이것을 가능하게 하려면, 원가 계산이 철저히 이루어져야 한다. 원가 계산은 도대체 어떻게 하느냐고 묻는 사람이 많지만, 네이버에 '원가 계산'이라는 키워드만 검색해도 수백 건의 자세한 설명이 나와 있다. 즉, 알려고 하지 않기 때문에 모르는 것이고, 알려줘도 실행에 옮기지 않기 때문에 계속 그 자리에 머무는 것이다.

영업은 끓는점이 있다. 그렇기 때문에 시간을 투자해 그 티핑 포인트를 찾으면, 한순간에 결실을 맞이할 수 있다. 하지만 무언가를 만들어서 팔아야 하는 서비스업은 실질적으로 들어가는 비용을 계산하고, 한 개를 팔았을 때의 이익, 10개를 팔았을 때의 이익, 100개를 팔았을 때의 이익을 계산해야 한다. 그래야 재미도 있다. 그리고 어느 시점에 더 돌려줘야 하는지도 알 수 있다. 끓는점을 기다리는 게 아니라 내가 끓여야 한다는 뜻이다.

비용 계산에 앞서 손님을 늘려가는 구조 역시 마찬가지이다. 대박을 터트린다는 생각보다 하루에 한 개씩 늘려나간다는 느낌이면 좋다. 예를 들어 하루에 한 팀씩 내방 고객을 늘린다는 목표를 가지거나, 한 팀에게 1%씩만 덜 남긴다는 생각. 비용 계산이 이루어지면, 이 부분 역시 실행 가능한 수준으로 올라가게 되어 있다.

나는 갈비찜을 먹으러 갔는데, 푹 쪄진 마늘을 10알 더 얹어주는 아주머니에게 반한 적이 있다. 영업하러 다닐 때 늘 가던 갈비찜 가게다. 혼자 가도 1만 원이면 먹을 수 있게끔 메뉴 구성이 되어 있었다. 마늘 10알은 과연 얼마일까. 아무리 계산해도 500원이 채 되지 않는다. 하지만 나는 거기에서 5,000원 이상의 값어치를 느꼈다. 이유는 아주머니의 멘트 덕분이었다. "양념 잘 밴 마늘이라서 맛있어요. 이거 먹으면 피곤도 싹 풀려요. 많이 드세요." 아주머니도 안다. 마늘 10개라고 해봐야 500원이 채 되지 않는다는 걸. 비용 계산이 이미 되어있다는 거다. 그리고 나 같은 사람이 10배 이상의 가치를 느낀다는 것도 알 것이다. 실질적인 비용 500원으로 줄 수 있는 가치에는 또 어떤 게 있을까. 각자의 업장에 맞는 다양한 방법이 갑자기 궁금해진다. 뭐랄까. 중국집에서 볶음밥을 시켰는데, 짬뽕 국물을 주면서 면도 주는 것 같은 서비스 말이다. 가치를 주면 돈이 벌린다. 또 가치를 주려면 비용 계산을 해야 한다. 이것이 돈에 스트레스받지 않고 손님을 만족시키는 비결이다.

2

정말 매장에
문제가 없는가?

장사를 하다 보면 내가 하고 있는 업종이 마음에 들지 않을 때가 있다. 아니, 굉장히 하기 싫을 때가 있다. 대체로 매출이 오르지 않거나, 일이 너무 힘들게 느껴질 때 이런 마음이 생긴다. 또 직원이나 손님 등 인간관계가 원인이 되기도 한다. 이때는 다른 업종이 더 좋아 보인다. 한정식 가게를 운영하고 있는데, 돈가스 가게 사장을 보니 그게 너무 편해 보이는 것이다. 그때는 심각하게 업종 변경에 대해 생각하게 된다. 그러다가 저렴하게 업종 변경을 해준다는 광고를 보면, 솔깃해서 문의도 해본다. 전형적인 대한민국 자영업 시장의 생태계이다.

그런데 장사가 하기 싫고, 업종 변경에 대한 생각이 든다면, 지금 놓인 상황에 대해서 조금은 과감하게 판단해봐야 하는 시기일 수 있다. 매장을 내놓거나, 장사를 접어야 하는 심각한 상황에 직면하게 된 경우일 수 있다는 얘기다. 너무 강하게 이야기한다고 할 수 있지만 아니다. 실제 비슷한 고민을 토로하는 사장님 중에 장사라는 옷이 잘 맞지 않는 분도 꽤 많다. 하지만 투자한 금액이 있다 보니, 쉽게 정리하지 못하는 경우가 부지기수다. 매몰 비용의 함정에 빠진 것이다. 혹은 폐업 처리를 하면 대출금을 갚아야 하니, 결정하지 못할 때도 있다.

가장 많은 케이스인 매출이 나오지 않아 장사 의지가 급격히 떨어졌을 때, 어떻게 하면 좋을지 알아보자. 최근 들어 많은 사람이 이 부분으로 힘들어한다. 특히 코로나 팬데믹 이후로 문제가 더 심각해졌다. 과연 해결책이 있을까. 코로나 때문에 어쩔 수 없이 매출이 떨어진 가게들은 사실상 뾰족한 해법이 없다. 다만, 진단을 내려 볼 줄은 알아야 한다. 우리 매장이 코로나 때문에 매출이 줄었는지, 아니면 다른 이유가 있었는데 더 악화됐는지 말이다. 이것을 점검하는 이유는, 매장의 존폐를 결정함에 있어서 아주 중요한 기준이 되기 때문이다. 가령, 코로나 때문에 매출이 떨어진 줄 알았는데, 그게 아니라 매장의 심각한 문제가 있어서 매출이 떨어진 것이면, 스스로 인정해야 한다. 몇몇 사장님은 코로나 탓만 하고 우리 매장에는 아무 문제가 없다고 한다. 하지만 막상 점검해보면 이런저런 문제가 산재해 있다.

인천의 A 순댓국밥집은 코로나 이후로 매출이 반토막 나기 시작했다. 급기야 연명하는 수준이 됐다. 오로지 코로나 때문에 상황이 악화 됐다고 생각했지만, 점검해본 결과 코로나 문제도 있었지만 메뉴 경쟁력과 외관에서 손님 유입의 한계가 존재했다. 순댓국에서는 아주 미미한 냄새까지 나고 있었고 말이다. 주인은 이런 걸 알 수 없다. 사람마다 민감도에 차이가 있기 때문이다. 냄새에 민감한 사람은 이곳을 냄새나는 순댓국밥집으로 기억하기 때문에 금세 동네에 소문났을 것이다. 전라도 광주의 B 피자 전문점은 코로나 때문에 배달 전문 매장으로 전향했다. 업종 변경을 한 것이다. 하지만 겨우 5%만 남는 수준의 판매를 하고 있었다. 업종 변경을 하면서 프랜차이즈를 잘못 선택한 대가였다. 물품 대금도 높고, 배달 수수료를 제대로 계산하지 못한 본사의 잘못을 가맹점주가 그대로 따르면서, 하지 않아야 할 장사를 하고 있었다. 손익계산을 하지 않으니 그저 통장에 남는 게 이번 달에 번 것으로 착각하는 악순환의 반복이었다. 이 사례들은 코로나가 문제가 아니다. 내가 지금 하고 있는 이 장사가 실제로 별로라는 것이다.

사람들은 핑곗거리를 찾아 나서길 좋아한다. 합리화를 해야만 스스로 자존감이 높아지기 때문이다. 하지만 합리화를 버려야 한다. '나는 열심히 했는데 장사가 안되는 것이다.'라는 생각보다, 문제의 시작점부터 점검해보는 행동이 중요하다.

식당이라면 맛의 본질을 짚어봐야 한다. 한 번 온 손님을 두 번 올 수 있게 하는 건 첫 번째로 맛이다. 맛은 주관적이라고 하지만 객관적인 간의 농도는 짚어볼 수 있다. 블라인드 테스트를 해도 좋다. 맛집의 음식과 우리 집의 음식을 비교분석 해보는 것이다. 혹은 동네 경쟁 매장 음식과 비교해도 좋다. 그리고 그다음이 서비스 즉, 친절도 부분이다. 인테리어나 외관은 세 번째이다. 모든 부분이 다 주관적이라고 생각할 수 있다. 맞다. 그래서 장사가 어렵게 느껴지는 것이다. 그렇다고 그때마다 업종 변경을 고민하고, 코로나와 같은 예상치 못한 상황 때문이라고 합리화하거나, 경기가 좋지 않아서 손님이 없다고 치부해서는 안 된다. 분명히 사전 조사를 열심히 해 선택한 아이템이고, 같은 아이템으로 장사를 잘하고 있는 매장도 가봤을 것이다. 그러므로 하나하나 살펴보고 맛이 부족하다면, 맛을 보충하기 위해서 새로운 레시피를 배우고 공부해야 한다. 서비스가 부족하다면, 운영을 잘하는 매장을 방문해 벤치마킹도 해봐야 한다. 인테리어에서 기가 죽는다면, 다른 요소로 이길 수 있는 묘책을 생각해야 한다. 단언컨대 이러한 노력으로 우리 매장이 가지지 못한 부분을 파악하고, 보완하는 능력만 갖춘다면, 대부분의 문제는 충분히 해결할 수 있다.

나의 매장이 마음에 들지 않을 때, 왜 내가 그렇게 생각하고 있는지, 내가 해결할 수 없는 문제가 있는 건 아닌지도 점검해보면 정답은 나온다. 이때 하나씩, 그리고 조금씩 해결하려는 행동이 중요하지 무언가 드라마틱한 변화를 기대하고 업종 변경을 하거나, 새로운 아이템에 눈독을 들이는 건 일만 자꾸 벌이는 꼴이다. 근본적인 문제점을 찾지 못하면 엉뚱한 결론을 내리기 때문에, 어디서부터 잘못됐는지 아는 게 가장 큰 숙제이다.

3

폐업도
지혜롭게 하라

　　　　　　　폐업을 염두에 두고 창업하는 사람이 있을
까. 단 한 명도 없을 것이다. '잘 될 거야.'라는 희망적 회로로 시작할
수밖에 없는 게 창업이다. 하지만 폐업과 마주하는 경우는 너무 많다.
지금 당장 폐업하지 않더라도 '폐업해야 하나…….' 하고, 고민하는
사람도 많을 것이다. 그런데 단순히 '망했다.', '이제 끝'이라는 절망적
인 상황을 스스로 만들지 않았으면 좋겠다. 다음 3가지를 기억해두고,
폐업하더라도 다시 일어서보자. 폐업은 끝이 아닌 또 다른 시작이라
는 생각으로 말이다.

　　첫째, '기준'을 세워야 한다. 폐업을 하는 데 있어서 이 기준은 무척

중요하다. 단순히 매출이 나오지 않아서 폐업한다는 건 말이 안 된다. 아직 끓는점에 다다르지 않았기 때문에 매출이 오르지 않았을 수도 있기 때문이다. 만일 서서히 끓어오르고 있는데, 그것을 참지 못해서 폐업한다면 이제껏 고생한 게 아깝다.

폐업할 때는 내가 지금 어디까지 와 있는지를 봐야 한다. 우리 매장의 입지, 단골의 유무, 계속 운영했을 시 내가 감수해야 하는 부분도 포함된다. 즉, 기준을 세워야 한다는 말이다. 사람마다 상황이 다르기 때문에 기준도 달라질 수밖에 없다. 하지만 기준 없이 그저 힘들어서 폐업한다면, 또 다른 후회를 낳을 수도 있으므로, 적어도 시설권리금이라도 받고 폐업할 방안을 마련해 놓는 것도 큰 도움이 된다. 예를 들어 임대차 계약이 1년 정도 남았다면 미리 매물을 내놓고, 원하는 기준 금액을 설정해 놓는 것이다. 가령 계약 기간이 1년 정도 남았을 때는 시설권리금 1,000만 원, 10개월 남았을 때는 800만 원, 6개월 남았을 때는 500만 원처럼. 이런 기준 없이 단순히 폐업해야 하니 하루라도 빨리 시설권리금이라도 받으려고 하면, 이리저리 휘둘리게 된다. 매수자가 나오더라도 그 매수자에 휘둘리게 될 수도 있다.

매장을 내놓아 보면 알지만, 별의별 사람에게서 연락이 온다. 부동산 관계자부터 시작해, 매장을 서로 바꿔서 운영해보자는 말도 안 되는 이야기를 하는 사람까지 있다. 적어도 자기만의 기간에 따른 금액 기준이 있다면, 조금 더 매장 운영에 충실할 수 있다. 기준 없이 매장을 판매하려고 신경을 쓰다 보면, 매장 운영도 제대로 안 될 수 있기 때문에, 기준을 세우는 것은 반드시 필요하다.

　둘째, '지원' 혜택을 활용해야 한다. 우리나라에는 아주 좋은 제도가 많다. 특히 자영업자들에게 이로운 혜택이 꽤 있는 편이다. 우리나라만의 특색이 아닐까 싶을 정도다. 국가에서 지원해주는 것을 하나하나 나열하긴 힘들지만, 크게 중앙정부에서 폐업자를 대상으로 지원해주는 부분이 있고, 각 지자체에서 지원해주는 부분이 있다. 금액적인 지원도 있지만, 세무나 심리적인 부분에서도 케어를 해주려고 노력하고 있다.

　네이버 포털에 '폐업 지원'이라는 키워드만 입력해도, 여러 지원 방안이 나온다. 장사를 하면서 세금을 꼬박꼬박 잘 냈다면, 잊지 말고 신청하자. 그런데 이런 지원들은 스스로 신청하지 않으면 누군가가 챙겨주지는 않는다. 다시 말해, 시청, 구청 관계자들이 폐업하는 사람에게 '이런 지원제도가 있는데 신청하셨어요?'라고 알려주지 않는다는 것이다. 대표적으로 소상공인시장진흥공단에서 지원하는 철거비 지원 및 기타 부수적인 세무·노무 상담은 전혀 비용이 들어가지 않는다. 시행한 지도 꽤 됐지만, 모르고 지나치는 경우가 허다하다. 철거비만 해도 최대 200만 원을 지원해주고, 집기 처리나 직원들에 대한 노무, 그리고 폐업에 따른 마무리 세금 신고 등 정신적으로 피폐해질 수 있는 사장님들을 위한 전폭적인 지원이다. 이외에도 각 지자체나 단체에서도 지원해주는 경우도 있다.

많은 사람이 '폐업하는데 무슨 지원을 해줘?'라고 생각하기 때문에, 아는 사람만 지원받는다. 이런 자영업자들을 위한 지원금이 한해에도 수십 개씩 생겨나고, 예산이 떨어지면 사라지기도 한다. 매년 진행되는 지원금이라면 꾸준히 홍보해서 많은 사람에게 알려지겠지만, 1~2회성의 단기간 지원이 많으므로, 검색을 통해 나의 상황에 맞는 지원을 알아봐야 한다. 지자체와 소상공인시장진흥공단, 중소벤처기업부에 직접 전화를 하면 더욱더 자세히 알려준다. 지자체별로 중복 지원을 하는 케이스도 많으니 놓치지 않길 바란다.

셋째, '미래' 계획을 세워야 한다. 폐업 후 무얼 할 수 있을까. 사실 '이제는 폐업할 타이밍'이라는 생각으로 폐업하고 나면, 무척이나 허무할 수밖에 없다. 정신적인 문제가 생기는 사람도 꽤 있다. 심리적으로 위축이 되기 때문이다. 한 가정의 가장이면, 이 문제는 더욱더 커진다. 그래서 폐업 대상자를 위한 재기 지원 프로그램에는 심리 부분이 무조건 들어간다. 그런데 우리가 중요한 한 가지를 놓치는 부분이 있다. '장사는 경험이 전부다.'라는 사실이다. 다시 말해 장사했던 경험을 돌이켜보면, 처음 시작하는 사람보다 무조건 유리하다. 장사가 굉장히 치열한 것 같지만, 의외로 독보적으로 나아가는 사람들이 있다. 그 사람들도 첫 장사부터 그렇지는 못했을 것이다. 작은 경험이 쌓이고 쌓여서, 제대로 달릴 수 있게 된 것이다.

처음 장사를 시작할 때를 돌이켜 보자. 상권 보는 방법, 아이템 선정하는 눈, 모든 것이 서툴렀을 것이다. 운영도 별반 다르지 않다. 더

군다나 매장 판매에 있어서도 전혀 경험이 없다 보니, 주먹구구식이 될 수밖에 없다. 뒤늦게 상권에 대한 후회, 아이템에 대한 아쉬움, 부족했던 서비스, 접객 방식에 대한 반성을 하지 않았냐는 이야기다.

장사로 한 번 실패했는데, 또 장사하라는 소리로 들릴 수 있다. 그런데 재미있는 건 우리나라 재창업 비율은 굉장히 높다. 객관적인 수치로 따져 봐도 정확하진 않지만, 절반은 넘을 것이다. 그들은 경험을 바탕으로 새로운 아이템을 공부해 재기를 꿈꾼다. 한 번 경험해본 것이 자산이 되어서 되돌아오는 것이다. 혹은 자기 경험을 무형의 가치로 되파는 경우도 있다. 나의 경우가 그렇다. 폐업 후 직장에 다시 취업하는 사람도 있겠지만, 대부분 특히 40대 이상의 나이에 폐업하게 되면, 마땅히 취직할 곳도 없고, 사업의 자유로움에서 어딘가에 소속되어 일한다는 게 쉽지만은 않다. 결국, 다시 창업해야 하는 상황이 온다. 그때를 대비해서라도 폐업 전 깊은 고민을 해봤으면 한다. 내가 했던 장사가 왜 파국으로 치달았는지 원인을 적다 보면, 예상 이상으로 리스트가 꽉 찬다. 폐업 직전인 상태에서는 자기 스스로 비판할 수 있는 용기가 생기기 때문에 가능한 일이다. 실제 나도 폐업의 갈림길에서 10개 이상의 세세한 리스트를 적은 기억이 있다.

폐업은 끝이 아니다. 비록 주변 사람들은 실패했다고 비웃을지 모르겠지만, 적어도 내 경험으로 봤을 때, 실패는 또다시 시작할 수 있는 시작점에 불과할 뿐이다. 장사를 다시 하지 않아도 된다. 이 책 후반에 나올 새로운 비즈니스에 대한 이해도를 높여서 경험을 무기로 장사를 해도 된다. 폐업의 갈림길에서 우리는 기준을 세우고, 현실적인 지원을 받으면서, 미래를 반드시 생각해야 한다. 그렇지 않으면 또 실패의 길을 걸을 수밖에 없다. 방향을 바로 잡아서, 복기하고 현실적인 대안을 맞이하는 창업의 시작과 끝이 됐으면 한다.

4

경험을 녹여낸
플랜B를 준비해라

모든 오프라인 매장의 미래는 불투명하다. 이는 부정할 수 없는 사실이다. 더욱이 코로나 이후에는 전 세계적으로 유례없는 상황이 벌어졌다. 하지만 이런 때일수록 내가 대처를 잘하고 있는지, 지금 내가 할 수 있는 일은 무엇인지 점검하고 찾아봐야 한다. 지원금이 나오길 바라거나, 코로나가 없어지길 바라고 있어서는 안 된다는 뜻이다.

'플랜B'라는 말을 들어봤을 것이다. 차선책을 선택한다는 뜻이다. 장사를 하는 사람들에게 차선책은 폐업 후 무언가를 새로 다시 하거나 혹은 취업하는 것이다. 그런데 사실상 취업은 그리 쉽게 되지 않는다. 그리고 장사를 시작할 단계부터 취업을 생각하지 않았을 가능성이 높다. 데이터의 수치로 보더라도 재취업에 한계를 느끼고 창업한 사람이 많다.

나는 플랜B를 온라인 시장에서 찾았다. 그게 무엇이 됐든 온라인에서 하자는 다짐이 생겼다. 한마디로 전국을 상대로 장사해야 살아남을 수 있음을 직감한 것이다. 장사가 잘될 때는 월 1,000만 원도 벌어봤다. 그런데 공간적·인력적 한계에 부딪혔다. 이는 오프라인의 한계와도 같았다. 인건비는 꾸준히 올랐고, 물가는 내려오는 법이 없었다. 그렇다고 판매가를 올릴 수는 없었다. 가격을 올리면 경쟁에서 이길 수 없었기 때문이다.

당신은 혹시 플랜B를 가지고 있는가. 만약 지금 당장 폐업한다면, 무슨 일을 할 수 있을지 생각해본 적 있는가. 코칭을 다니다 보면, 능력은 있지만 제대로 발휘하지 못하는 사람을 자주 본다. 그게 어떠한 능력이든지 말이다. 특히 자영업자들은 본인의 능력을 과소평가하는 경향이 있다. 몇 해 전 만난 에어컨 설치 기사님은 본인이 직접 일을 해야 하므로, 하루에 설치할 수 있는 양이 정해져 있었다. 일이 많은 것도 문제였지만, 굳이 마케팅하지 않아도 소개로 일이 들어와 만족한 것이 실수였음을 뒤늦게 깨달았다. 어느 순간부터 거대한 자본을 투자해 직원을 거느린 에어컨 설치 전문점이 생겨났고, 그 뒤로 문의가 뚝 떨어진 것이다. 설상가상으로 마케팅을 전혀 하지 않았기 때문에 소개로도 한계가 있었다. 결국 온라인 마케팅을 배워서 홍보하고,

입에 풀칠할 정도로 사업을 운영해 나갔지만, 한계를 뚫을 수 없었다. 자포자기할 무렵, 코칭을 통해 에어컨 설치 기사 교육에 대한 자신감을 얻었다. 그리고 에어컨 설치하는 일보다 가르치는 것을 더 좋아하고, 잘하는 걸 알게 됐다. 스스로 거울을 보고 자기가 잘하는 일, 좋아하는 일을 구분할 수 있는 능력을 발견한 것이다.

미국의 유명한 자기 계발 코치인 토리 로빈슨이 쓴 『내 안의 잠든 거인을 깨워라』에는 양과 늑대 이야기가 나온다. 양인 줄 알았는데, 양고기를 먹고 나서야 늑대인 줄 알게 된다는 것이다. 에어컨 설치 기사님도 같은 경우다. 에어컨 설치하는 일이 자기가 좋아하고 잘하는 것이라고 생각했지만, 경험을 통해 다른 사람을 가르치는 것이 본인과 더 잘 어울린다고 뒤늦게 알게 된 모습 말이다.

국내 최대의 MCN 회사 샌드박스 대표 도티는 플랜B가 늘 자기를 살렸다고 그의 저서 『플랜B』에서 밝혔다. 아주 작은 목표라도 양 갈래 길로 생각하고, 보조 수단을 만들어 놓았다는 것이다. 이로써 우리나라에서 제일가는 MCN 회사를 만들었으며, 이 역시도 플랜B에 속하는 그의 또 다른 방향이었다.

플랜A가 늘 최고의 선택이 되진 않는다. 오히려 플랜B를 가동했을 때 잘되는 경우도 많다. 나의 플랜B는 나 자신이었고, 무대는 오프라인이 아닌 온라인이었다. 온라인에서 나를 노출하는 게 나의 플랜B였다. 처음에는 두려웠다. 그리고 어떠한 방향성이 있는 것도 아니었다.

그저 몸이 가는 대로, 손이 가는 대로, 행동으로 옮겼을 뿐이다. 내가 만든 콘텐츠로 사람들이 좋아하면 그걸로 행복했다. 그리고 서서히 이 시장에 대해서 알아갔다. 아무리 사소한 정보와 노하우라도, 사람들에게 도움이 된다는 걸 알았다. 그리고 사람들이 겁이 많다는 것도 알았다. 작은 경험을 하고, 정보와 노하우를 말하는 걸 두려워했다. 이로써 경쟁자가 적은 것이 나에게는 큰 힘이 됐다. 그 결과, 나의 콘텐츠는 사람들의 입소문을 타고 많은 곳에 전파됐으며, 나의 정보를 높은 가치로 받아들여 주는 사람이 전국에서 몰려들었다. 그리고 나는 흔히 말하는 콘텐츠 크리에이터에서 '메신저'가 됐다.

자영업자들은 메신저 사업을 하기에 최적의 구조를 갖추고 있다. 실제 오프라인에서 실질적인 경험을 한 덕분이다. 자영업에는 종류가 아주 많다. 학원이 될 수도 있고, 미용실이 될 수도 있다. 혹은 식당이 될 수도 있고, 식당 중에는 분식, 분식 중에서도 즉석떡볶이 또는 김밥 중심이 될 수도 있다. 거기에서 쌓은 노하우는 상상을 초월한다. 이제 막 분식집을 차리려는 사람에게는 크게 다가오는 것이다. 하지만 사람들은 그걸 모른다. "내가 장사를 잘한 것도 아니고, 이렇다 할 성공을 한 것도 아닌데요."라며 주저한다.

내가 자영업에 관심을 갖고 난 후 8년이라는 시간이 흘렀다. 그리고 그들이 할 수 있는 플랜B는 '누군가를 가르치는 것'이라는 결론을 얻었다. 내가 직접 경험해보고, 돈을 벌어보고, 또 가르쳐보고 느낀 것이다. 분명한 블루오션 시장이지만, 아직 사람들이 뛰어들지 않고 있다. 식당을 운영해서, 미용실을 운영해서, 아니면 카페를 운영해서 얼마나 더 큰 부를 창출할 수 있을까. 과연 작은 경험은 어떻게 부를 창출하는 걸까. 궁금해할 수 있다. 방법은 정말 간단하다. 내가 가진 경험에 살을 덧붙이고, 나 스스로를 송곳 포지셔닝을 하는 것이다. 그게 전부다. 그렇기에 나는 '자영업 마스터 코치' 카페를 만들어 이런 부분을 사람들에게 가르칠 계획이다. 그리고 이것이 자영업자에게 플랜B가 될 수 있다고 믿는다. 경험이 많든 적든 송곳 포지셔닝만 되면 누구든 고객을 만날 수 있는 환경이 세팅되는 걸 아는 덕분이다. 그래서 그 원리를 먼저 겪어 본 나는 경험을 토대로 자영업자들이 좀 더 풍성한 삶을 살 수 있도록 돕고 싶다. 그것이 내가 제시하는 플랜B이다.

모든 오프라인 사장님들의 미래는 불투명한 게 사실이다. 이걸 부정할 수는 없다. 상황이 앞으로 나아질 거라는 생각도 들지 않는다. 하지만 우리 주위를 봐라. 장사를 하겠다고 다짐하고, 실제 시장에 뛰어드는 사람이 여전히 많지 않은가. 아무리 뜯어말려도 할 사람은 하는 게 장사이고, 제일 쉽게 다가가는 분야다. 그러므로 불투명한 미래에 나의 시간을 투자하기보다는 플랜B를 늘 생각해야 하는 시대이다. 특히나 오프라인 자영업을 하고 있다면, 반드시 내 인생을 구제할 또 다른 비즈니스에 눈을 떠야 한다.

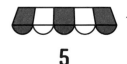

5

우리는 경험이 돈이 되는 시대를 살고 있다

　　　　　장사에 있어서 성공은 어떤 의미일까. 월 1,000만 원의 수익? 2~3개의 매장 운영? 전국적인 가맹점 확산? 사람마다 기준은 다르겠지만, 나는 장사의 성공은 10년 이상 꾸준히 벌 수 있는 시스템을 갖추는 것이라고 말하고 싶다. 왜냐하면 10년 동안 꾸준히 영업하는 비율이 극도로 낮기 때문이다. 굳이 따지지 않더라도, 80% 이상이 3년 안에 폐업하고, 90% 이상이 4~5년 안에 폐업한다는 사실만 보더라도, 10년 이상 영업한다는 것이 얼마나 대단한 것인지 알 수 있다.

　장사에서 성공했다고 하는 사람들은 하나 같이 잘 나갈 때를 이야기한다. 성공했었다고. 모두 과거형이다. 그런데 성공은 과거형이 되면 안 된다. 성공했고, 지금도 성공 가도를 달리고 있다고 말할 수 있어야 한다. 그러려면 우리는 무엇을 해야 할까? 그저 과거의 성공에 빠져서 '성공을 해봤던 사람'으로 자기 위안을 삼는 사람으로 살아가는 것이 맞을까, 아니면 그 성공을 기반으로 또 다른 성공도 해봐야 할까.

앞서도 말했듯 장사의 성공 기준은 개인마다 다르다. 중요한 건, 본인이 생각하는 기준을 어떻게 10년 이상 지속하느냐다. 결국은 나의 스토리를 무기로 새로운 수익 창출을 하지 않으면, 성공의 열매는 그때 그 순간일 뿐, 길게 이어갈 수 없다.

나는 5년간 장사를 했고, 월 1,000만 원도 벌어봤다. 연봉 6,000만 원도 만들어 봤지만 그때뿐이었다. 그리고 그 계기를 바탕으로 나만의 비즈니스를 구축했다. 바로 누군가를 가르치는 교육자 포지셔닝이다. 순전히 내가 하던 장사의 연장선상에서 콘텐츠 크리에이터, 마케터, 강연가, 작가, 코치, 컨설턴트가 나의 새로운 직업이 된 것이다. 그리고 이 직업은 앞으로 10년은 끄떡없다고 자부한다. 이유는 한 해 100만 명이 창업하고, 또 100만 명이 힘듦을 호소하기 때문이다. 내가 하라고 하지 않아도, 이렇게 자영업 시장으로 뛰어드는 사람이 많다. 모두가 나의 고객이 될 수 있고, 내 고객들은 자연스럽게 나를 찾아온다. 그들이 원하는 정보를 내가 가지고 있기 때문이다.

성공의 달콤함이 적어도 10년을 가려면 내가 가진 자영업 경험을 그대로 묵혀두어서는 안 된다. 비록 폐업할지언정 경험은 고스란히 남아있다. 성공의 기준은 모두에게 다르기 때문에 노하우를 돈으로 만드는 기술이 굳이 엄청난 성공을 해야만 가능한 건 아니다. 매장을 운영했던 경험이, 매장을 한번도 운영해보지 않은 사람에게는 무형의 가치를 가진 자산이 될 수 있다는 얘기다. 나는 오래전에 이 사실을 완벽하게 체험을 통해 알게 됐다. 장사를 한 지 6개월에 접어들 때쯤 한 카페를 통해 예비 창업자를 만났다. 그 친구는 퇴사 후 장사를 준비하고 있었다. 나보다 나이도 많았고, 똑똑했으며, 학벌도 좋았다. 그리고 이미 창업에 대해 많은 공부를 해둔 터라 나보다 장사에 대해 더 잘 아는 듯했다. 하지만 경험에 있어서는 내가 가르치는 포지션이 자연스럽게 만들어졌다. 그렇게 한두 번 만나면서 편한 친구로 생각해 이런저런 조언을 해주게 됐는데, 그가 고마움의 표시로 추석 무렵 10만 원짜리 백화점 상품권을 보내준 계기로 나는 큰 깨달음을 얻었다. '작은 경험도 누군가에게는 큰 가치가 되는구나.' 하고 말이다.

　한 온라인 강연에서 나는 고물상 경험을 1년 정도 한 사람이 고물상을 팔고, 고물상 창업을 가르쳐주는 사람으로 변신해서 꽤 큰 돈을 벌고 있는 사례를 예시로 든 적이 있다. 아마 지금도 그 어딘가에서 강의를 할 것이고, 네이버에 '고물상 창업'이라고 검색하면 나오는 많은 게시물 중, 그 사람이 작성한 정보성 글이 있을 것이다. 고물상 창업을 희망하는 초보들을 가르치는 사람으로, 초보들을 유입시키기 위한 일종의 '미끼'를 던져 놓았을 게 분명하기 때문이다.

그 외에도 미용실, 헬스장, 학원, 공방, 편의점, 식당, 마사지 숍, 무인 밀키트 숍 등 자영업의 종류는 한계가 없다. 그리고 자영업의 시장으로 들어오려는 사람도 무궁무진하다. 그들은 죄다 초보다. 하지만 약간의 경험을 가지고 있다면, 그들의 스승 또는 멘토가 될 수 있다. 실질적인 조언을 해줄 수 있고, 단숨에 교육자로 변신할 수 있다. 물론, 모두가 가능한 건 아닐 것이다. 경험을 어떻게 교육화하고, 타깃을 찾는 방법부터 제시하는 과정, 그리고 어떤 교육 상품을 얼마에, 어떻게 판매할지에 대한 과제가 남아있기 때문이다.

왜 자영업은 3년을 버티지 못하고 80%가 폐업할까? 왜 자영업으로 10년을 가지 못할까? 나는 실제 오프라인 자영업으로 5년을 경험하고, 온라인 자영업으로 4년 차에 접어들었다. 이제 1년만 더 있으면 10년의 경력이 된다. 재미있는 건 오프라인 자영업과 비교해 온라인 쪽 소득은 그 수치가 월등히 높다는 사실이다. 오프라인에서 동네 주민을 대상으로 장사를 하다가, 전국민이 고객인 온라인으로 전향함으로써 얻은 결과다. 단숨에 누군가에게 무언가를 가르칠 수 있는 것은 굉장한 축복이자 흥미로운 일이다. 성공의 달콤함이 10년 이상 지속할 수 있다는 확신까지 드는 일이니 마다할 수 없는 일이기도 하다.

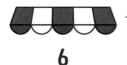

6

월 3,000만 원 버는 '사업'을 해라

장사로 월 300만 원을 벌어봤다면 월 3,000만 원 수입도 가능하다. 뜬구름 잡는 이야기라고 할 수도 있다. 하지만 월 200~300만 원에서 시작해 월 2,000~3,000만 원을 버는 자영업자가 많다. '내 주변에는 없는데?'라고 할 수 있다. 왜냐하면 그들이 "나 이번 달 수익이 3,000만 원이야."라고 굳이 말하지 않아서다. 자영업자는 월급을 받는 직장인이 아니라서 연봉으로 따질 수는 없지만, 연봉 1억 원이 넘는 이들이 무수히 많다. 단지, 돈 자랑을 하지 않는 절제력이 있어 우리가 모를 뿐이다. 이처럼 장사로 시작해 큰 수익을 내며 진정한 사업가가 된 사람들에게는 크게 3가지 특징이 있다. 시작은 미약했지만, 성장하는 과정에서 반드시 눈여겨볼 포인트가 있다. 그것을 적용해본다면 큰 도움이 될 것이다.

첫째, '메신저' 역할이다. 이것은 장사에서 사업으로 전환하는 계기를 만들어주고, 매장을 2개, 3개, 10개까지 늘릴 수 있게 해준다. 프랜차이즈 사업을 떠올렸는데, 메신저라고 하니 다소 생소할 수도 있다. 그런데 모든 분야에는 메신저가 존재함을 알아야 한다. 말 그대로 무언가를 전달하고 전파하는 사람이다. 조금 더 자세히 설명하자면 '도움을 주는 사람'이다. 하나의 사례를 들어보자. 코다리찜 가게를 10년 이상 운영해온 사장님은 코다리찜에 있어서는 일가견이 있다. 이미 성공사례를 만들었으므로, 이 사실을 홍보하기만 하면 노하우를 전수받으려는 사람이 줄을 설 것이다. 실제로도 넘쳐나는 중이고, 레시피와 노하우를 알려주면서 부수입을 올리고 있다. 그것도 매장 운영 수익보다 더 많이. 또 다른 예가 있다. 매장의 손익구조를 파악해, 불필요한 지출을 잡아내고 원가 절약을 도와주는 사람이 있다. 내가 아는 분 중 이 분야에서 월등한 사람이 있다. 상담 후 매장 전체를 점검받으려면 100만 원이라는 비용을 내야 하지만, 이것을 아깝게 생각하는 사람은 없었다. 왜냐하면 불필요한 지출만으로도 매달 100만 원이 넘기 때문이다. 1년으로 계산하면 1,000만 원은 족히 넘는 금액이다.

코다리찜 사장님과 손익구조 점검 사례의 포인트는 '타깃의 세분화'다. 먼저 코다리찜 사장님은 코다리찜 레시피 외에는 알려주지도 않고, 상담도 받지 않는다. 손익구조를 점검해주는 분도 마찬가지다. 손익구조 점검이 아니면, 계약하지 않는다. 괜한 시간을 허비하지 않는다는 뜻이다. 그런데 그것이 입소문 나면서 소개에 소개가 이어진다. 이들과 인연이 있다면, 코다리찜 또는 손익구조 점검이라고 하면 단연 이 두 사람을 떠올린다.

메신저는 누구나 할 수 있다. 본인이 가진 노하우를 잘 전달할 수만 있다면 말이다. 얼마 전 한 박람회에서 어느 젊은 친구의 물음에 헛웃음이 났다. 대뜸 "권프로 님처럼 되려면 어떤 자격증을 따야 합니까?"라고 물은 것이다. 웃음이 났지만 너무 진지해서 속마음을 드러낼 수 없었다. 누구나 건물주가 되고 싶어 하고, 좋은 위치에 오르고 싶어 한다. 그런데 타고난 금수저가 아닌 이상, 노력이 뒤따라야 한다. 코다리찜 사장님도 10년 이상 매장을 운영하면서 끊임없이 연구해 자기만의 노하우를 만들었고, 손익구조를 개선해주는 대표도 본인 매장을 탐구하고 주변 가게를 직접 맡아 도우면서 실력을 쌓았다. 하루아침에 생겨난 능력이 아니란 말이다. 한편 나에게 질문한 그 친구는 자격증으로 모든 것이 해결된다고 판단했던 것 같다. 그래서 이해하기 쉽게 설명해주고 돌려보냈다. 용기 있게 질문한 데에 대한 칭찬과 함께.

둘째, '창업 컨설팅'도 장사에서 사업으로 전환하게 해준다. 이는 유튜버가 기하급수적으로 늘어나면서 생겨난 직종이다. 장사하다가 무슨 컨설팅이냐고 할 수 있지만, 많은 사람이 부업으로 창업 컨설팅을 하고 있다. 그럼에도 우리나라에서는 창업 컨설팅에 대한 이미지가 좋지 않다. 이유는 일부 사람들이 권리금 부풀리기로 예비 창업자들의 주머니를 가볍게 하기 때문이다. 여기에서 반드시 알아야 할 것은 전문가라고 해서 컨설팅을 잘하는 건 아니라는 점이다. 오히려 현장에서 컨설팅이 더 많이, 더 잘 이뤄진다.

가령, '와, 나도 저 사업 해보고 싶다.'라는 마음이 들게 하는 곳이 있다. 특히 오프라인 사업은 눈으로 보이는 부분이 커서 카페, 식당, 리테일 숍 등에서 꿈을 키우는 사람이 많다. 그러므로 조금만 노력하면, 그들의 수요를 내 것으로 만들 수 있다. 의외로 예비 창업자들은 우리가 생각하는 이상으로 현장에 대해 잘 알지 못한다. 심지어 임대차 계약을 단 한번도 해보지 못 한 사람도 있다. 그래서 상권을 검토해주고, 임대차 계약하는 자리까지 동행하면서 진심으로 컨설팅해주면, 금방 입소문 나게 되어 있다. 적어도 그 지역에서만큼은. 이런 점에서 얼마 전 다녀온 울산의 싱귤러 커피가 떠오른다. 주변에서 한옥 카페 운영을 구상하고 있는 사람이 있다면, 나는 주저하지 않고 싱귤러 커피 사장님에게 조언을 구하라고 할 것이다. 이것이 창업 컨설팅으로 이어지는 기초 단계다.

명심할 것은 '할 줄 아는 것만 해야 한다.'는 것이다. 가령, 레트로풍의 주점으로 좋은 사례를 만들었다면, 굳이 프렌차이즈화 하지 않고, 컨설팅을 통해 더 빠르고, 원활하게, 비용 낭비 없이 자리 잡을 수 있도록 도와주면, 그것이 사업이 된다. 실제 전문 창업 컨설팅 업체보다, 소규모 매장은 이런 방식으로 준비가 이뤄지는 곳이 많다. 비용도 절약되고, 진심으로, 인간적으로 도움을 주려고 하는 사람이 꽤 많아서다.

마지막으로 '마케팅을 통한 유통'이 장사에서 사업으로 전환해준다. 지인 중에 건어물 유통으로 월 2,000만 원 이상의 수익을 꾸준히 내는 분이 있다. 코로나19가 터진 직후에는 매출이 많이 떨어져 울상 이었지만, 매번 지원금 대상에서 제외되는 걸 보면 아직은 괜찮아 보인다. 이분은 가맥집 그러니까 낮에는 일반 마트였다가 저녁에는 술 장사를 하는 매장을 운영하다가, 돌연 유통으로 돌아선 케이스다. 품질 좋은 물건을 받아서 판매하다가 아예 그 품목을 유통하기 시작했다. 당시 그것이 꼬막 먹태였는데, 약 1년간 매장을 운영하면서 배우다가 다른 매장으로 영업을 다니면서, 끝내 품목을 확장해 유통 사업으로 전환했다. 나에게도 비슷한 사례가 있다. 오래전 일인데, 매장 화구에서 떨어지는 기름받이 제품 성능이 좋아 주변 매장에 추천해줬더니, 반응이 꽤 좋았다. 그래서 내가 대신 판매해준 적이 있다. 그 외에도 저렴하지만 퀄리티 높은 로고를 제작하는 대표와 협업한 일, 프리미엄 아귀포를 대량으로 소개하면서 수익을 낸 일 등 소소하게 마케팅 경험이 있다.

유통은 마케팅 싸움, 영업의 전쟁이라고도 하는데, 마케팅 능력이 있고, 장사 수완이 좋다면, 매장에서 자리를 지키고 있는 것보다 더 큰 업체를 상대하는 것이 수익적인 면에서 효율적이다. 사실 처음에는 경험이 없어 쉽게 선택하지 못하는데, 장사를 하면서 식품 유통에 대한 눈을 뜨고 전환하는 경우를 많이 접한다. 이렇게 유통은 장사라기보다는 마케팅 능력에 따라 사업으로 구분되는 부분이라서, 그 나름의 매력이 있다.

장사로 시작해, 월 300만 원 수익에서 월 3,000만 원을 벌어들이는 사람이 주변에 없다고 생각하는 건, 그들의 절제력이 뛰어나서다. 돈 많이 번다고 자랑하지 않는다는 말이다. 그리고 한순간에 3,000만 원이 통장에 입금되는 것이 아니라, 오르막길을 올라가듯 천천히 수익이 오르기 때문에, 큰 감흥도 없다. 로또가 당첨된 것 마냥 극도의 흥분감도 느끼지 못한다. 기억해야 할 것은 매달 꾸준한 현금 흐름을 만들 수 있느냐 하는 것이다. 『돈의 속성』을 집필한 수천억의 자산을 가진 JIMKIM HOLDINGS 김승호 회장도 '정기적인 돈의 흐름'을 제일 강조했다. 한 번에 버는 돈은 금세 사라지지만, 균형이 잡힌 돈은 빨리 사라지지 않기 때문이다. 장사에서 사업으로 이어가고 싶은 사람이라면, 지금까지 한 이야기를 새겨듣고 새로운 도약의 발판을 마련하길 바란다.

7

나는 이제
장사를 하지 않는다

나는 5년간 장사를 했었다. 지금은 직접 운영하는 가게는 없다. 오직 컨설팅과 코칭, 그리고 콘텐츠 생산에 집중하고 있다. 이유는 크게 두 가지이다. 첫째, 투입하는 노동력 대비 지금 하고 있는 일이 더 큰 수익을 가져다준다. 둘째, 온라인에서 많은 사람을 만나는 것이 내 적성에도 맞고 행복하기 때문이다.

장사를 시작하게 된 계기도 회사를 다니는 것이 투입하는 노동력 대비, 수익이 낮다고 판단되어서였다. 당시 급여도 내가 가진 능력에 비하면 많다고 할 수 있었지만, 시간이 지날수록 이 상황이 지속되면 안 되겠다는 생각이 들었다. 정해진 급여를 받고, 정해진 연봉 협상에 의한 연봉 상승, 이게 내 삶의 정해진 길이었다. 그래서 남이 정해준 틀을 뿌리치고 나만의 일을 시작한 것인데, 시골의 작은 동네에서 시작한 장사는 한계가 있었다. 월 1,000만 원의 수익을 얻었지만 오래가지 못했고, 영원할 거라는 확신도 생기지 않았다. 이에 적당한 시기에 매장을 매매하는 것도 하나의 장사 수완이라고 생각했고, 실행에 옮겼다. 아무 대책 없이 매장을 넘긴 건 아니었다. 온라인이라는 새로운 신세계를 접하고 난 후였기 때문이다.

과거의 나는 온라인은 단순히 쇼핑몰에서 물건을 구매하거나, 커뮤니티 공간에서 소통만 하는 곳인 줄 알았다. 그런데 몇 권의 책을 통해 무궁무진한 시장이 있다는 걸 알게 됐다. 그리고 당시 책에서 본 대부분의 내용을 실제로 접목해서 지금도 사업을 이어가고 있다. 오프라인이 아닌 온라인에서 무형의 가치로 장사를 하는 것이다.

온라인에서의 장사도 여러 분야로 나뉜다. 유형의 물건을 팔수도 있지만, 나처럼 무형의 가치를 파는 사람이 최근에 부쩍 늘어나고 있다. 나는 유튜브로 콘텐츠를 생산하면서 나의 경험과 노하우를 나누고 있고, 네이버 카페도 운영하고 있다. 그리고 이런 노하우를 가르치는 코치로도 활동을 한다. 계속 배우고 실행에 옮기면서 새롭게 쌓은 노하우를 또 다른 사람에게 전파하는, 선순환 구조를 일으키는 것이 나의 사업이다. 특히 장사, 1인 기업, 무자본 창업, 콘텐츠, 스몰 플랫폼 등의 사업은 앞으로도 유망한 시장이라고 본다.

작은 시골 동네에서 하는 오프라인 장사는 분명히 한계가 있었다. 나는 그걸 유리천장이라고 표현하는데, 아무리 내가 매장을 크게 열어도 올 사람이 없으면 문제가 됐고, 또 작게 열면 작게 열어서 문제가 있었다. 매달 나가는 임대료에 늘 고민이었고, 사회적인 문제로 거론됐던 메르스, 경기 불황 등은 매번 심각한 타격을 주었다. 고된 노동 역시 나를 오랜 시간 오프라인 장사에 머물게 하지 못했다. 아내와 함께 보내는 시간이 좋아 결혼했는데, 늘 새벽 퇴근으로 함께하지 못하니 안타까울 때가 많았다. 근무 시간도 8시간으로 줄이고, 여름과 겨울 1년에 두 번씩 장기간으로 해외여행을 다녀오기도 했지만, 언제나 아쉬웠다. 물론, 만족하지 못한 삶은 아니었다. 그저 내가 원하던 삶이 아니었을 뿐이다.

지금은 상황이 180도로 바뀌었다. 정해진 시간에 일하지 않아도 되고, 출근이라는 개념이 없어졌다. 대부분의 업무를 집에서 처리하며, 가끔 전환이 필요하면 카페를 찾는다. 아르바이트생이나 직원이 그만두거나 손님에게 잘못 대하지 않을까 전전긍긍하는 모습도 없어졌으며, 늘 부담됐던 임대료 역시 내 머릿속에서 말끔히 지워버린 지 오래다.

오프라인 장사를 하면서 '이런 세상이 있군.' 했던 게 엊그제 같다. 하지만 책과 만나는 사람들을 통해 더 큰 세상이 있다는 걸 알고 난 뒤로는 더 알고 싶은 것이 많아졌다. 그래서 요즘도 세상을 알아가는 시간을 갖는다. 단순히 스쳐 지나가는 정보도 흘려듣지 않고, 메모해

됐다가 꼭 찾아보는 습관도 들였다. 몇백만 원씩 손해 봤던 주식도 공부해서 다시 시작했고, 용어조차 몰랐던 부동산에도 관심을 가지면서 건물까지 공동투자로 매입했다. 만약 내가 오프라인 장사에만 머물렀다면 이 많은 것을 할 수 있었을까라는 생각이 든다.

나는 오프라인에서 자영업을 하는 사장님들에게 늘 같은 이야기를 한다. "사장님도 충분히 다른 사람을 가르칠 수 있어요. 사람을 모으고, 교육하는 방법은 제가 가르쳐 드릴게요."라고. 그런데도 다들 실행으로 옮기지 못한다. 이유는 한번도 해보지 않은 일이기 때문이다. 또 '내가 어떻게 …….' 하며 스스로 한계를 지어버린다. 그런데 나는 대부분이 이런 자격을 가지고 있다고 생각한다. 또 그 자격은 현재 하고 있는 오프라인 사업을 기반으로 확장할 수 있다고 믿는다. 내가 그랬던 것처럼.

코로나 팬데믹 이후로 오프라인에서 자영업을 하는 사람들이 힘들어하고 있다. 나 역시 자영업자인 입장에서 그들을 도울 방법을 무척 오래, 그리고 깊게 했다. 결론은 오프라인뿐만 아니라 온라인에서도 수익을 발생시키고, 나의 경험과 노하우를 알고 싶은 사람들을 모아야 한다는 것이다. 그리고 그것이 두 번째 자영업이 된다는 확신도 생겼다. 내가 더 이상 동네에서 장사하지 않는 이유는, 온라인에서 더 많은 사람을 만나 소통하는 게 행복해서다. 당연히 수입은 덤이다. 부디 나를 만나는 모든 사람이 내가 하고 있는 시도를 똑같이 해보면 좋겠다.

나는 유튜버인
나를 칭찬한다

　장사를 5년 정도 하고 났을 때, 무기력과 외로움, 쓸쓸함 그리고 미래에 대한 불안감이 한꺼번에 몰려왔다. 여러 번 폐업의 위기를 맞고 난 후라 더욱더 그런 생각이 들었다. 맞벌이였던 나는 굳이 그런 생각을 가지지 않아도 됐지만, 가장이라는 책임감에 조금이라도 돈이 안 벌리는 달이면, 스스로 중압감을 견뎌내지 못했다. 그때 문득 '장사를 잘하기 위해 이렇게까지 가게를 열심히 알리는데, 정작 난 무엇인가?'라는 생각이 들었다. 한마디로 5년간 나의 가게는 동네 사람들에게 아주 잘 알려졌지만, '나'라는 사람은 전혀 인지되지 않았다는 생각이 든 것이다. 나를 보고 가게를 찾아주는 손님도 있었겠지만, 그것보다는 내가 걸어 놓은 현수막, 사진, 그리고 온라인 마케팅을 통해 손님들이 오는 걸 알았다. 결국, 이 가게가 언제가 될지 모르지만, 문을 닫고 나면 여느 사장님들처럼 또 장사해야 할 것이고, 밑바닥부터 다시 시작해야 한다는 생각이 들었다. 암울했다. 이렇게까지 키워 놓은 매장이 상권의 변화와 트렌드에 묻혀 서서히 기울면, 나의 일자리가 없어진다고 생각하니 말이다. 그때 눈에 들어온 게 유튜브였다. 가게는 오프라인에서 동네 사람들에게만 알리면 됐지만, 나라는 사람은 온라인에서 전국으로 알려보면 어떨까 싶었다.

이전의 나는 유튜브를 그저 시간 때우기 용도로 사용했다. 유튜브에 정보가 있을 거라는 생각은 전혀 하지 못했다. 그래서 나는 유튜브에 '정보'를 올리기로 했다. 이미 많은 정보가 올라와 있는 걸 모르고 행한 일이었다. 목적은 하나였다. 나라는 사람을 알리는 것. 아마 지금의 나라면 오히려 유튜브를 시작하지 못했을 수도 있다. 무식하면 용감하다고, 당시에는 '내가 알고 있는 걸 이야기하면 되지 않을까.'라고 단순하게 생각했다. 지금 돌이켜보면 아찔하다. 아무 생각 없이 나라는 사람을 알리고 싶었고, 내가 가진 정보를 공유하면, 당연히 잘 알려질 거라고 생각했기 때문이다.

유튜브를 하게 되면서 나는 더 많은 공부를 했다. 내가 가진 정보를 사람들에게 전달한다는 게 쉬운 일은 아니었기 때문이다. 내 머릿속의 정보를 좀 더 쉽고 재미있게 전달하기 위해서는 기술이 필요했다. 조리 있게 말도 또박또박해야 했으며, 때에 따라서는 적절한 예시도 들어야 했다. 간혹 나조차도 이해하지 못하고 횡설수설하는 경우도 있었다. 그럴 때마다 보완하려고 많은 노력을 기울였다. 그리고 그걸 여러 사람이 좋아해 주고, 응원해주니 더 잘하고 싶은 생각이 들었다. 더 나아가 이렇게 책까지 쓰게 되는 엄청난 발전을 하게 됐고 말이다.

　유튜브가 다들 레드오션이라고 한다. 하지만 나는 생각이 조금 다르다. 시작할 당시에는 레드오션이건 블루오션이건 아무런 생각이 없었는데, 지금은 확실히 블루오션이라는 생각이 든다. 왜냐하면 진짜 시작하기가 쉽지 않기 때문이다. 그리고 결정적으로 틈새시장의 카테고리는 여전히 경쟁자가 없다. 경쟁자가 없는 시장을 개척하면 당연히 블루오션이 될 수밖에 없는 구조이다. 물론, 실행력이 좋아야만 할 수 있는 도구가 유튜브이다. 그래서 더욱더 블루오션이라는 생각이 든다. 내 주변에는 아직도 유튜브를 운영하는 사람이 없다. 유튜브를 통해 알게 된 사람을 제외하면 말이다. 그만큼 시작하기 어렵고, 까다로우며, 한두 시간 배운다고 해서 평생 만들어보지도 못하던 영상을 만들 수 있는 건 아니기 때문에, 틈새시장에서는 더욱더 경쟁자가 없을 수밖에 없다.

　실제 내가 처음으로 유튜브를 했을 당시에도 장사 정보에 대해서 노하우를 이야기해주는 채널은 많지 않았다. 그리고 해당 성격의 채널이 종종 생겨났지만, 꾸준히 3년 이상을 유지해오고 있는 채널은 보기 드물다. 아마 앞으로도 그렇지 않을까 하는 생각이 든다. 마음을 먹어도 시작하기가 어렵고, 유지하기는 더 어려우며, 레드오션이라고 생각하는 사람이 많기 때문이다.

　장사를 하면서 장사를 잘하기 위해 했던 많은 노력이 다른 사람들에게 정보가 된다고 판단한 건 신의 한 수였다. 내가 알고 있는 이 작은 지식, 정보, 깨알 같은 팁이 그 누군가에게는 크게 다가온다는 걸 유튜브 채널을 운영하면서 알게 됐다. 특히 '장사 마인드'에 있어서는 나 역시도 콘텐츠를 만들면서 배우는 게 많다. 실제 내 머릿속에 들어있는 정보로만 콘텐츠를 만들 수는 없는 노릇이기에 책도 읽고, 사람들을 만나면서 배우며 느끼는 것을 하나의 결과물로 만들어낼 때는 큰 도움이 된다. 가르치면서 배운다고 하지 않았던가.

실제 1,000개 이상의 콘텐츠를 만들면서, 엄청난 흡수를 하고 있는 내 모습을 봤다. 유튜브를 하게 되면서 강연도 참 많이 다녔는데, 그럴 때마다 만들었던 콘텐츠가 머릿속에 그대로 남아있다. 덕분에 순간순간 끄집어내어 사용할 때가 많다. 성장하기도 했고 말이다. 학습을 위해서라도 유튜브는 꾸준히 해야겠다는 생각이 들 정도다.

오래전 블로그를 운영할 때도 비슷한 경험을 한 적 있다. 지금은 블로그가 브랜딩의 도구 혹은 마케팅의 무기로 사용되고 있지만, 10년 전만 하더라도 그렇지 않았다. 그저 일기장 정도의 소소한 느낌으로 블로그를 운영하는 사람이 많았다. 나 역시도 그러했고 말이다. 당시에 나는 티스토리에 블로그를 개설해 매일 일기도 쓰고, 내가 알게 된 정보를 포스팅하며 공유했다. 그때마다 느낀 점이 정보를 정리하고 올리면서 나 역시도 배우게 된다는 것이었다. 유튜브는 그 과정이 더 복잡하고, 계속해서 콘텐츠를 만들어야 하는 구조를 가지다 보니, 학습의 도구로도 높은 가치를 가지고 있는 듯하다.

그래서 나는 "유튜브 하길 잘했어."라는 말을 달고 산다. 이렇게 하지 않으면 콘텐츠를 만들지 않게 되고, 채널이 소리소문없이 사라질 수도 있기 때문이다. 단언컨대 나를 알리고자, 내가 가진 아주 작은 정보를 다른 사람에게도 전달하고자 시작한 유튜브는 여전히 블루오션이고, 여전히 힘 있는 퍼스널 브랜딩 도구이며, 아무것도 가지지 않은 흙수저가 도전해볼 수 있는 몇 안 되는 치트키이지 않을까 한다.

유형의 상품을 팔 것인가? 무형의 가치를 팔 것인가?

·

틀어진 계획 속에 기회가 있다

·

지속 가능한 콘텐츠를 만들어라

·

수익 파이프라인은 무한대로 만들 수 있다

·

생활의 작은 변화로 생산자가 되어라

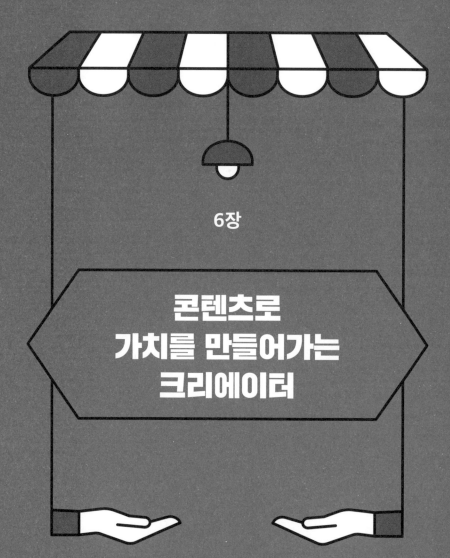

6장

**콘텐츠로
가치를 만들어가는
크리에이터**

1

유형의 상품을 팔 것인가?
무형의 가치를 팔 것인가?

　　　　　　　　나는 무형의 것이 돈이 된다는 사실을 전혀 몰랐던 사람 중 한 명이다. 장사를 5년간 하면서 오직 식자재를 구입해 가공하고, 조리해 손님에게 팔아야만 돈이 된다고 생각했다. 세상에는 유형의 상품만이 존재한다고 믿고 살아왔고, 그 부분에 대해서 별다른 생각이 없었다. 하지만 세상에는 무수한 무형의 상품이 존재한다는 걸 뒤늦게 깨달았다. 당신이 지금 읽고 있는 이 책 역시 무형의 상품이라는 개념을 안 것이다. 책이라는 물건 자체는 유형이지만, 그 안에 담긴 정보와 지식은 무형의 것이다. 책을 구성하는 속지와 표지는 얼마 정도 할까? 인쇄소에서 인쇄하는 비용은 얼마일까? 아마 넉넉잡아도 5,000원을 넘기진 않을 것이다. 그런데 보통 책은

15,000원 내외의 금액에 판매된다. 나머지 1만 원은 무형의 것에 대한 가치인 것이다.

처음 유튜브를 시작했을 당시, 나는 무형의 것을 판다는 개념은 전혀 없었다. 유튜브를 통해 사람들에게 장사에 대한 내용을 알려주고 싶었을 뿐이다. 더욱이 내 주위에는 장사하는 친구가 전혀 없었기 때문에, 친구들에게 이야기해주는 컨셉이 내 콘텐츠의 첫 시작이었다. 그러다 보니 내 이야기를 듣고 싶어 하는 친구 같은(?) 구독자가 늘어났고, 좋아해 주는 사람까지 생겼다. 이에 나는 그 사람들을 만족시켜야겠다는 생각이 들면서 지식의 가치를 알게 됐다. 그렇게 나를 만나고 싶어 하는 사람도 생겨났고, 나에게 고민을 털어놓는 사람까지 생겼다. 그리고 그들의 문제를 해결해주면서 보람을 느꼈다. 결국, 사람을 직접 상대하면서 음식을 파는 장사보다 온라인에서의 정보 전달에 더 큰 가치를 느끼게 됐다.

물론, 직접 장사를 하던 그때의 기억이 안 좋았던 건 아니다. 처음으로 내 일을 한다는 생각에 가슴이 벅찼고, 열심히 했다. 하지만 온갖 매출의 우여곡절을 겪으면서 '다른 사람도 이런 시기가 있지 않을까?' 하는 생각이 자주 들었다. 그리고 그런 고통과 아픔을 통해서 성장한 걸 느꼈다. 이게 나의 경험이고, 이런 경험을 듣고 싶어 하는 게 온라인 세상의 사람들이다. 무형의 것이 모두 정보로 이루어져야만 사람들이 원하는 건 아니다. 대부분의 자영업자가 "나는 장사를 잘하지 못했어요.", "나는 이제 막 장사를 시작했는데요?"라면서 자기는 노하우가 없다고 한다. 그런데 정보와 노하우만이 온라인 콘텐츠를 구성하는 건 아니다. 그 와중에는 나의 경험, 일상, 그리고 메시지를 원하는 사람도 있다. 그게 무형의 가치가 되고 사람들에게 팔리는 것이다.

실제 자영업을 하는 많은 분이 온라인에서 활동하고 있다. 유튜브를 통해 알게 된 여러 자영업자는 각기 자기 자신만의 콘텐츠를 가지고 있었다. 어떤 분은 요리하는 모습을 보여주었고, 어떤 분은 장사하는 모습을 보여주고 싶어 했다. 철물점을 운영하는 사장님은 철물점에 어떤 물건을 파는지를 알려줬는데, 사람들은 그런 매력에 팬을 자처하고 좋아했다. 무형의 가치는 정보로만 이루어져 있지 않다는 게 증명되는 셈이다.

아주 작은 시골의 자영업자에서 여러 직업을 가진 N잡러가 된 나는, 우여곡절을 참 많이도 겪었다. 아마 오프라인에서 사업하다가 온라인으로 넘어왔기 때문에 더 그렇지 않을까 하는 생각도 든다. 물론, 나도 스마트스토어도 하고, 이것저것 손대본 게 많다. 하지만 내 성향과 맞지 않았다. 그래서 잘되지 않았다. 열심히 하지 않은 탓도 있겠지만, 성향에 맞지 않은 걸 열심히 하기가 힘들었다. 지금은 나의 방향을 명확히 알고 있다. 그리고 사람들이 나에게 원하는 게 무엇인지도 알고 있다. 정보를 생산해내는 것, 정보를 가공하는 것, 나의 경험을 정보로 만드는 것 등을 토대로 사람들에게 더 나은 삶을 제공해주는 것, 문제점이 생긴 사람들의 문제를 해결해주는 것이 내가 해야 할 일이고, 앞으로도 꾸준히 하고 싶은 일이다. 온라인 시장에 들어오고 나서 느낀 건, 내가 오프라인에서 단골이라고 생각했던 몇백 명, 몇천 명 수준의 풀이 아니라는 것이었다. 계속해서 수많은 사람이 유입되고, 또 결이 맞는 사람과 함께 할 수 있다는 장점이 있다. 단순히 정해진 풀에서 정해진 인원을 상대하는 게 아니라는 얘기다.

올해 40살이 된 내가 앞으로 20년을 같은 비즈니스를 한다고 해도, 우리나라 사람의 1%도 제대로 인연이 닿지 못할 것이다. 5,000만 인구의 1%이면 50만 명인데, 30년을 더 해도 스쳐 지나가지도 못할 수준이다. 그만큼 넓은 시장이고 무한한 세계. 여기에 세계 인구까지 합한다면, 머릿속으로는 계산하기 힘든 수치가 매겨진다.

자기 자신만의 경험과 노하우를 공유하는 세상이 되어버렸다. 그리고 자영업 시장은 앞으로도 줄어들지는 않을 것이다. 한 해 100만 명이 창업하는 이 시장은 또다시 한 해 100만 명이 폐업하는 무한의 굴레를 벗어나지 못하고 있다. 그렇기에 경험과 노하우는 우리가 가진 가장 큰 자산이자, 많은 사람이 원하는 정보이다. 결국 어떻게 나의 정보를 원하는 사람들을 만날 것인가, 어떤 식으로 정보로 가공할 것인가, 어디를 통해 전달할 것인가에 대한 질문만이 우리에게 남은 숙제이지 않을까 한다. 이 모든 걸 경험하고, 지식을 나누는 내 입장에서는 더 많은 사람이 자기의 경험을 정보로 바꿔, 또 다른 비즈니스를 했으면 하는 바람이다.

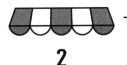

2

틀어진 계획 속에
기회가 있다

　　　　　　　　　　　　나는 계획하는 걸 좋아한다. 어디를 놀러
가거나, 누구를 만나더라도 계획을 짜고 스케줄대로 움직여야만 직성
이 풀리는 성격이다. 그래서 친구들은 이런 나의 꼼꼼함에 간혹 핀잔
을 주기도 한다. 갑작스레 오는 연락에는 대부분 거절하기 때문이다.
지금은 이런 성격이 많이 고쳐졌다. 아니, 변했다. 모든 게 계획대로
되지 않는다는 걸 절실하게 깨달았기 때문이다.

　　장사를 하면서 유튜브를 처음 시작했을 때도 마찬가지였다. 아무리
생각해도 유튜브를 왜 시작했는지 정확한 이유가 기억나지 않는다.
그저 새로운 돌파구를 찾기 위한 몸부림 정도이지 않았을까 한다. 하

지만 철저한 계획은 있었다. 유튜브를 나와 사람들을 잇는 다리 역할로 사용해야겠다는 계획. 하지만 마음처럼 쉽지는 않아 중간에 포기도 했었다. 유튜브는 생전 처음 접해보는 아주 낯선 놈이었고, 나에게두 번이나 좌절감을 안겨주었기 때문이다.

내가 처음 선택한 콘텐츠는 금융 쪽이었다. 대학 시절부터 주식을했던 나는 주식 관련 정보를 제공하면, 사람들이 좋아할 줄 알았다.하지만 처참히 실패했다. 아니, 시도조차 제대로 해보지 못했다. 이유는 '내가 알고 있는 게 너무 없어서'였다. 물론, 당시에는 이런 결론을내렸지만, 지금 생각해보면 제대로 된 방향성을 잡지 못해 실패한 것이다. 만약 지금 내가 주식 관련 채널을 다시 운영한다면, 방향성만제대로 잡으면 승산이 있다고 믿는다. 두 번째 도전 역시 실패로 끝이났는데, 기획까지만 하고 운영하지 못했다. 하지만 여전히 '언젠가는해보고 말 테야.'라는 주제이기도 하다. 지금까지 내가 파악한 바로는유튜브상에 없는 주제이고, 그 누구도 시도하지 않았기 때문이다. 주제가 궁금할 텐데 어이도 없고 누구나 시작할 수 있는 콘텐츠다. 바로, '실패한 사람들의 인터뷰'이다. 색다르지 않은가? 나의 실패담은몇 개 촬영해 올려두었고, 다른 사람을 인터뷰해보진 못했다. 핑계를대자면 장사하랴, 편집하랴 다른 곳을 갈 여유가 생기지 않아 접었다.그 후 시작한 게 지금 운영 중인 '장사 권프로'라는 채널이다. 내가 실제 장사를 하고 있었고, 5년간 장사하면서 경험한 것들이 다른 사람에게는 정보가 됐다. 그리고 지금은 자기 계발 항목까지 추가돼서 장사하는 사람, 그리고 장사를 하지 않는 사람들도 공감하면서 내 팬이 되어주고 있다.

장사 권프로 채널은 스스로 나를 브랜딩 하기 위해 만들어진, 철저히 계획된 채널이다. 하지만 계획이 늘 제대로 된다는 보장은 없다. 그래서 초창기 영상을 보면 굉장히 부끄러운 수준의 콘텐츠가 많다. 자극적인 소재도 있고, 순간순간 떠오르는 생각을 영상으로 만들다 보니 이불킥을 하고 싶은 콘텐츠도 존재한다. 다만 이 채널이 없었다면, 나는 여전히 장사하면서 우울함에 빠진 사람에서 벗어나지 못했을 것이다. 두 번의 계획이 처참히 무산되고, 세 번째 도전에서 꾸준히 채널을 운영한 결과, 많은 사람이 좋아해 주는 나로 성장했다. 계획대로만 됐다면 나는 처음 유튜브를 시작했을 때, 주식 관련 정보를 전하는 사람으로 성공했어야 했다. 하지만 모든 건 계획대로 되지 않는다는 걸 실패를 하면서 크게 깨닫는 계기가 됐다. 그때까지는 내 인생의 계획이 뚜렷하지 않아서 작은 계획들은 어느 정도 이룰 수 있었지만, 내 인생의 큰 방향을 결정하는 계획은 생각한 대로 이루어지지 않는다는 걸 그때 안 것이다.

사실, 여전히 계획대로 진행되는 일이 그리 많은 건 아니다. 다만, 나의 적성을 찾은 건 확실하기에 이것만큼은 나의 계획이 맞았구나 하는 걸 느낀다. 특히나 사람들이 내가 만든 정보를 좋아해 줄 때, 내가 가공한 콘텐츠를 소비해줄 때, 비로소 행복을 느끼는 나로서는 제대로 된 직업을 찾은 셈이다.

장사 역시도 계획대로 모든 게 되진 않았다. 초반에는 장사가 잘됐지만, 가면 갈수록 매출은 줄었고, 나의 피나는 노력 없이는 가게를 제대로 운영하기 힘들었다. 피나는 노력을 하려면 공부를 해야 했고, 공부는 계획에 없던 것이었다. 사실 장사하는 사람 중에 장사 공부하는 사람은 그리 많지 않다. 그저 차려 놓으면 손님이 올 거라는 막연한 기대를 하는 사람들이 훨씬 많기 때문이다. 나 역시 그랬으니 이러한 태도가 잘못됐다거나 허상을 쫓는 사람들이라고 비판할 수도 없다. 왜냐하면 그만큼 투자했고, 오프라인에 만들어진 공간이라서 마케팅도 자연스럽게 되기 때문이다. 하지만 한 번 온 손님을 다시 찾게 하는 장치, 다른 지인들을 데려오게 할 수 있는 이유를 만드는 것에 있어서는 공부를 해야 한다. 다들 그럴싸한 계획을 바탕으로 장사를 시작하지만, 계획대로 되는 경우는 거의 없다. 이때 우리는 그것을 또 다른 기회로 생각할 필요가 있다. 만일 내가 처음부터 끝까지 장사가 잘됐다면, 지금처럼 이렇게 사람들에게 정보를 전달하는 일을 할 수 있었을까? 온라인이라는 바다에 뛰어들 결심을 할 수 있었을까? 전혀 아니었을 것이다. 그저 매일 똑같은 일을 반복하는 노동자로 살았을 것이다. 매일 손님이 오는지, 안 오는지 일희일비하면서 무료한 장사만 했을 거라는 얘기다.

이 세상 모든 일이 다 계획대로 되진 않는다. 약속하진 않았지만 갑자기 친구들이 나를 보고 싶어 할 수도 있다. 인스타그램이나 유튜브를 계획 없이 시작할 수도 있다. 계획대로, 짜인 스케줄대로만 움직이면 확실히 하루를 좀 더 꽉꽉 채워서 생활할 수 있다. 하지만 계획이 가끔 틀어지거나 생각지도 못한 일이 일어날 때 짜증 내거나, 한숨을 쉴 게 아니라, 그 안에서 기회를 잡아야 한다. 계획은 세우되 굳이 그 계획대로만 흘러가지 않아도 좋으니, 틀어진 계획에서 기회를 찾아내 보는 건 어떨까.

3

지속 가능한
콘텐츠를 만들어라

지금은 콘텐츠를 소비하는 시대다. 그러므로 콘텐츠를 만들 줄 아는 사람들은 시대에 걸맞는 '생산 능력'을 갖추었다고 할 수 있으며, 그들은 생산자 입장에서 소비자를 모은다. 그렇게 소비자가 모이면 비즈니스가 형성되고, 그 비즈니스는 온라인에서 더욱더 효과를 발휘한다.

나는 콘텐츠가 무엇인지도 몰랐던 사람이다. 장사를 할 때는 그 흔한 블로그도 운영하지 않았다. 기껏해야 인스타그램에 조금 끄적거릴 뿐이었다. 그 와중에 여러 커뮤니티에서 내가 쓴 글들이 콘텐츠가 되고 있다는 사실은 알고 있었다. 그 뒤로 크리에이터라는 직업이 어떤 직업인지 제대로 알게 됐다.

'콘텐츠'라는 단어를 어렵게 생각하는 사람들에게 내가 해주고 싶은 말은, 세상 모든 게 콘텐츠라는 사실이다. 지금 읽고 있는 이 책 역시 하나의 콘텐츠다. 매장을 돋보이게 하기 위해, 손님을 오게 하기 위해, 새로운 메뉴를 출시해 사진을 찍는 것도 콘텐츠다. 그런데 만약 콘텐츠가 단순히 홍보 목적이라면, 사람들은 과연 소비하려고 할까? 돈을 주고 광고물을 보려고 하는 사람은 단연코 없을 것이다. 영화관에서도 영화를 보기 위해 앞부분에 나오는 광고 영상을 보는 것이지, 광고 영상을 돈 주고 본다는 생각은 하질 못한다. 그래서 콘텐츠를 만들 줄 아는 사람들은 홍보 또는 소비할 수 있는 '정보'를 담는다. 그것도 무료로 말이다. 그것을 괜찮은 정보라고 생각하고, 소비되기 시작하면 사람들이 모여든다.

나는 매일 하나의 영상 콘텐츠를 만들었었다. 지금은 일주일에 2개 정도의 콘텐츠를 만든다. 이런 내게 사람들은 "어떻게 그렇게 쉴 새 없이 콘텐츠가 나와요? 방법이 뭔가요?"라고 묻는다. 내 측근은 이런 질문을 더 자주 한다. 혼자서 모든 걸 하는 1인 기업인 걸 알기 때문이다. 기획, 촬영, 편집을 혼자서 하니 시간이 부족하지 않으냐는 얘기이다. 하지만 전혀 시간이 부족하지 않다. 오히려 시간이 남는다. 장사할 때보다 훨씬 더 많이 남고, 소득도 월등히 높다. 이유는 '지속 가능한 무형의 콘텐츠'이기 때문이다. 큰 편집이 필요 없고, 내가 언제든 마음만 먹으면 만들 수 있는 주제이며, 아이디어가 부족하다 싶으면 책을 읽거나 사람들을 만나면서 콘텐츠를 만들면 되니, 죽을 때까지 할 수 있는 틀이 완성된 것이다.

사실, 처음부터 이게 가능했던 건 아니다. 앞에서도 밝혔지만 첫 영상을 만드는 데에만 몇 날 며칠이 걸렸고, 계정을 만드는 데에만 몇 시간이 걸렸을 정도다. 하지만 지금은 반나절이면 영상 하나를 제작해 섬네일을 만들고, 업로드까지 마친다. 하루에 3개의 영상 콘텐츠를 만들어서 올린적도 있다. 처음과 비교하면 가히 범접할 수 없을 정도의 실력이다.

콘텐츠를 만드는 사람들은 모두 똑같은 과정을 밟는다. 계정을 만들고, 가볍게 콘텐츠를 올린다. 그러다가 점점 정보가 더해지고, 사람들이 좋아하는 방향으로 주제가 정해진다. 소비되고 소비되면서 사람들이 모이고, 가볍게 시작한 콘텐츠를 만드는 일이 '크리에이터'라는 직업을 갖게 해준다. 그들은 남들이 다 아는 정보이지 않을까 하는 것을 올려도, 사람들이 좋아하는 걸 안다. 그중에서도 모르는 사람이 있기 때문이다. 아니, 모르기 때문에 해당 콘텐츠를 소비하는 것이고, 모르는 사람들이 오히려 더 많이 몰려든다. 아주 공개적이고 작은 지식일지라도 배우려고 하는 사람들이 있다. 그 어딘가에는 소비하려는 소비자가 있다는 이야기다.

장사를 하면 당연히 손익계산을 해야 한다. 이건 기본 중의 기본이다. 장사를 처음 하는 나였지만, 얼마를 벌고 있는지 궁금했기 때문에 손익계산을 했다. 그런데 이걸 하지 않는 사람들이 있다는 것에 충격을 받았다. 심지어 통장에 남는 돈이 그달에 번 돈이라고 말하는 사람을 보고 2차 충격에 빠졌었다. 이에 손익계산 하는 방법에 대한 영상을 만들었고, 큰 호응을 얻었다. 전국에는 손익계산을 하는 사람보다 하지 않는 사람이 더 많은 걸 그때 알았다. 누가 봐도 하면 안 되는, 손님들에게 오히려 피해를 주는 '제주도 여행권' 이벤트인데, 이걸 아직도 하는 사람이 있는 줄 몰랐다. 역시나 콘텐츠로 만들고 큰 호응을 얻었다. 좋은 이벤트라 생각하고 일부러 업체를 찾아서 했다는 사람까지 있었다. 그 뒤로는 오히려 '내가 생각했을 때 당연한 것'을 콘텐츠로 만들기 시작했다. 예전보다 사람이 더 많이 몰렸고, 아주 평범한 것부터 콘텐츠화해야 사람들이 더 좋아한다는 걸 깨달았다.

모든 분야에서 콘텐츠를 만들 줄 아는 사람들은 강력한 힘을 가지고 있다. 식당도 마찬가지이다. 블로그에 글을 쓰거나, 인스타그램에 사진을 올리고, 영상을 찍어서 유튜브든 어디든 올리면, 손님이 온다. 언제, 어디에서, 어떻게 해당 콘텐츠를 소비했는지는 몰라도, 콘텐츠를 만드는 매장과 그렇지 않은 매장은 손님의 유입도가 당연히 달라질 수밖에 없다.

내가 만드는 콘텐츠는 자영업자를 위한 것이다. 매장 사장님이 만드는 콘텐츠는 손님을 위한 것이다. 만약, 매장 사장님이 초보 사장님을 위한 콘텐츠를 만들면 어떻게 될까. 내가 처음 했던 그 방법처럼 아직도 한 해에 100만 명이 창업을 하는데, 그들을 향한 콘텐츠를 만들게 되면 손님이 아닌 사장님들이 모인다. 국회의원이나, 연예인, 국가대표 등 유명인만 영향력을 행사할 수 있는 게 아니다. 콘텐츠를 만들 수 있는 사람은 모두 영향력을 가진 사람이다. 단, 홍보를 목적으로 콘텐츠를 만드느냐, 아니면 정보를 제공하려는 목적으로 만드느냐에 따라 그들이 가진 힘과 영향력은 달라진다. 특히나 지속 가능하게 만드는 사람들은 그 누구도 따라갈 수 없는 영향력이 생긴다.

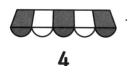

4

수익 파이프라인은
무한대로 만들 수 있다

　　'수익 파이프라인'이라는 말을 들어봤을 것이다. 돈이 들어오는 루트와 종류를 의미한다. 직장 생활을 하는 사람 대부분은 수익 파이프라인이 딱 한 곳이다. 직장에서 나오는 급여가 수익의 전부라는 얘기다. 하지만 콘텐츠를 만드는 사람, 그리고 자기 경험을 다른 사람에게 전달하면서 컨설팅과 코칭을 해주는 사람은 수익 파이프라인이 최소 3개 이상이다. 이유는 콘텐츠를 만듦으로써 알려지게 되고, 알려지면 찾는 사람이 많아지기 때문이다.

　나의 수익 파이프라인은 10개가 넘는다. 지금도 계속 늘려가고 있다. 장사를 할 때도 어떻게 하면 돈이 들어오는 라인을 늘릴 수 있을까를 고민했다. 하지만 그때는 무지했기 때문에 생각으로만 그쳤다. 하지만 지금은 다르다. 오프라인 강연, 온라인 플랫폼 교육, 1:1 코칭 및 컨설팅, 인세, 유튜브 애드센스 및 브랜디드 콘텐츠 광고, 협업 프로젝트, 네이버 카페 광고, 기업체 판매 대행비 등에서 수익을 내고 있다. 이마저도 최소 6개월 이상 지속해서 수입이 들어오는 것만 적은 것이다.

수익 파이프라인은 누구나 노력하면 종류가 늘어난다. 하지만 방법을 모르기 때문에, 그리고 시간이 없기 때문에 하지 못하는 경우가 많다. 특히 직장인들은 잦은 야근으로 피로에 시달려서 더욱더 시간을 투자하기가 힘들다. 다만, 이 모든 것을 이겨내고, 돈이 들어오는 통로를 늘려 급여의 배 이상을 벌어들이는 사람이 존재한다. 실제 내 주변에는 이러한 사람이 넘쳐난다. 장사를 할 때는 장사하는 사람들이 주변에 많았다. 장사했던 경험을 이야기하니, 똑같이 자기의 경험으로 돈을 버는 사람이 주위에 많아졌다. 아마 관심도의 차이에서 비롯된 게 아닌가 싶다.

처음에는 수익 파이프라인이라는 개념을 몰랐다. 당연히 돈이 들어오는 길은 딱 한 곳만 있다고 생각했다. 장사를 하든, 사업을 하든, 내가 무언가를 팔게 되면 거기에서 수익이 창출되는 줄로만 알았다. 하지만 지금은 아예 생각이 바뀌었다. 그렇게 해서는 돈을 벌지 못한다는 생각, 그리고 이미 경험해봤기 때문에 다시 예전의 사고방식으로는 돌아가기 힘들겠다는 생각이 그것이다.

우리네 부모님 세대는 오로지 부업을 통해 수익 파이프라인을 늘렸다. 본업 이외에 신문 배달을 하거나 인형에 눈을 붙이고, 퇴근 후 식당에서 서빙하거나, 주말에 또 다른 일거리를 찾아서 노동했다. 기껏해야 3가지의 수익 파이프라인이 추가로 더 만들어지는 셈이다. 하지만 지금의 MZ세대들은 온라인에서 모든 수익 파이프라인을 만들어 간다. 또 수익 파이프라인을 늘리는 방법도 온라인을 통해 배운다.

수익 파이프라인을 늘리려면 처음에는 무엇을 해야 할까. 정답은 바로 '콘텐츠 만들기'다. 콘텐츠를 만들 줄 알아야 사람들이 모이고, 모인 사람 사이에서 비즈니스를 할 수 있다. 추가로 팁을 주자면, 이미 사람이 몰려 있는 곳에서 나를 좋아해 주는 사람을 찾는 것이 지름길이다. 한 번은 네이버 카페로 부를 이룬 한 사업가의 강연을 들은 적이 있다. 원론적인 이야기가 강의의 절반을 차지했다. 하지만 내가 얻은 건 그와의 1:1 코칭을 통해서였다. 추가 비용을 내고 진행한 1:1 코칭에서 그는 나에게 해결법을 제시했고, 역시 길을 먼저 가본 사람의 답은 달랐다. '사람이 모인 곳에서 어떻게 하면 나의 팬을 만들 수 있는지'에 대한 답을 준 것이다.

우리 부모님 세대의 자산 증식의 치트키는 부동산이었다. 그에 반해, 최근 핫한 주식은 70~90년대까지만 해도 자산 증식의 도구로 크게 활용되지 못했다. 지금의 우리는 온라인 즉, 콘텐츠가 자산 증식의 치트키가 됐다. 부모님 세대가 힘겨워하는 온라인이 우리만 누릴 수 있는 혜택이라는 얘기다. 나는 주식도 공부하고, 부동산도 연일 경험을 쌓으려고 했지만, 번번이 장벽에 가로막혔다. 반면 온라인에서의 콘텐츠는 나에게 수익 파이프라인을 늘려주는 유일한 도구가 됐다.

아마 우리의 다음 세대, 그러니까 2100년쯤이 되면, 또 다른 치트키가 등장할 것이다. 그게 메타버스가 될 수도 있고, NFT가 될 수도 있다. 이건 아무도 모르는 얘기다. 예측할 수 없다. 명심해야 할 건, 대부분의 사람이 나에게 주어진 치트키를 사용하지 않는다는 것이다. 그런데 이것은 명백히 손해다. 치트키를 모른다면 어쩔 수 없지만, 알면서 쓰지 않는 건 기회를 보고도 잡지 않는 꼴이니 말이다. 콘텐츠를 소비하는 소비자에서 콘텐츠를 생산하는 생산자가 된다면, 직장인이든 자영업자든 사업가든 누구나 수익 파이프라인을 늘릴 수 있고, 새로운 세계를 경험할 수 있다. 지금의 콘텐츠 치트키는 특정한 사람의 것만이 아닌, 누가 먼저 활용하느냐에 달려 있다.

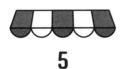

5

생활의 작은 변화로
생산자가 되어라

　세상이 변해도 너무 변했다. 나는 삐삐부터 시작해 피처폰, 폴더폰, 스마트폰까지 아우르는 세대다. 훗날 유튜브나 인스타그램, 블로그 역시 나의 과거를 이야기할 때 자랑거리가 될 것이다.

　변화하는 세상에서 큰 결단을 내려야만 빠르게 도망가는 세상을 따라잡을 수 있는 건 아니다. 생활의 아주 작은 변화가 하루하루 쌓이면서 변화된 세상에 자연스럽게 적응할 수도 있다. 예를 들면, 전혀 사용하지 않던 인스타그램 계정을 만들어 나의 사진을 올리는 것에서부터 변화는 시작된다. 블로그를 개설해 한 줄 일기를 쓰는 것도 변화의 시작이다. 스마트폰으로 셀프 동영상을 찍어 유튜브에 올리는 건 절반 이상 변화했다는 뜻이기도 하다. 다시 말해, 세상을 따라가는 방법이 어렵지 않다는 이야기다.

인스타그램, 블로그, 유튜브. 각 플랫폼에 대한 장단점을 나열하는 건 아무 의미가 없다. 이미 충분히 우리가 인지하고 있기 때문이다. 다만, 여러 방법을 통해 나의 생활이 조금씩 바뀐다면, 그건 분명히 시도해봐야 하는 대상이다. 구체적인 사례를 들어 이야기해볼 테니 내 생활에 접목해보자. 이게 바로 앞서 이야기한 콘텐츠 소비자에서 생산자로 다시 태어나는 계기가 될 테니 말이다.

생산자가 되는 첫 번째 방법은 '정보를 실어 나르는 배달부'가 되는 것이다. 플랫폼을 사용하든, 플랫폼을 이용하지 않고 카카오톡 단체방에서 친구들과 수다만 떨든, 정보를 실어 나르는 배달부가 된다면 당신은 생산자가 된다. 예를 들어 인스타그램을 운영 중이라고 해보자. 대부분 개인 기록용, 주변 지인과 소통용으로 사용할 것이다. 혹은 매장을 운영 중인 자영업자라면 매장을 홍보할 목적으로 운영한다. 블로그도 마찬가지고, 유튜브도 일맥상통한다. 여기서 우리가 주목해야 할 건, 어떤 사진과 영상 그리고 이야기를 주로 하는지에 따라 소비자가 될지, 생산자가 될지 판가름 난다는 사실이다. 가령, 인스타그램에 최근에 구입한 운동화에 대한 장단점을 솔직하게 작성하면, 콘텐츠가 되는 동시에 생산자의 길로 들어서게 되는 것이다. 단, 운동화가 실제 내가 관심 있는 분야인지, 적어도 일주일에 한 번은 비슷한 사진과 글을 올릴 수 있는지 생각해봐야 한다. 운동화를 일주일에 한 번씩 구입할 수는 없기 때문에, 다른 사람들이 생성해놓은 콘텐츠를 취합해 '큐레이션' 형태의 콘텐츠를 만들어도 된다.

『생각정리스킬』의 저자 복주환은 생각을 정리하는 순서로 '나분배' 라고 부르는 자기만의 방식을 전파하는데, 이는 나열, 분배, 배열을 뜻한다. 큐레이션도 마찬가지이다. 내가 전하고자 하는 정보를 나열하고, 분배해서, 배열하면 콘텐츠가 된다. 만약 '운동화 끈 잘 묶는 법'에 대한 정보 콘텐츠를 만든다면, 리본으로 매듭 만드는 법부터 끈이 보이지 않게 묶는 법까지 다양한 방법을 인터넷에서 정보를 찾아 나열한다. 그걸 다시 분배하고, 마지막으로 배열하면 비로소 정보성 콘텐츠가 생성된다. 생각정리를 할 때 쓰는 방식이지만, 기존의 정보를 재가공해 콘텐츠를 만들 때도 아주 요긴하게 활용할 수 있다. 여기에 본인 의견을 살짝 더하면 더욱 퀄리티 있는 정보가 된다.

정보를 전달하는 배달부는 모두에게 사랑받는다. 무언가를 팔려고 정보를 가져온 게 아니기 때문이다. 설령, 판매할 의도가 있었을지언정 사람들은 정보가 담겨 있어서 어느 정도는 이해하고 넘어간다. 이렇듯 내 삶의 작은 변화는 정보 전달로부터 비롯된다. 그리고 우리는 인스타그램, 블로그, 유튜브, 카카오톡 단체 대화방 등 어디서든 정보를 전달할 수 있다.

두 번째 방법은 '문제의 원인을 발견하고 행동하게 만드는 사람'이 되는 것이다. 지인들과 대화하다 보면 고민을 가진 사람이 있다. 그 고민은 내가 풀 수 없는 고민이다. 누구나 한 번쯤은 친구의 고민이나 주변 사람의 고민을 들어본 적 있을 것이다. 내가 잘 아는 분야가 아니라서 해결해주지 못해, 그저 공감해주고 힘내라는 말 한마디로 마무리되는 경우가 많다. 여기서 조금만 생각의 틀을 깨면 당신은 '코치'가 될 수 있다.

컨설턴트와 코치의 개념은 잘 알 것이다. 컨설턴트는 해결법을 제시해주는 사람이다. 반대로 코치는 해결법을 제시해주진 않지만 스스로 깨우칠 수 있도록, 그리고 문제의 원인이 무엇인지 파악하게 하고, 단계별로 어떤 행동을 해야 하는지 끌어내어 줌으로써 문제를 해결하게 하는 일종의 가이드 역할을 한다.

사람들이 가진 고민은 그리 심각하거나 중대한 사안보다는 사소한 것이 많다. 수백 명의 사람을 만나 고민 상담을 했지만, 해결되지 않은 문제는 거의 없었다. 이는 인간이 가진 기본적인 성향 덕분이다. 당사자에게는 큰 고민이지만, 막상 들어보면 별것 아니라서 '코칭'을 통해 해결되는 경우가 많다. 최근에 코칭을 진행한 변호사는 수익이 계속 떨어져 내게 의뢰해왔다. 나는 변호사가 아니기 때문에 변호사의 일은 잘 모른다. 하지만 왜 수익이 떨어지고 있는지에 대한 부분은 누구나 파악할 수 있다. 마케팅이 잘 안돼서일 수도 있고, 변호사의 실력이 뛰어나지 못해서 그럴 수 있다. 혹은 상담 과정에서 고객을 놓치는 실수를 범할 수도 있다. 해당 변호사는 마케팅의 부재와 상담 스킬이 현저하게 떨어졌다. 블로그 대행사에서 브랜드 블로그 즉, 자기를 알리는 블로그 대행을 맡기고 있었는데, 정작 자신을 알리지 못하고, 법 관련 정보와 상위 노출에만 집중하고 있었다. 흔히 말하는 저품질에 걸려 상위 노출도 전혀 되고 있지 않았는데도, 1년을 그렇게 방치해서 마케팅은 물론 브랜딩이 전무후무 한 상태였다.

그 변호사가 당장 해야 할 일은 대행사와의 계약을 끝내고, 브랜딩과 마케팅을 동시에 해줄 수 있는 새로운 대행사를 찾거나 혹은 셀프 브랜딩을 할 수 있는 방법을 찾는 것이다. 그리고 상담 능력을 향상해 마케팅으로 유입되는 고객을 클로징하는 기법을 배워야 한다. 그런데 이 모든 것을 혼자서 하려면, 복잡하게 생각할 수 있다. 그래서 여태껏 제대로 된 실행이 되지 않고 있었을 게 뻔하다. 그러므로 단계별로 분리해서 어떤 행동을 취해야 하는지 알려줌으로써 문제는 자연스레 해결된다. 같은 방식으로 문제를 해결해줬고, 1년 단위로 코칭을 부탁할 만큼 나에게 만족감을 표현했다. 이렇듯 코칭은 해결법을 제시하는 것이 아니라, 진단하고 단계별 행동을 가이드 할 뿐이다. 즉, 스스로 문제를 인지해 행동에 옮기게 하는 역할인 셈이다.

많은 사람이 친구나 지인의 고민을 들으면, 보통은 해결법을 제시하려고 한다. 하지만 이는 어리석은 행동이다. 잘 알지도 못하는 분야일 게 뻔하고, 내부 사정을 깊게 알 수 없기 때문에 지인은 그저 한 귀로 듣고 한 귀로 흘려버린다. 다시 한번 말하지만, 우리가 해야 할 건 컨설팅이 아니라 코칭이다. 컨설팅은 내가 해당 분야에 깊은 지식을 가지고 있을 때 가능한 일이다. 하지만 코칭은 다르다. 문제의 원인을 분석해 행동하게 하는 것이기 때문이다. 코칭을 이토록 강조하는 이유는 무형의 가치를 팔게 됐을 때 반드시 필요한 게 코칭 실력이기 때문이다. 이 역시 변화된 세상을 따라가는 방법 중의 하나이다. 혹시라도 주변에서 어떠한 고민을 듣게 된다면 해결법을 제시하기보다, 공감해주고 문제의 원인을 파악해주는 가이드 역할을 해보라고 말하고 싶다.

세 번째 방법은 '나의 경험과 노하우를 가르치는 사람'이 되는 것이다. 보통의 사람은 '내가 어떻게 남을 가르쳐.'라고 생각하지만 현재 온라인에서 다른 사람들을 가르치는 사람들은 아예 관점을 달리한다. '나보다 아주 조금 모르는 사람은 나에게 배울 수 있다.'고 확신하는 것이다. 다시 말해, 무경험자는 조금이라도 경험이 있는 사람에게 배울 수 있다는 뜻이다.

일례로 아내의 상황을 살펴보자. 내 아내는 책의 서두에서 말했듯 수학 학원 원장이다. 수학하면 떠오르는 사람은 EBS의 '정승제' 또는 '차길영'과 같은 스타 강사다. 이들은 수험생을 둔 학부모나 학생이라면 알고 있을 정도로 유명하다. 하지만 우리 주변에는 두 강사에게 수학을 배우는 학생은 없다. 대신 동네 학원에 가거나, 온라인 강의를 듣는다. 그도 아니라면 대학생에게 과외를 받는다. 관점의 차이에서 나오는 보기 좋은 사례다. 아내의 학원 역시 이와 같은 맥락으로, 수강생이 100명이 넘는, 동네에서 알아주는 학원으로 운영하고 있다.

만약 정승제, 차길영 강사가 잘 가르치고 유명하다고 해서 학생들이 그들에게만 수학을 배우려 한다면, 아내의 학원이 이렇게 잘 될 리는 없었을 것이다. 또 아내의 경험과 노하우를 학생들에게 가르칠 기회조차 없지 않았을까. 이처럼 사람들은 내 주변의 사람, 나와 신뢰 관계가 있는 사람, 나의 문제를 알아주는 사람, 나보다 경험이 많은 사람에게 배우고 싶은 욕망을 가지고 있다.

나는 장사를 5년 했다. 장사를 한번도 해보지 않은 사람은 나에게 장사를 배울 수 있다. 카페를 이제 막 창업한 사장님은 카페 창업을 한번도 해보지 않은 사람에게 다양한 조언을 할 수 있고, 코칭까지 가능하다. 이게 바로 "초보가 왕초보를 가르친다."는 생각의 틀을 깨는 방식의 새로운 창업의 형태이다. 물론, 거짓된 경험과 노하우, 있지도 않은 지식으로 이런 형태의 강의나 코스를 오픈하면 안 된다. 수강생들이 피해를 보기 때문이다. 하지만 어떤 분야에서든 경험이 있다면, 관련 분야의 다양한 책을 읽고, 또다시 경험하면서 사람들을 가르치는 건 그리 어렵지 않다. 혹은 작은 성공의 경험이 있다면, 있는 그대로 나만의 방식을 사람들에게 알려주는 것 역시도 좋은 강의가 된다. 실제 많은 사람이 부업을 통해 어떤 방법으로 돈을 벌었는지 본인의 사례를 유튜브에서 이야기하고, 구체적인 방법에 대해서는 온라인 강의를 통해 판매하고 있다. 게다가 다들 전문 강사가 아니라 일반인이다. 온라인 강의를 통해 수익을 낸 후에는 '온라인 강의로 수익 내는 법'이라는 주제로 수익을 내는 사람까지 있다. 이들은 초보가 왕초보를 가르친다는 명제를 따르면서 수익 창출을 하는 셈이다.

장사를 시작하면 이미 동네에서 장사를 하는 사장님들에게 질문을 많이 하게 된다. 모르는 것 투성이기 때문이다. 전학을 가면 그 학교에 다니는 친구에게 이것저것 질문하게 되고, 새로운 학원에 등록하거나 모임에 참석하면 기존 사람들에게 질문하는 건 당연하다. 같은 맥락이라고 보면 된다. 누구든 자기의 경험을 노하우로 만들어 상대방에게 이로운 강의를 전달할 수 있다. 다만, 그 방법에 대해서 잘 몰라서, 생각의 전환과 관점을 달리하지 못해서 하지 못하는 것뿐이다.

나의 경험은 곧 다른 사람들에게 좋은 정보가 되고, 나를 신뢰한다면 나보다 훨씬 더 많은 경험을 하고 노하우를 가진 사람보다 나에게 배우고 싶어 한다. 그게 바로 '무형의 것을 파는 사람'이고, 앞으로 우리가 해야 할 비즈니스의 한 부분이다.

나는 하마터면
힘겹게 살아갈 뻔했다

인풋이 있어야만 아웃풋이 발생한다. 하지만 인풋만 있고 아웃풋이 없다면 결과물은 나오지 않는다. 나는 인풋을 즐긴 사람 중 한 명이다. 책 읽기를 좋아했고, 나의 유일한 취미가 독서인 게 행복하다고 느낄 정도였다. 그런데 책을 읽고 나면 그때뿐이었고, 머리에 남는 건 없었다. 그저 책을 한 권 읽었다는 뿌듯함과 블로그에 책을 읽었다는 증거를 자랑삼아 올리는 것이 전부였다. 그저 시간을 때우는 용도로 독서를 한 것이다. 이것은 아웃풋 없는 인풋만 주구장창 하는 것과도 같았다.

그래서 나는 부자들이 가난함을 책으로 극복했다고 하는 이야기에 공감하지 못했다. 나도 웬만큼 책을 읽는데, 인생이 바뀌지 않았으니까. 만약 내가 이 물음의 해답을 찾지 않고 그대로 인생을 살아왔다면, 나는 하마터면 힘겹게 한평생을 살아갈 뻔했다. 다행히 장사하면서 인풋과 아웃풋이 무언인지 배웠고, 해답을 찾을 수 있었다. 책에서 배운 내용을 실제로 적용해보니, 결과물이 생겨났다. 또 결과물이 생기니 재미가 있었다. 그래서 닥치는 대로 인풋을 하고 또 아웃풋을 했다. 만일 재미가 없다면 그저 하나의 취미생활로 독서를 즐겼을 것이고, 아웃풋이 전혀 없는 독서를 했을 게 분명하다. 뿐만 아니라 책 읽기가 없었더라면, 인터넷에 올려둔 나의 1,000여 개에 달하는 콘텐츠도 만들어지지 않았을 것이다. 온전히 내 머릿속에서 나오는 콘텐츠는 10%도 미치지 못하니 말이다. 책을 읽음으로써 생각의 확장이 이루어지고, 그걸 바탕으로 콘텐츠가 만들어진다. 콘텐츠를 기획할 때마다 머리를 싸매는 고통이 따르지만, 책을 통해 그 고통은 해결된다. 만병통치약이 따로 없다.

언젠가 한 번 장사가 안될 때, 책을 읽어 보라는 콘텐츠를 만든 기억이 있다. 악플이 꽤 많이 달렸는데, 그중 하나가 "독서는 현실과 너무 동떨어지는 솔루션 아닌가요?"였다. 그런데 내가 실제 겪은 경험이었던지라 자신 있게 권했고, 그렇게라도 해보라고 한 것이다. 나는 장사가 안되거나 힘들 때, 마음이 괴롭거나 우울할 때 항상 책을 읽었다. 책을 읽으면 어느 정도 해소되고, 책 속 글귀를 통해 힐링했다. 모두가 나와 같진 않겠지만, 독서를 틈틈이 한다면 자연스럽게 책이 가진 힘을 받을 수 있지 않을까 한다. 훈련이라도 해서 가능해진다면 그렇게 하는 게, 매번 혼자서 힘들어하는 것보다, 병원을 찾아가는 것보다 훨씬 나을 것이다.

독서가 습관으로 자리 잡기까지는 꽤 오랜 시간이 걸린다. 하지만 한 번 습관이 되면, 책 없이 살아온 날이 후회될 정도다. 관심 분야가 아니면 재미가 없을 수 있지만, 흥미 있는 분야부터 읽다 보면 습관은 저절로 생긴다. 나는 판타지 소설로 독서를 시작했다. 그게 나에게는 가장 재미있었다. 지금은 자기 계발, 경영, 마케팅, 에세이 등 다양한 분야를 읽는다. 그렇다고 책을 처음부터 끝까지 다 읽으려고 노력하진 않는다. 보고 싶은 부분만 보고 덮어 두고, 또 생각날 때 필요한 파트만 찾아 읽는다. 완독해야만 그 책의 좋은 내용을 내가 가질 수 있을 거라는 착각을 하지 않는 것이다.

내게 책이 없었다면 긴 인생을 힘겹게 살아갈 뻔했다. 초·중·고·대학교 교육으로는 한참 부족한 정보를 책을 통해 습득하지 않았다면, 지금의 이 직업도 가지지 못했을 게 분명하다. 이런 세상이 있는 줄도 몰랐고, 내가 이런 일을 하는 것이 가능한지에 대해서도 전혀 파악하지 못하고 있었기 때문이다. 그런데 책이 모든 걸 알려주었고, 인도해 주었으며, 앞으로도 그럴 거라는 확신이 든다.

내 인생을 둘로 나눈다면, 책을 읽기 전과 책을 읽음으로써 아웃풋을 통해 결과물을 만들어낸 이후라고 말할 수 있다. 여기서 아웃풋을 한다고 무조건 좋은 결과물이 만들어진다고 오해하면 안 된다. 보잘것없는 결과물도 존재한다는 뜻이다. 하지만 인풋을 통해 아웃풋을 한다는 건 좀 더 높은 확률로 좋은 결과물을 만들어 낼 수 있는 여지가 있다. 아무것도 모르는 상태에서 어떤 문제를 해결한다거나, 무언가를 만들어낸다는 건 여간 어려운 일이 아니기 때문이다. 이러한 이유로 독서는 인생의 좋은 씨앗이자, 잘만 틔우면 확실한 수확도 할 수 있는 양식이 된다.

　가끔 슬럼프에 빠질 때면 책을 고르러 서점을 방문하거나 인터넷 서점을 뒤적거린다. 내 상황에 맞는 책을 읽기 위함이다. 누군가의 응원이 필요할 때도 책을 찾는다. 다행히 그때마다 알맞은 책을 찾아 슬럼프를 극복했다. 감사하고 또 감사한 일이다. 힘겹게 살아갈 뻔한 인생이 독서로 알찬 인생이 됐음은 분명하다.

진짜 팬은 신뢰를 원한다

·

나만의 비즈니스를 구축하는 과정 5단계

·

유튜브는 가장 혁신적인 브랜딩 도구다

·

모든 비즈니스를 성공시키는 Only One

·

나에게 자문을 구하는 회사가 잘될 수밖에 없는 이유

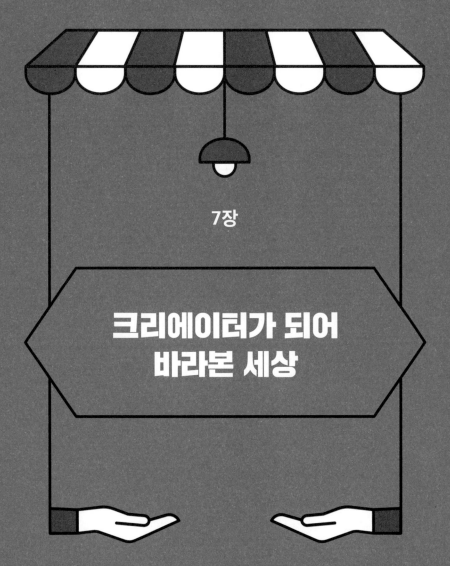

7장

크리에이터가 되어
바라본 세상

1

진짜 팬은
신뢰를 원한다

모든 비즈니스에서 팬이 없으면 안 되는 시대가 왔다. 동네 장사도 내가 하는 콘텐츠 비즈니스도 마찬가지다. 팬이 없다면 존재할 수 없는 게 최근 비즈니스 트렌드이다. 그럼 과연 팬은 언제, 어디서, 그리고 어떻게 만들어지는 걸까.

나는 팬이 만들어지는 원리를 처음에는 '정보를 공짜로 뿌리면 된다.'라고 단순하게 생각했었다. 실제 그런 콘텐츠를 만들기까지 했다. 정보를 공짜로 뿌리면 싫어할 사람이 없기 때문에, 공짜를 이용한 마케팅이 팬을 만들어준다고 믿었다. 하지만 이건 완벽히 잘못된 생각이었다. 팬을 만드는 궁극적인 원리는 '신뢰'에서 비롯된다는 걸 뒤늦게 깨달았다. 아무리 정보를 공짜로 뿌려도, 사람들은 팬이 되진 않는 다. 몰려들 수는 있지만 팬이 되지는 않는다는 것이다. 조금 더 현실 적으로 이야기하자면, 동네 가게에서 음식을 공짜로 뿌리면 사람은 몰려들지만, 그 음식을 돈 주고 사 먹는 사람은 극히 일부일 뿐이다. 오히려 '공짜로 나눠준 음식을 돈 내고 사 먹으라고?' 하는 반감을 품 는 사람이 더 많다. 그러니 우리 매장의 음식을 경험시켜주기 위한 용 도로는 괜찮지만, 팬을 만들 목적으로는 적합하지 않다고 할 수 있다.

팬을 만드는 신뢰는 동네 장사를 하든, 큰 비즈니스를 하는 사람이 든 똑같다. 한결같이 장사하는 것. 대부분 이를 '초심'이라고 부르는 데, 초심과는 결이 다르다. 초심이 처음의 마음가짐이라면, 팬이 생기 는 신뢰는 '거짓 없는 믿음'이라고 볼 수 있다. 이런 신뢰를 바탕으로 음식을 만드는 가게는 코로나가 와도 고객의 발길이 끊이지 않았다. 또 한결같이 콘텐츠를 만들어서 업로드하는 인플루언서, 크리에이터 의 팬들은 다른 멋있고, 잘생기고, 능력 있는 유명인이 새롭게 생겨나 도 떠나지 않는다.

유튜브를 처음 시작하면서 악플 때문에 마음의 상처를 많이 받았 다. 당시 이런 심정을 담은 영상을 올린 적이 있는데, 조회 수 대비 댓 글이 가장 많이 달린 영상으로 기록됐다. "힘내라.", "악플 신경 쓰지 마라.", "나에게는 큰 도움이 된다." 등 진짜 팬들이 댓글로 응원해준 것이다. 그로 인해 많은 위로를 받았고, 에너지도 얻었다.

사실 콘텐츠 크리에이터라는 직업을 그만두고 싶은 순간이 한두 번이 아니다. 이런 감정은 고스란히 영상에 담겨 있다. 매번 새로운 콘텐츠를 만들어내야 한다는 압박감도 있지만, 가장 큰 스트레스는 악플과 콘텐츠의 성적표가 초라해질 때였다. 그때마다 위로해준 건 진짜 내 콘텐츠를 좋아해 주는 사람들이었다. 어떠한 콘텐츠를 올려도, 소비해주고 좋아해 주는 팬 말이다. 이들은 콘텐츠가 유용해서, 정보가 많이 들어있어서, 재미있어서 소비하는 게 아니다. 나와의 신뢰관계가 쌓인 덕분에, 내가 만든 콘텐츠를 소비하는 것이다.

비즈니스는 사람을 모아놓고 하는 게 맞지만, 그 안에 신뢰가 없다면, 짧고 빠르게 수익을 창출하고 끝나버린다. 하지만 신뢰 관계만 잘 만들어지면 한 달, 6개월, 1년 이상 한배를 탄 동지처럼 서로를 의지하며 같은 목표를 바라보고 항해한다. 이게 바로 진짜 팬을 만들어 서로가 서로에게 도움을 주는 비즈니스를 하는 것이다.

내가 콘텐츠 비즈니스를 여러 번 강조하는 이유도 이 때문이다. 내가 가진 정보가 하찮다고 느끼면, 정보를 모으면 된다. 모은 정보 역시 보잘것없다고 판단되면, 가공하면 된다. 그래도 부족한 것 같다면 직접 배워서 가르치면 된다. 그러니 콘텐츠 생성을 어려워하고 '특별한 사람만 하는 것'으로 치부하지 않았으면 좋겠다. 콘텐츠는 누구나 만들 수 있고 그 콘텐츠를 좋아해 줄 사람, 팬이 될 사람은 이 세상에 많다. 단, 해당 콘텐츠를 접할 수 있게 꾸준히 한 자리에서 오래도록 콘텐츠를 만들 수 있느냐 없느냐가 큰 관건이다. 그러므로 포기하지 않고 콘텐츠를 생성해야 하는 것이다.

공짜로 뿌리면 사람들이 몰려드는 건 맞다. 하지만 몰려든 사람의 절반은 받기만 좋아하는 테이커다. 그럼에도 진짜 팬을 향한 콘텐츠를 계속 만들면, 진정한 팬만 남는다. 결국 팬을 만드는 궁극적인 원리는 공짜가 아니라, 그들이 원하는 가치를 주는 사람이 되는 것이다.

2
나만의 비즈니스를
구축하는 과정 5단계

지금부터 이야기할 비즈니스를 구축하는 과정은 온라인에서 1,000건이 넘는 콘텐츠를 만들면서 터득한 방법이다. 또 온라인에만 국한되어 사용되는 건 아니다. 오프라인 역시 방식이 같다는 의미다. 다만, 오프라인 장사와 온라인 장사는 임계점 돌파에서 큰 차이를 보인다. 가시적인 부분에서는 오프라인이 월등히 앞서지만 미시적인 관점, 즉 향후 장기적인 관점에서는 온라인이 훨씬 더 압도적인 파워와 깊이를 자랑한다. 이 부분을 이해한다면, 어떻게 나만의 사업을 운영할지 구체적인 로드맵이 그려지니 편하게 읽어보기 바란다.

첫째, '주제' 즉, 아이템이 필요하다. 오프라인에서는 떡볶이가 될 수도 있고, 돈가스가 될 수도 있다. 혹은 헬스장이나 미용실이 될 수도 있다. 떡볶이와 돈가스는 미용실이나 헬스장보다 비교적 기술력이 덜 필요한 주제이며, 필요하다면 프랜차이즈의 힘을 빌려 창업할 수도 있다. 자, 그럼 온라인에서는 어떤 주제를 찾으면 좋을까. 마찬가지다. 내가 어느 분야에 관심이 있는지를 알아야 한다. 만약 미용실을 10년간 운영했다면, 미용실 운영 관련 내용으로 나만의 비즈니스를 만들 수 있다. 또는 헬스장을 창업한 지 1년 정도 됐다면, 헬스장 창업 관련 내용이 주제가 될 수 있다. 누구든 자기만의 주제가 있다. 단지, 이 주제에 관심을 가질만한 사람을 찾느냐, 찾지 못하느냐에 따라 비즈니스의 성패가 갈린다. 주제는 어렵게 생각하면 한도 끝도 없다. 나보다 뛰어난 사람은 세상에 널리고 널렸지만, 앞서 밝힌 바처럼 나에게 배워야 하는 사람을 찾는 게 중요하다. 그렇기 때문에 주제 선정에 에너지 낭비를 하지 않았으면 한다. 참고로 예를 들자면 나의 주제는 '구독자, 조회 수가 필요 없는 유튜브 브랜딩으로 월 1,000만 원 달성하기'이다.

둘째, '플랫폼' 즉, 상권이 있어야 한다. 주제를 정했다면 내 주제에 관심을 가질 사람을 모아야 한다. 공짜를 뿌리면 사람들이 몰린다는 이론을 기억할 것이다. 이때, 어디에서 어떻게 공짜를 뿌릴지 생각을 해봐야 한다. 매장을 차린다고 생각해보자. 다들 상권을 중요하게 생각한다. 유동 인구가 많고, 주택과 오피스 상권이 결합된 상권에 입점해, 평일, 주말 할 것 없이 손님들이 찾아오길 바란다. 이를 온라인 비즈니스로 옮겨와 보자. 플랫폼은 내가 주로 활동할 무대라고 생각하면 된다. 대표적으로 블로그, 인스타그램, 유튜브, 페이스북 등이 있다. 내가 앞서 이야기한 내용은 유튜브에 한정되어 있다. 유튜브 브랜딩이 주제이기 때문이다. 당신은 어떤 플랫폼이 가장 맞는다고 생각하는가. 내가 앞으로 장사를 하기에 어떤 플랫폼이 가장 무난하다고 여겨지는가. 정답은 꾸준히 관련 콘텐츠를 만들 수 있는 곳이다. 추가로 내가 유튜브 자체를 주제이자 플랫폼으로 동일시한 이유는 많은 플랫폼 중 가장 파괴력이 강해서다. 플랫폼의 선택은 개인의 성향과 주제에 따라 조금씩 달라질 수 있으므로, 그 어디든 꾸준한 콘텐츠 생산이 가능하다면 큰 문제가 없다.

셋째, '무엇을 줄 것인가'를 생각해야 한다. 우리가 선택한 플랫폼의 주된 목적은 무엇을 줄 것인가에 포커싱 되어 있다. 콘텐츠를 만들어야 사람들이 소비하기 때문이다. 콘텐츠를 만든다는 건 사람들에게 내가 가진 무언가를 준다는 것이고, 여기서 어떤 것을 줄지를 생각해봐야 한다. 나의 경우 브랜드 유튜브가 왜 필요한지, 유튜브로 어떻게 수익을 창출할 수 있는지, 또 구독자와 조회 수에 연연하지 않아도 꾸준히 돈을 벌 수 있는 방법에 대해서 콘텐츠화해야 한다. 앞서 떡볶이 가게와 돈가스 가게, 미용실, 헬스장 등의 경험을 무기로 콘텐츠화 한다면, 자기의 경험을 먼저 만들어보면 좋다. 내가 이미 겪어봤던 내용은 그리 어렵지 않게 콘텐츠화할 수 있어서다. 다만, 앞으로 추가로 만들어야 할 콘텐츠는 경험에 정보를 더해 만들 것을 추천한다. 그래야 꾸준히 지속해서 콘텐츠를 만들 수 있다. 그리고 머릿속의 기억과 정보는 한계가 있어서 정보를 수집해야 한다. 실제로 모든 크레이터가 정보를 수집한다. 온전히 자기 머릿속 아이디어만 끄집어내는 게 아니라는 얘기다.

넷째, '아지트'를 마련하면 좋다. 블로그나 인스타그램, 유튜브 등 직접적으로 해당 플랫폼에서 무언가를 파는 게 생각처럼 쉽지 않다. 그리고 외부의 제3자에 의한 방해 요소도 꽤 있다. 불특정 다수가 보는 공간이기 때문에, 우리만의 아지트를 만들어서 좀 더 폐쇄적으로 운영할 필요가 있다. 처음에는 모여든 사람이 많지 않기 때문에 카카오톡 단톡방으로 유입시키거나 혹은 네이버 카페를 개설해 가입을 유도한다. 두 곳 모두 유입시켜 텍스트와 이미지 콘텐츠를 카페에 축적하고, 단톡방에서 실시간으로 소통하면서 상품을 판매해도 좋다. 이때 주의할 점은, 판매를 목적으로 하는 것이 아니라 동질감을 느끼고, 도움을 받을 수 있는 콘텐츠가 있는 곳으로 초대하는 성격이 되어야 한다는 것이다. 이렇게 모인 구성원은 결국 같은 분야에 관심이 있는 사람들이고, 그들로 인해 앞으로의 콘텐츠 주제를 정하는 데에도 한결 더 쉬워진다. 어떤 니즈가 있는지 수월하게 파악할 수 있는 덕분이다.

마지막으로 '상품화'를 한다. 무언가를 꾸준히 주다 보면 사람들이 모인다. 해당 분야에 관심을 가진 사람이 늘어난다는 뜻이다. 그들은 좀 더 정보를 소비하길 원하고, 콘텐츠로 다룰 수 없는 부분에 대해 문의하기도 한다. 댓글로 표현하기도 하고 이메일로도 요청한다. 그들이 원하는 걸 유심히 살펴보면, 내가 어떤 상품을 만들면 좋아할지 보인다. 떡볶이 가게나 돈가스 가게처럼 경험을 기반으로 A to Z의 콘텐츠를 만드는 사람의 경우는 1:1 코칭이나 컨설팅이 주 상품이 된다. 한마디로 문제점과 고민을 해결해주는 게 상품이 되는 것이다. 혹은 미용실이나 헬스장을 오픈한 트레이너의 경우 기술이 필요하므로, 코스 프로그램 또는 클래스가 상품이 될 수 있다. 이렇듯 다양한 부분에서 수축과 팽창, 확장, 전개가 가능하니 초기 상품은 아주 작은 것으로 시작하는 게 좋다. 처음부터 온라인 클래스를 만드는 게 부담스럽다면, 전자책을 하나 만들어서 저렴한 가격에 판매해보는 것도 나쁘지 않다. 사람은 기본적으로 수집 욕구가 강하고, 또 출판 책이 아닌 유료 PDF는 좀 더 핵심을 담은 공략집 같은 느낌을 주기 때문에 구매하려는 성향이 있다. 최소한의 가격 책정으로 어느 정도 소비가 되는지 판별해보면, 실제 관심 분야로 몰려든 사람들의 구매 니즈와 구매력을 파악할 수 있으므로 나의 콘텐츠에 대한 세일즈 척도가 된다.

　여기까지가 오프라인과 접목한 간단한 온라인 비즈니스의 5단계 과정이다. 내가 '유튜브 브랜딩'을 주제로 한 이유는 앞으로도 꾸준히 성장하리라고 확신하기 때문이다. 레드오션 시장 안에서 블루오션의 카테고리를 찾으면, 여전히 승산은 있다. 구독자와 조회 수에 연연하지 않는 플랫폼으로, 나만의 비즈니스를 만들면 지속 가능성도 긍정적이다. 특히 아무것도 없는 사람이 비즈니스를 시작할 때 온라인의 여러 플랫폼만큼 사람을 모으기 좋은 곳도 없다. 영향력으로 승부해야 하는 지금의 시대는 나만의 비즈니스를 어떻게 구축하는지 안다면, 같은 달리기라도 지름길로 달리는 것과 같다. 미시적인 임계점을 빠르게 돌파하는 방법이 바로, 온라인에서 비즈니스를 구축하는 것이기 때문이다.

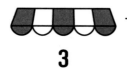

3

유튜브는
가장 혁신적인 브랜딩 도구다

　　　　　　나는 코로나가 터지기 직전 매장을 양도·
양수했다. 그리고 유튜브를 시작하면서 디지털 트랜스포메이션을 완
벽하게 이루어냈다. 매장에서 손님을 기다리지 않아도, 밤늦게까지
가게 문을 열고 있지 않아도, 수익을 올릴 방법을 터득한 것이다. 물
론, 처음부터 유튜버가 제2의 직업이 되리라는 생각은 하지 못했다.
하면 할수록 점점 확신이 든 케이스다. 유튜브를 그냥 하는 게 아니
라, 내 퍼스널 브랜딩의 도구로 활용하면 그 어떤 것보다 강력하다는
걸 안 것이다.

유튜브를 잘 모르는 사람은 보통 구독자 수가 많으면 소득이 높은 줄 안다. 하지만 구독자 수는 소득과 전혀 상관이 없다. 또 조금 아는 사람도 조회 수가 높으면, 소득이 많이 발생한다고 생각한다. 이것 역시 잘못된 생각이다. 조회 수가 높더라도 단가, 즉 CPM과 RPM에 따라 소득의 격차가 있다. 이 부분은 굳이 중요한 부분이 아니기 때문에 넘어가기로 한다.

내가 지향하는 유튜브 운영 방법은 바로 브랜드 유튜브다. 브랜드 블로그라는 단어를 들어본 적 있을 것이다. 내가 운영하는 사업체를 위해 블로그를 브랜딩 도구로 이용하는 것이다. 유튜브도 마찬가지이다. 브랜드 유튜브는 구독자 수와 조회 수에 연연하지 않아도 된다. 단순히 내가 팔고 싶은 걸 잘 팔 수 있게끔 아주 자연스럽게 브랜딩해주는 도구이기 때문이다. 유튜브에 나오는 광고 수익을 전혀 기대하지 않고 운영해도 된다는 큰 장점이 있다. 보통 유튜브를 시작하는 사람이 6개월을 채 버티지 못한다. 수익 창출 조건인 구독자 1,000명을 달성하더라도, 생각보다 높지 않은 수익과 그에 반해 들어가는 노동력이 상상을 초월하기 때문이다. 하지만 브랜드 유튜브는 전혀 그럴 이유가 없다. 시스템에 의해 돌아가면, 하루에도 몇 편이나 영상을 제작할 수 있고, 그 영상들은 나의 브랜드를 알려주는 좋은 콘텐츠가 되는 덕분이다.

국내에서 시도해볼 수 있는 SNS 브랜딩 도구는 블로그, 인스타그램, 페이스북 등으로 매우 다양하다. 하지만 파괴적으로 트래픽을 높여줄 수 있는 도구는 유튜브가 유일하다. "유튜브를 빠르게 높은 트래픽을 발생시킬 수는 없지 않은가?"라고 반문할 수 있다. 맞는 말이다. 하지만 방법이 있다. 그리고 3개월만 꾸준히 한다면 승산이 있다는 걸 직접 검증했다.

유튜브에서 모든 비즈니스를 해결하려고 하면 낭패 보기 십상이다. 이유는 유튜브는 브랜딩의 도구이기 때문이다. 이해되지 않는다면 지금부터 이야기하는 내용을 기억에 잘 담아두기를 바란다. 아주 중요한 내용이다.

> 유튜브는 친숙하다.
> 유튜브는 친구 같다.
> 유튜브는 무료이다.
> 유튜브는 좋은 정보를 제공해준다.

나열한 항목의 공통점은 '접근성'이다. 누구든 무료로 좋은 정보를 쉽게 취득할 수 있는 곳이 유튜브다. 그러므로 시청자들은 유튜브를 친구처럼 생각한다. 이에 따라 서슴없이 접속해서 원하는 정보를 검색하기도 하고, 홈 피드에 뜬 영상을 눌러 시간을 소비한다. 즉, 그들이 원하는 정보는 뭐든지 있다고 판단하므로, 유튜브를 하루에도 수십 번을 접속한다. 그런데 만약 그런 공간에서 나의 물건을 판다면 어떻게 될까. '상술'이 바로 들통나고, 팬덤이 약한 초기 유튜브 채널은 그나마 쌓아온 구독자와의 신뢰가 한번에 꺾이는 최악의 시나리오가

전개된다.

브랜딩으로서의 도구는 절대 상술을 입히면 안 된다. 좋은 정보를 제공해주는 사람으로 각인돼야 신뢰가 생기고, 사람이 더 많이 몰려든다. 개중에 개인적으로 도움을 받고 싶거나 혹은 더 많이 필요한 사람에게 물건을 파는 게 바람직한 방법이다. 관심을 보이는 사람들을 카페로 유인시켜도 되고, 혹은 단체 대화방으로 오게 해도 된다. 이점은 앞장에서 이야기한 것과 크게 다르지 않다. 정리하자면 유튜브에서만큼은 판매 행위를 하지 말라는 이야기다. 유튜브가 가장 혁신적이고 파괴적인 도구인 건 분명하지만, 그걸 잘 이용할 수 있느냐, 없느냐는 운영자의 몫이다.

나는 이전에 블로그도 운영해보고 인스타그램도 운영해봤다. 페이스북도 심심치 않게 남의 것을 운영해주기도 했다. 하지만 정작 나의 비즈니스를 알리는 도구로는 모든 SNS에서 제대로 운영해본 경험이 없었다. 그러다가 유튜브를 만나게 됐고, 여기까지 오게 됐다. 문제는 브랜드 유튜브는 생각보다 진입장벽이 높다는 것이다. 그런데 알고 나면 진입 장벽이 높다는 것에 오히려 감사해야 한다. 이유는 경쟁자를 줄여주기 때문이다. 혹여나 경쟁자가 많은 분야라도 다들 특색을 가지고, 차별성 있는 시장을 공략하므로, 충분히 내가 원하는 곳을 비집고 들어갈 수 있다.

하루 1시간, 혹은 일주일에 딱 하루를 투자하면 생각지도 못한 퍼스널 브랜딩의 세계로 들어올 수 있다. 한마디로 나는 지금 단순히

"유튜브 하세요."라고 이야기하는 게 아니라 "유튜브로 브랜딩 하세요."라고 말하는 중이다. 구독자와 조회 수를 높여 광고 수입을 얻으려는 목적의 유튜브는 차고 넘친다. 관련된 교육 역시 많다. 하지만 브랜드 유튜브를 운영하는 방법이나 컨셉의 디테일까지 잡아주는 교육은 많지 않다. 아직도 브랜드 유튜브는 블루오션이며, 좋은 사업의 도구가 분명하다는 얘기다.

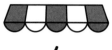

4

모든 비즈니스를 성공시키는
Only One

　　　　　　　　단 하나의 원칙만 지킨다면 어떠한 장사를
하든, 어떠한 비즈니스를 하든 제대로 자리 잡을 수 있다. 내가 성장
한 방식이고, 수많은 사람에게 강조하고 있는 부분이다. 앞으로 10년,
아니 100년이 지나도 이 원칙은 바뀌지 않을 것이다.

　많은 사람이 등가교환 방식의 사업을 하려고 한다. 소득을 발생시
켜야 하니 어쩔 수 없는 부분이다. 하지만 100명 중에 100명이 등가
교환 방식을 적용하면, 소비자들은 당연히 가격이 저렴한 곳을 선택
한다. 같은 기능, 같은 가치라면 소비자 입장에서 조금이라도 저렴한
곳을 선택하는 것이 이익이기 때문이다. 그래서 사람들은 기능을 달

리하고, 가치도 더하고, 열정적으로 홍보한다. 그런데 이러한 노력에도 불구하고 사람들에게 주목받지 못하고 쓸쓸히 퇴장하게 되는 이유는 무엇일까.

장사를 시작하게 되면 처음에 투자한 금액을 회수하고 싶은 마음이 생기기 마련이다. 이에 메뉴의 맛 또는 서비스 등에 신경을 쓰기보다, 한 테이블이라도 더 받으려는 조급함으로 매장을 운영하게 된다. 그러다 보면 투자금을 회수할 시점에는 손님이 많이 줄어 있음을 느낀다. 더 이상 매력을 느끼지 못하는 손님들이 재방문하지 않는 것이다. 재방문이 없다는 건 신규 손님도 없다는 의미다.

온라인으로 무형의 가치를 판매하는 비즈니스도 마찬가지다. 가령 유튜브로 퍼스널 브랜딩 수업을 진행한다고 하자. 정성껏 프로그램을 구성해 사람들에게 금액을 알려주고, 구매를 유도한다. 또 할인도 해준다. 몇몇 사람이 구매하기도 하지만 입소문은커녕, 지속적인 구매로 이어지지 않는다.

이처럼 모든 장사와 비즈니스는 파는 것에 급급하면 안 된다. 그보다 먼저 주는 것에 익숙해야 한다. 식당을 운영한다면, 손님이 한 번이라도 경험해봐야 하므로 무언가를 무료로 제공할 줄 알아야 한다. 강의하는 사람이라면, 강사에 대한 신뢰감, 권위성, 그리고 평상시에 얼마나 좋은 정보를 사람들에게 제공하고 있는가가 판매율에 지대한 영향을 미친다.

장사와 비즈니스는 사람을 상대로 하는 것이므로 무조건 사람이 필요하다. 사람을 모으려면 처음부터 돈을 달라고 하는 것이 아니라, 좋은 것을 먼저 줘야 한다. 그것도 누구나 줄 수 있는 게 아니라 아주 소중한 것, 돈을 받고 팔아도 아무런 문제가 없는 그런 것을 줘야 사람들이 몰린다.

나의 유튜브 채널은 현재 16만 명이 구독하고 있다. 나는 그들에게 처음부터 돈을 달라고 하지 않았다. 그저 내가 알고 있는 좋은 정보를 제공했을 뿐이고, 그로써 사람들이 몰려든 것이다. 그리고 사람들이 모이니 새로운 비즈니스가 창출했다. 이건 아주 자연스러운 현상이다. 좋은 것을 무료로 주는데 마다할 사람이 있을까? 그런데 무료라고 해놓고 돈을 달라고 하면 '사기꾼' 소리를 듣는다. 무료는 정말 무료여야 한다.

100억 자산가로 유명한 전 타르타르 대표이자 현 라라브래드의 강호동 대표는 새로운 매장을 오픈하면 늘 시식 행사를 마련한다. 직원들이 중심이 되어서 진행하기도 하지만, 본인이 직접 동네 사람들에게 친근하게 다가가 먹어보라고 권한다. 세상에 없던 새로운 맛을 개발했기 때문일까? 100억의 자산을 가지고 있으니 그쯤은 줄 수 있다고 생각하는 걸까? 아니다. 그는 빚을 내 첫 라라브래드 매장을 오픈했을 때도 똑같이 했다. 돈이 많아서 시식 행사를 한 게 아니라, 손님들에게 '경험'을 시켜주기 위해 지금까지도 시식 행사를 하는 것이다. 한 번이라도 내가 만들어 놓은 공간에 이들이 와줬으면 하는 생각에서 말이다. 한 번만 오면 무조건 다시 올 것을 본인은 알고 있어서다. 그래서 무료로 맛을 보여주고 얼굴도장을 찍고 인사하는 것이다.

식당을 운영하는 사람들에게 무료로 무언가를 주라고 하면 반색을 표한다. "지금도 남는 게 없어요."라고 하면서 말이다. 매장에 손님이 단 한 명도 없음에도 불구하고 그런 반응을 보일 때마다 안타깝다. 메인 메뉴를 무료로 주라는 게 아니다. 손님이 올 수 있는 장치를 마련해야 하는데, '내게 남을 순이익'만 생각하다가 많은 손님을 놓치는 경우가 많다.

배달 앱을 보면 프랜차이즈 브랜드가 독주하는 모습을 볼 수 있다. 일반 손님들은 모르지만, 개인 브랜드를 운영하는 사장님들은 프랜차이즈에서 뿌리는 쿠폰에 영 마음이 좋지 않다. 쿠폰이 뿌려지는 날은 개인 브랜드의 주문이 현저하게 줄어들기 때문이다. 특히나 치킨 브랜드는 이런 형식의 마케팅이 자주 있다. 5,000원짜리 쿠폰을 뿌리는가 하면, 하나를 사면 하나는 50% 할인까지 해준다. 브랜드 경험을 시켜주고, 천천히 자기 브랜드의 맛에 익숙해지게끔 하려는 그들의 전략이다. 당장에 쿠폰을 뿌려 많이 팔아서 수익을 올리려는 게 아니라는 것이다. 이때 점주도 창업비와 로열티, 물류비로 쿠폰의 일부 비용을 부담한다. 개인이 운영하면 절대 결정하지 못하는 프로모션인 셈이다. 그런데 이런 프로모션은 본사에서 반강제적으로 기획하고 실행하는 경우가 많아서, 반발하는 점주도 있다. 하지만 데이터적으로 이런 행사를 꼭 해야만 하는 이유를 전문가들이 제시하고, 전략적으로 시행한다. 무료로 주는 건 누구나 다 리스크를 가지고 하는 것이다. 하늘에서 떨어지는 돈으로 이런 쿠폰을 뿌리는 게 아니라는 얘기다.

카페에 가면 쿠폰을 찍어주는 곳이 많다. 10잔을 마시면 1잔을 무료로 제공한다. 10% 할인을 해주는 것이다. 포인트를 쌓아주는 곳도 있다. 결제 금액의 5%를 쌓아주기도 하고, 메뉴별로 적립 금액을 다르게 설정해놓기도 한다. 그런데 간혹 도장을 찍어주는 쿠폰의 유효 기간이 3개월로 짧은 카페가 있다. 손님이 3개월 안에 10잔을 마시지 않으면, 10% 할인을 받지 못하게 장치를 해놓은 셈이다. 과연 손님들은 해당 쿠폰이 본인에게 이득이 된다고 생각할까. 차라리 10% 할인 해주고 계속 오게 하는 게 좋지 않을까.

눈앞의 이익은 굉장히 달콤하다. 바로 돈의 맛을 볼 수 있어서다. 하지만 그때뿐이다. 만일 장기적으로 돈을 흘러가게 하고 싶다면, 사람들에게 무료로 경험하게 해주고, 다시 찾게 만들어야 한다. 장사든 비즈니스든 사람을 모으는 것에서 시작하기 때문이다. 그래서 나는 내가 가진 것을 나눠준다. 이것이 아주 작은 비즈니스일지라도 성공으로 가는 지름길이자 내가 경험한 사실이다.

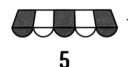

5

나에게 자문을 구하는 회사가
잘될 수밖에 없는 이유

가끔 기업에서 자문을 구해온다. 한낱 유튜버에게 기업에서 그럴 이유가 있을까 싶겠지만, 실제 많은 기업에서 문의하고, 나는 그에 대해 답변을 해준다. 또 그 답변은 반드시 효과를 발휘해 도움이 됐다는 피드백을 받는다. 기업에서는 왜 내 생각을 듣고 싶어 할까? 특별한 이유는 없을 것이다. 내가 발행하는 콘텐츠에서 솔직하게 이야기하는 나의 모습을 보고, 내가 바라보는 사업의 방향성이 궁금할 것이고, 해당 기업에 필요한 부분이라고 생각했을 테다. 지극히 개인적인 생각이지만, 일리가 있다고 믿는다. 왜냐하면 사업이 좋은 말만 들어서는 잘되는 것이 아니기 때문이다.

얼마 전, '창업은 뷰티풀'이라는 점포 직거래 플랫폼을 서비스하는 그로잉브라더스의 수장, 김도형 대표에게서 연락이 왔다. 그는 GS리테일을 거쳐, BGF리테일 트렌드 분석 담당자였다가, 바로고 인프라 전략팀장을 지낸 인물이다. 역시 내 생각을 듣고 싶다는 용건이었다. 김 대표가 만든 점포 직거래 플랫폼은 한눈에 봐도 신선한 아이템이었다. 아이템이 좋다고 무조건 성공하는 건 아니지만, 그의 아이디어에 박수를 보내주고 싶을 만큼 창업시장에 꼭 필요한 플랫폼이었다. 현재 우리나라는 깜깜이 창업, 다시 말해 신규 창업을 포함해 인수 창업자들이 시작도 전에 큰돈을 지불하는 경우가 많다. 창업 컨설팅을 한답시고 권리금을 더 부풀리는 컨설턴트들의 꼼수 때문이다. 그들의 노동력과 시간에 돈을 지불하는 개념이지만, 권리금이 부풀려진 사실을 알게 된다면, 과연 창업 당사자가 합당한 거래를 했다고 생각할까?

그런 면에서 바라봤을 때 창업은 뷰티풀 플랫폼은 아이디어가 상당히 돋보였다. 손쉽게 매물을 등록할 수 있게 되어 있는 데다, 지역별 검색이 가능하도록 서비스하고 있다. 그리고 그중에서 꽤 신뢰 높은 내용을 큐레이션 해 제공하는 부분이 인상적이었다. 교차로, 벼룩시장 또는 손품을 팔아 온라인상에서 매물 정보를 알아보는 것보다 간편하고 명확했다. 이를테면 매출 내역, 세금 신고 내역, 매입계산서 등 매도자가 점포를 양도하고 싶은 의지만큼 데이터를 입력하도록 구성해두었다. 한마디로 검증된 매물들이라 신뢰할 수 있었다. 이처럼 사용자에게 유용한 플랫폼을 만든 김도형 대표는 꿈이 컸다. 그리고 그 꿈은 그대로 실현될 것이라는 확신이 들었다. 그래서 나도 그를 돕기로 마음먹었다. 자영업 시장에서 비슷한 철학을 가진 사람을 만나는 일이 쉽지 않으므로, 더욱 함께하고 싶었다.

나와 김 대표의 공통된 철학은 바로 '자영업자들의 문제를 해결해 주는 것'이다. 눈먼 돈을 바라는 자영업 시장의 거품을 없애면, 창업자들은 비용을 아낄 수 있게 된다. 이로써 투자금이 줄어드니, 자연스레 버틸 힘이 생긴다. 선순환 구조가 되는 것이다. 예상컨대, 김도형 대표가 구상한 아이템은 향후 3년 이내 큰 결실을 맺을 것이다. 건방진 자신감으로 보일지는 몰라도, 내가 함께하므로 그렇게 될 수밖에 없다고 생각한다. 더욱이 나는 자영업자들이 원하는 것이 기업의 이윤 추구가 아니라, 자영업 시장에서의 상생임을 잘 알고 있다. 그렇다고 창업은 뷰티풀이 이윤을 추구하지 않는 비영리 단체는 아니다. 비록 지금은 이룬 것이 아무것도 없는 작은 회사일지라도, 문제 해결을 통한 서비스가 지속된다면 분명히 길이 있다고 믿는다. 또 그 길을 내가 만들어 주고 싶다.

나는 일전에 전략기획실 부서에서 여러 사업 전략을 배운 경험이 있다. 그리고 온라인 마케팅 관련 교육에 수백만 원을 투자했다. 그를 통해 얻은 것은 지금 시장에서는 퍼포먼스 마케팅, 상위 노출 마케팅 등 기술적인 마케팅보다 인간적인 마케팅이 통한다는 사실이다. 만일 자영업 관련 회사에서 이 사실을 알게 된다면 성공할 수밖에 없다. 그 누구보다 인간적인 사람이 자영업자들이므로. 나 역시 자영업으로 시작했고, 지금도 자영업을 하고 있지만, 이윤을 추구하는 기업은 한눈에 봐도 느껴진다. 반면 인간적인 기업은 그런 기색 없이도 이윤을 잘도 추구한다. 오히려 자영업자들이 돈을 주고 싶어 안달인 회사도 많다. 그런 기업이 이 시장에서 오래도록 살아남을 수 있지 않을까. 진짜 자영업자들이 가진 문제를 해결해주는 기업이 돈도 잘 벌고, 계속해서 문제를 해결하면 더 크게 성장하지 않겠냐는 말이다.

점포 직거래 플랫폼은 기존에도 존재했다. 그러나 안타깝게도 신뢰도 있는 매물의 숫자는 그리 많지 않았다. 그리고 실제 자영업자들이 인수 창업을 위해 접속하는 플랫폼은 사실상 없다. 모두가 다 파편화된 정보뿐이고, 지금까지는 신규 창업이 우선시되어서다. 이러한 이유로 손품과 발품을 팔지 않으면, A급 매물을 찾기가 쉽지 않다. 그렇기 때문에 창업 컨설팅 회사에서 가짜 매물을 올려놓고, 예비 인수 창업자들과의 접점을 만들기 위해 사기 행각을 벌인다.

꼭 창업은 뷰티불이 아니더라도 자영업자들을 위한 점포 직거래 플랫폼은 반드시 필요하다. 부풀려진 권리금에 지출하는 대신 조금 더 성능 좋은 냉장고를 구매할 수 있도록, 온라인 마케팅을 할 수 있도록, 입소문이 나기까지 버틸 수 있도록 창업비를 줄여주는 역할을 누군가는 해야 한다는 뜻이다. 특히 신규 창업이 아닌 인수 창업은 첫 단추부터 잘못 끼우는 경우가 많다. 신뢰 있는 매물이 아닌 컨설턴트들의 속임수에 걸려들기 때문이다.

나는 자문을 솔직하게 하는 편이다. 그래서 중간에 자문 역할에서 제외된 경우도 있다. 너무 솔직한 나머지 대표의 심기를 건드린 경우다. 하지만 방식을 바꿀 생각은 없다. 솔직하게 짚어줘야 회사에 발전이 있다. 내 시각이 필요해서 자문을 구하는 것일 텐데, 회사의 의견대로만 고개를 끄덕이면 그게 무슨 소용이 있을까. 나는 앞으로도 진실한 자문을 할 것이다. 자영업 시장에 필요한 기업이 더 많이 나올 수 있도록 말이다. 그래야 그 회사도 발전할 것이며, 나 역시 회사에게서 고맙다는 인사를 받지 않을까.

내 인생을 바꿔준
치트키 TOP 4

내 인생을 한마디로 표현하라면 '그레이트 노멀(Great Normal)'이다. 올바른 표현이 맞는지는 모르겠지만, 더 강한 이미지로 전달하고 싶어 선택한 단어다. 그야말로 지극히 평범했으므로. 나는 지방의 작은 도시에서 평범하게 자라, 좋은 대학을 졸업하지도 않았고, 대기업에 취업하지도 못했다. 지금부터 할 이야기를 해야 하나 말아야 하나 여러 차례 고민하기도 했지만, 내가 전하는 말을 통해 누군가는 삶을 변화시키는 계기가 될 수도 있지 않을까 하는 생각에 용기를 냈다.

본격적인 이야기를 시작하기 전에 지금까지 살아온 인생에서 내게 기억에 남는 특별한 경험이 있다면, 해외에서 주재원으로 근무한 것, 퇴사 후 장사한 것, 유튜브를 시작한 것 등이 있겠다. 그중 내 인생을 송두리째 바꿔놓은 것은 누가 뭐라고 해도 장사다. 또 내가 '장사 권프로'

라는 이름으로 활동하고 있어, 이 책을 선택한 사람 중에는 장사하는 사람이 많으리라 생각한다. 그런데 여기까지 읽어봤다면 알겠지만, 장사에 대한 이야기만 있는 건 아니다. 인생 이야기도, 마인드 관리에 대한 내용도 포함되어 있다. 왜냐하면 나는 장사하면서 도(道)를 많이 닦아, 글에도 그 영향이 묻어난다고 할 수 있다. "장사하면서 무슨 도까지 닦느냐?"라고 할 수 있지만, 적어도 나의 경우는 그랬다. 인생 대부분을 장사로 배웠다고 해도 과언이 아니다. 그만큼 장사는 나에게 깊은 깨우침을 줬다.

서론이 길었다. 인생을 장사로 배웠다고 당당히 고백하는 나의 인생을 바꿔준 4개의 치트키를 소개한다. 그 첫째가 '내 일'이다. 즉 장사다. 만일 장사를 하지 않았다면, 나는 평생 내 일을 해보지 못했을 것이다. 개인적으로 나는 장사를 해봄으로써, 내 일을 해보고 해보지 않고가 중요함을 깨달았다. 특히 마음가짐에 큰 차이가 있다. 물론 직장인 가운데 애사심이 높아 '내가 다니는 회사가 내 회사다.'라고 생각하는 사람도 있다. 그러나 나는 아니었다. 아주 가끔 그런 마음이 들었지만, 결국 나의 젊음을 바쳐 끝까지 다니지 못했다. 주어진 역할에 최선을 다했지만, '나의 회사다.'라는 마인드는 아니었다는 소리다. 당연히 내가 장사하며 느낀 기쁨, 행복과 같은 감정이 들지 않았다. 그런데 장사를 시작하고 내 일이 되니, 희열을 느끼며 즐겁게 일할 수 있었다.

그러다가 두 번째 치트키를 만났다. 바로 '유튜브'다. 유튜브는 내 인생의 핵심이 됐다. 만일 유튜브를 하지 않았다면, 여러 좋은 사람을 만

나지 못했을 것이다. 한마디로 유튜브를 통해 내가 만나지 못하는 사람을 만나게 됐다. 얼마 전, 오랜만에 라이브 방송을 진행했다. 라라브랜드의 강호동 대표와 인연이 되어 라이브 방송까지 이어진 것이다. 그것을 계기로 건물도 살 수 있었고, 전반적인 부동산 시장을 이해하는 데 도움도 받았다. 세미나를 같이 진행하는 B2K 브랜딩 김도현·배문진 대표와도 유튜브로 인연이 되어 매달 만나고 있다. 외식 시장에서 꽤 잔뼈가 굵은 사람들이라, 나에게 좋은 인사이트를 계속해서 심어준다. 그리고 그들과의 관계를 통해 새로운 비즈니스를 구상하면서 점으로 시작한 비즈니스가 점차 선으로 이어지는 걸 느낀다. 광고 수입을 떠나, 유튜브는 나에게 큰 인생의 변화를 가져다줬다. 유튜브를 해본 사람은 알 것이다. 좋은 기회를 계속해서 안겨준다는 사실을.

세 번째 치트키는 '경험 파편'이다. 그동안 내가 살아오며 배운 것으로, 직장에서 혼나며 습득한 것, 인간관계에서 상처받으면서 쌓인 내면의 감정들 등이 있다. 아마 많은 사람이 공감하리라 생각한다. 그런데 이것들은 파편이라는 단어가 붙은 것처럼 조각조각 나 있다. 그런데 유튜버, 크리에이터, 마케터, 강연가, 작가, 사업가로 활동하면서 그 조각들이 하나씩 맞춰졌다. 신기했다. 처음 겪어보는 특별한 경험이었기 때문이다. 하나의 예를 들어보겠다. 10년 전 배운 인터뷰 기술을 사용할 일이 생긴다거나, 직장 생활을 하면서 쌓은 업무 스킬, 장사하면서 깨우친 고객 심리 등 모든 것이 내가 하는 활동에 스며들고, 적재적소에 알맞게 활용되는 걸 100% 아니 1,000% 느낀다.

특히 소득에 차이가 나면서부터 피부로 실감했다. 장사할 때는 많이 벌어야 월 1,000만 원이었다. 실질적인 소득과 내 생각의 한계를 마주하고 '이 이상 더 벌지 못한다.'고 생각했다. 그런데 경험 파편이 퍼즐 조각처럼 맞춰지고, 그림이 보이기 시작하면서 소득이 기하급수적으로 늘었다. 비로소 경험의 파편이 모이고 모이면 저절로 성장하고, 소득도 올라가는 진리를 깨달았다. 그 깨달음으로 내가 벌 수 있는 돈이 직장 생활할 때보다, 10배 이상도 가능하다는 것도 알았다. 만일 이걸 지금 배우려고 시작했다면 얼마나 많은 시간이 걸리고, 힘들었을까 싶다.

마지막 치트키는 '도전'이다. 콘텐츠를 만들면서도 여러 번 했던 이야기다. 나는 오래전에도, 지금도 실패를 두려워한다. 승부 내는 걸 싫어하고, 싸움은 더더욱 피했다. 특별한 이유는 없다. 그저 지는 것이, 실패하는 것이 두려웠을 뿐이다. 이걸 스스로 인지하게 되면서 수많은 도전을 하게 됐다. 그리고 도전하는 방법을 터득해 큰 무기로 만들었다.

한 예로 첫 번째 책을 내고 '내 인생에 책 쓸 일은 다시 없다.'라고 다짐했다. 그런데 또 이렇게 출간했다. 사실 책을 쓰려는 마음을 먹기란 쉽지 않다. 이 또한 도전의 영역인 셈이다. 그럼에도 데드라인을 정하고, 무조건 할 수밖에 없는 환경을 설정하면 하게 된다는 사실을 아는 나는 또다시 시작해, 마무리했다. 콘텐츠를 꾸준히 업데이트해야 하는 유튜브도, 매달 진행하는 세미나도 똑같다. '세미나를 열었는데, 아무도 안 오면 어떡하지?'라는 부정적인 생각이 들지 않은 건 아니다. 그래도 매번 두려움을 누르고 모집했다. 그랬더니 지금은 앉을 자리가 없을 정도로 세미나장이 꽉꽉 찬다.

내 일, 유튜브, 경험 파편, 도전 이 4개의 치트키는 여전히 ON 상태로 내 인생을 이끌어주고 있다. 경험 파편은 지금 이 순간에도 꾸준히 생성되고 있고, 조각조각으로 내 주변을 둥둥 떠다니고 있다. 나는 이걸 맞추기만 하면 된다. 도전하고 또 도전하면 이 파편은 퍼즐처럼 서서히 맞춰진다. 그리고 내 것이 된다. 하나하나는 도움이 되지만, 큰 힘은 없다. 내게 큰 깨달음을 줄 정도로 폭발하지 않는다는 뜻이다. 그래서 이 파편들이 자연스럽게 맞춰질 수 있도록 내 일에 매진하거나, 계속해서 실패에 대한 두려움을 없애야 한다. 나의 경험이 아깝게 버려지지 않도록, 내가 가진 노하우가 내 삶에 힘이 될 수 있도록 말이다.

생애 첫 장사를
준비하는 이들에게

10년 동안 자영업 관련 일을 하고 1,000개 이상의 콘텐츠를 만들면서 느낀 것은 '해도 해도 끝이 없다.'는 것이다. 이유인 즉, 계속 발전하는 시스템과 바뀌는 상황, 그리고 곳곳에서 알짜배기 정보가 쏟아지기 때문이다. 그래서 생애 첫 장사를 준비하는 사람들을 위해 특별히 가공하고 정리한 꿀팁 3가지를 공유하려고 한다. 고백건대, 이 글에만 10시간 이상을 투자했다. 피가 되고 살이 되는 내용이니 천천히 곱씹으며 읽어보길 바란다.

첫째, 생애 첫 장사를 한다면 '4차 산업 푸드테크'를 알아야 한다. 얼마 전까지만 해도 장사할 때 별다른 시스템을 구축하지 않아도 되었다. 오는 손님 받고, 매출이 떨어진다 싶으면, 전단지를 돌리거나 신문에 광고하면 이내 손님이 늘었다. 그런데 지금은 어떤가? SNS 운영은 기본이고, 우리 가게를 홍보해줄 체험단 모집도 진행해야 한다. 이로써 전단지는 쓸모없는 홍보 방식이라는 인식이 높아졌다. 그렇다고 전단지가 정말 무용지물은 아니다. 설렁설렁 운동하면서 배부하면, 분명히 반응이 온다. 매장 내부는 또 어떤가. 직원을 대신해 키오스크가 주문을 대신 받고, 로봇이 서빙한다. 여기서 많은 사람이 물을 것이다. "대체 하고 싶은 얘기가 뭐예요?"라고. 한마디로 정리하면 '우리 매장에 어떤 시스템을 접목할 것인지 고민하라.'다. 그것도 반드시 조언을 듣고 시작하라고 하고 싶다. 대내·외적인 마케팅부터 매장의 물리적·소프트웨어적 시스템까지 말이다.

프랜차이즈로 시작한다면 본사가 이미 구축해둔 키오스크, 서빙·주문·결제·마케팅·고객 관리 등의 시스템을 그대로 이용하면 되지만, 개인이라면 이야기가 달라진다. 단순히 '누군가가 추천했으니 괜찮겠지.'라는 생각으로 판단하면 안 된다는 뜻이다. 서빙 로봇을 사용한다면 동선을 고려한 인테리어를 해야 하고, 어떤 기기들과 연동되는지를 미리 파악해야 한다. 고객 관리 프로그램을 사용한다면 비용이 저렴한 시스템을 구축할 것인지, 키오스크와 연동되는 것을 도입할 것인지 결정해야 한다. 키오스크도 똑같다. 국내에 수십 개의 키오스크 브랜드가 있는데, 성능이 제각각이다. 그리고 사용하다 보면 선택을 잘못했다는 생각이 들게 하는 브랜드가 있다. 문제는 이런 시스템적인 부분은 한 번 접목하면 바꾸기 어렵다는 것이다. 게다가 짧게는 1년 길게는 3년의 약정 기간이 있고, 구매를 한다면 수백~수천만 원 단위의 거금이 투입된다.

최근에는 로봇이 서빙만 하는 것이 아니라, 주문도 받고 음식도 만든다. 결제까지 하는 곳도 있다. 테이블에 앉아 태블릿으로 원스톱으로 해결하는 곳도 늘어나고 있다. 네이버 페이, QR코드로 결제하는 것은 이제 일상이다. 이런 시스템을 모른 채, 장사를 하겠다는 건 남들은 전쟁터에 나가며 권총도 챙기고, 수류탄도 챙길 때 나 혼자 m16 카빈 소총만 들고 나가는 꼴이다. 멀리서 총을 쏠 때는 위력을 발휘하지만, 정작 위기 상황이 오면 총알이 다 떨어지거나, 총이 부서지는 불상사를 면치 못할 것이다. 매장을 운영할 때도 마찬가지다. 나의 매장에 어떤 시스템을 접목할 것인지는 기획 단계부터 필요하다. 번거롭고 귀찮더라도, 해당 업체와 미팅을 하거나 전문가에게 조언을 받길 바란다. 그래야 조금 더 스마트한 미래형 매장을 만들 수 있다. 위드 코로나와 동시에 오프라인 소비는 다시 폭발적인 수요가 일어날 것이다. 그러니 처음 장사를 시작하려고 한다면, 이와 같은 시스템 구조를 꼭 알아야 한다. 이것은 고정비, 변동비, 노동력을 줄이는 데 큰 도움이 된다.

둘째, '우리나라 사람의 특성'을 알아야 한다. 이 이론에 대해서는 누가 와도 명확하고 당당하게 말할 수 있다. 왜냐하면 한국인의 특성 때문에 대부분의 장사가 시작부터 잘못되어 망하는 경우가 많아서다. 게임 중 젠가를 아는가? 1단계부터 뒤틀리면 5단, 6단까지 절대 올라갈 수 없다. 하지만 처음부터 신중하게 차곡차곡 쌓아 올리면, 이길 수 있다. 장사도 마찬가지다. 서두르면 많은 것을 놓쳐 잘못된 선택을 한다. 이것은 우리나라 사람 특성이다. 성격이 급해 서두르다 보니 상권을 잘못 선택하고, 서두르다 보니 아이템도 꽂히는 것에 직진하게 된다. 그런데 시간이 흐른 뒤 후회해봤자, 소용 없다. 매장을 옮길 수도, 아이템을 한꺼번에 바꿀 수도 없기 때문이다. 모두 준비 단계에서 서두른 데서 일어난 일이다. 결국 젠가를 쌓아 올리듯 차분하게 준비해 탄탄하게 시작한 매장과의 격차가 벌어질 수밖에 없다.

국가공인 브레인 트레이너 양은우는 그의 저서 『당신의 뇌는 서두르는 법이 없다』에서 "조바심은 뇌가 만들어낸 현상일 뿐"이라고 했다. 나는 이 말에 빗대어 무언가에 쫓기는 듯한 창업은 절대 해서는 안 된다고 당부하고 싶다. 누군가는 "나는 그렇지 않아요. 꿈을 이루기 위해 열심히 알아보고, 분석하며 창업 준비를 하고 있어요."라고 하는 사람도 그렇지 않은 경우를 많이 봤다. 매년 수백 명을 만나 상담하고 있지만, 어떤 상권에서 어떤 아이템으로 어떤 무기로 창업해야 하는지 전혀 모르고 있었다.

가장 많이 일어나는 사례가 제대로 따져보지도 않고, 가계약금을 덥석 송금하는 경우다. 최근 만난 한 분은, 보증금이 5,000만 원인데 1,000만 원을 가계약금으로 입금했다고 했다. 몰라도 한참 모른다. 참고로 그는 계약을 파기하면서 1,000만 원을 그대로 공중에 날렸다. 손해가 이만저만 아니었지만 본인의 선택이었기에, 누구를 원망할 수도 없었다. 모두 서두른 데서 온 결과다. 서두름은 수술 안 되는 병을 안고 가는 것과도 같다. 그러니 굳이 스스로 병을 만들지 말자. 그 병은 아무도 고쳐주지 못하고, 내가 고스란히 감당해야 하니까.

셋째, '출구 전략과 변태, 변이'를 알아야 한다. 내가 강연할 때마다 강조하는 부분이다. 오프라인 매장 창업, 특히 요식업은 출구 전략이 명확해야 한다. 그런데도 대개 출구 전략에 대한 계획 없이 창업한다. 나 역시 마찬가지였다. 그래도 뒤늦게 상담받고, 코로나 사태 전에 출구를 통해 변태하면서 빠져나왔다. 지금도 별반 다르지 않다. 타 사업도 마찬가지지만 요식업에서는 아무리 강조해도 지나치지 않다.

보통 내게 상담을 요청하는 이유 90% 이상이 매출이 떨어져서다. 어떻게 하면 장사가 잘되어 투자금을 회수하고, 매장을 팔지에 대한 고민이다. 백종원 대표가 솔루션을 준다고 한들 위에서 이야기한 '수술 되지 않는 병'에 걸렸는데, 출구 전략을 세우거나 변태를 할 수 있을까? 방송의 힘을 빌리면 가능할 수도 있다. 하지만 그것도 일시적이다. 방송 출연이 1~2년 그 이상을 먹여 살려주지 않는다는 말이다. 얼마 전 내가 운영하는 유튜브 채널에 소개한 김포의 한 만둣집은 수요미식회에 출연하면서 매출이 껑충 뛰었다. 하지만 아쉽게도 그 분위기가 몇 달 가지 못했다. 일회성 손님으로 매출이 오른 것일 뿐, 오히려 단골손님을 떨어뜨리는 작용을 했을 수도 있다. 그래서 방송 출연도 섣불리 결정하면 안 된다. 한 중식당을 운영하는 분은 방송국에서 여러 차례 방송 섭외를 했음에도 거절했다. 이영돈 PD가 진행하던

〈먹거리 X파일〉에서 착한 식당으로 출연 요청을 해도 받아들이지 않았다. 이유는 단골손님에 대한 배려 때문이었다.

출구 전략, 변태, 변이에 대한 계획 없이 시작한 장사가 잘될 수도 있다. 그러면 다음 단계로 넘어가야 하는데, 자꾸만 다른 생각을 하게 된다. 백종원 대표도 유튜브에서 한때 장사 관련 이야기를 많이 다뤘는데, 한 번은 "장사가 잘되면 다른 게 자꾸 눈에 들어온다."는 말을 한 적 있다. 즉, 장사가 잘 되면 해외 아이템, 값비싼 메뉴들에 관심이 생긴다는 것이다. 그러면서 본인은 해외를 가더라도 저렴한 곳을 선택하고, 시장만 주구장창 돌아다닌다고 했다. 백종원 대표는 대중성을 중심으로 한 사업 시나리오를 썼기 때문이다.

외식업에 있어 출구 전략이 없으면 결과는 무조건 폐업이다. 양도하고 사업자 폐업을 하느냐, 그냥 폐업하느냐는 천지 차이다. 장사를 잘하는 사람들은 그냥 폐업하지 않는다. 무조건 양도 폐업한다. 권리금을 꼭 받는다는 말이다. 이를 위해서 6개월, 1년 전부터 출구 전략을 짜고 실행해야 한다. 최근 나도 투자금 대비 회수한 권리금이 500%가 넘는 일이 있었다. 코로나 시국을 감안하면 어마어마한 수익이다. 단언컨대 출구 전략과 변태, 변이가 뒷받침해 준 성과라고 믿는다. 더불어 장사가 안될 때 매장을 파는 것과 출구 전략을 세워 똑똑하게 매장을 양도하는 것의 확연한 차이를 느꼈다. 이 말에 "그럼, 장사가 잘될 때 가게를 팔라는 얘기인가요?"라고 물을 수 있다. 아니다. 매장이 언제 정점을 찍을지는 아무도 모른다. 내수 상황이 좋아서 정점을 찍을 수도 있고, 상권이 갑자기 관심받아 정점을 찍을 수도 있다. 그렇기 때문에 언제나 출구 전략을 머릿속으로 그리고 있어야 한다.

아마 지금 장사로 큰 성과를 내는 사람들은 내 말에 동의하며, 고개를 끄덕일 것이다. 반면 창업을 준비하고 있거나, 이제 갓 퇴사해 장사를 꿈꾸는 사람들은 '이게 무슨 소리야?' 할 수 있다. 무쇠로 된 다리도 전쟁이 나면 폭파 대상 1순위다. 아무리 내가 잘났더라도, 천천히 그리고 꼼꼼히 준비했으면 한다. 요즘은 돌다리는 두드려보지 말라고들 한다. 그러다가 아예 건너지 못할 수도 있다고. 그러나 오프라인 창업은 두드리고 또 두드려야 한다. 그래야 처음부터 탄탄하게 시작할 수 있다.

만일 창업 전에 이 글을 읽는다면, 부디 책을 발판 삼아 보다 짜임새 있고, 안정적인 매장을 구성했으면 한다. 그래야 진흙길보다 꽃길을 걷는 장사를 할 수 있다. 모쪼록 각자의 노하우를 잘 쌓아서, 모든 사장님이 장사의 신이 될 그날을 꿈꿔본다.

후회하기 싫으면 그렇게 살지 말고
그렇게 살 거면 후회하지 마라

ⓒ장사 권프로(권정훈) 2022

초판 1쇄 인쇄 2022년 8월 12일
초판 1쇄 발행 2022년 8월 24일

지은이	장사 권프로(권정훈)
편집인	권민창
책임편집	윤수빈
디자인	김윤남
책임마케팅	김성용, 김태환, 윤호현
마케팅	유인철
제작	제이오
출판총괄	이기웅
경영지원	김희애, 박혜정, 박하은, 최성민

펴낸곳	㈜바이포엠 스튜디오
펴낸이	유귀선
출판등록	제2020-000145호(2020년 6월 10일)
주소	서울시 강남구 테헤란로 332, 에이치제이타워 20층
이메일	mindset@by4m.co.kr

ISBN   979-11-92579-05-4 (03320)

마인드셋은 ㈜바이포엠 스튜디오의 출판브랜드입니다.